VICTORIA FORNER

LES CRIMINELS DE LA PENSÉE

La vérité n'est pas une défense

VICTORIA FORNER

LES CRIMINELS DE LA PENSÉE
La vérité n'est pas une défense

CRIMINALES DE PENSAMIENTO
La verdad no es defensa
première publication par Omnia Veritas, 2017

Traduit de l'espagnol et publié par
OMNIA VERITAS LTD
ⒺMNIA VERITAS®
www.omnia-veritas.com

© Omnia Veritas Limited - Victoria Forner - 2025

À mon ami Antonio Damas,
dans l'espoir que ce livre
l'aidera à comprendre.

INTRODUCTION

"Ce n'est pas le mensonge qui traverse l'esprit qui fait des dégâts, mais le mensonge qui l'absorbe et s'y installe".

Francis Bacon

"Pour savoir qui vous dirige vraiment il suffit de regarder ceux que vous ne pouvez pas critiquer".

Voltaire

Jamais un événement historique n'est devenu un dogme de foi incontesté pour l'ensemble de l'humanité. Pourtant, aujourd'hui, des historiens, des scientifiques et des chercheurs dans tous les domaines de la connaissance sont persécutés pour avoir remis en cause l'Holocauste. Pierre Vidal-Naquet et Léon Poliakov, deux historiens juifs, sont à l'origine de la déclaration de foi universellement imposée. Elle stipule : "Il n'est pas nécessaire de se demander comment une telle hécatombe a été techniquement possible. Elle a été possible parce qu'elle a eu lieu. C'est le point de départ obligé de toute recherche historique sur le sujet. C'est cette vérité qu'il faut simplement rappeler. L'existence des chambres à gaz ne se discute pas". Cet axiome étant posé, nier l'existence des chambres à gaz et remettre en cause le mythe de l'Holocauste constitue un délit de pensée, un délit pénal dans les codes pénaux de nombreux pays. Les médias du monde entier, toujours soumis, se chargent de discréditer et de rejeter les ouvrages révisionnistes. Leurs auteurs sont systématiquement vilipendés et dénigrés. Leurs auteurs sont systématiquement vilipendés et emprisonnés pour haine raciale ou antisémitisme. Pour mettre fin au bâillon imposé aux critiques dans les universités américaines, le 11 décembre 2019, le président Trump a signé un décret interdisant toute critique d'Israël et des Juifs. Un haut responsable de la Maison Blanche a expliqué que la nouvelle mesure interprétera le judaïsme comme une nationalité et non comme une simple religion.

En revanche, il est très significatif de constater qu'aucune ONG n'a dénoncé l'emprisonnement des révisionnistes ou ne s'est intéressée à l'un d'entre eux. Si l'on considère que la défense des droits de l'homme et de la liberté d'expression est la raison d'être des ONG les plus prestigieuses, c'est pour le moins honteux. Pour comprendre pourquoi, il suffit de savoir qui se cache derrière ces organisations "prestigieuses". Prenons trois cas : Reporters sans a été dénoncée par l'UNESCO pour avoir été sponsorisée par des agences de renseignement américaines ; Human Rights Watch est financée à hauteur de centaines de millions par le juif George Soros, un homme des Rothschild ; Amnesty International reçoit également des fonds de l'Open Society Foundations de Soros. Les hauts responsables d'AI sont des millionnaires sionistes ou d'anciens membres du département d'État américain ou de la CIA. Amnesty a toujours été ostensiblement silencieuse sur la Palestine, où près de deux millions de Gazaouis sont soumis à des conditions inhumaines, tandis que des enfants et des jeunes sont tués en toute impunité chaque année. Curieusement, AI vient de demander la libération de plusieurs séparatistes catalans condamnés pour sédition par la Cour suprême espagnole. On comprend alors pourquoi les prisonniers révisionnistes n'ont rien à attendre des ONG, puisque la plupart d'entre elles sont au service de la tromperie et de la manipulation, c'est-à-dire qu'elles obéissent à leurs maîtres.

Le livre que vous tenez entre vos mains, lecteur, est un tiré à part de *Histoire Proscrite, le rôle des agents juifs dans l'histoire contemporaine*, un ouvrage en quatre volumes publié en 2017 par Omnia Veritas. Plus précisément, il constitue la 5e partie du chapitre XII (quatrième livre). Par conséquent, au cours de la lecture, trouvera quelques références ou allusions à l'écrit original dont elles sont issues, ce qui, cependant, n'est pas un obstacle à la pleine compréhension du texte. La rédaction des pages qui suivent cette introduction s'est achevée au début de l'année 2016. Depuis, la vie de nos "criminels de la pensée", héroïque à tant d'occasions, se poursuit inexorablement. C'est pourquoi nous avons procédé à quelques ajustements et ajouté succinctement les événements de certains des protagonistes les plus marquants afin d'actualiser leurs vicissitudes.

Cela dit, il est impératif d'évoquer d'ores et déjà les révisionnistes récemment disparus. Parmi eux, Ernst Zündel et Robert Faurisson, deux géants incontournables de la liberté de pensée, auxquels nous rendons une nouvelle fois hommage avec admiration. Pour cette monographie, nous avons donc rédigé un court paragraphe à la fin des récits de l'un et de l'autre, afin d'indiquer comment leur décès s'est produit. Deux autres révisionnistes présentés dans cet ouvrage ont également disparu en 2018. Leurs noms doivent donc apparaître dans ces lignes introductives. Le 7 avril de cette année-là, Gerd Honsik nous a quittés, mort à l'âge de 77 ans à Sopron (Hongrie). Réfugié en Espagne depuis quinze ans, l'Audiencia Nacional ayant rejeté son extradition en 1995 au motif qu'il s'agissait d'un " crime politique et donc exclu de l'extradition ", Honsik a été victime de la soumission au sionisme du gouvernement socialiste de Rodríguez Zapatero et de l'ineffable juge Baltasar Garzón, qui a autorisé en 2007 son extradition vers l'Autriche. Le deuxième nom est celui de Gaston-Armand Amaudruz, peut-être le premier révisionniste à avoir remis en cause les chambres à gaz. Amaudruz est décédé le 7 septembre à Lausanne à l'âge de 97 ans.

Par nécessité, ce qui est arrivé à Ursula Haverbeck, Sylvia Stolz et Horst Mahler nous a également contraints à ajouter quelques lignes à l'intérieur de ce tiré à part aux histoires que nous avons écrites dans *Histoire Proscrite*. Lorsque nous avons quitté notre texte sur la persécution de la grande dame en 2016, le juge Björn Jönsson du tribunal de district de Hambourg, après avoir mis sur le même plan la certitude de l'Holocauste et l'évidence de la rotondité de la Terre, l'avait condamnée en novembre 2015 à dix mois d'emprisonnement. Aujourd'hui, à l'âge de 91 ans, elle est en prison. L'histoire de la persécution de Sylvia Stolz s'est également terminée par une nouvelle condamnation, raison pour laquelle ce livre contient une brève mise à jour des événements. Quant à Horst Mahler, la dernière chose que nous avons écrite est qu'après sept ans de prison, il avait obtenu un sursis en 2015, ce qui lui a permis de quitter la prison de Brandebourg après une opération au cours de laquelle il a été amputé de la jambe gauche en raison d'un diabète. Nous avons également inclus ce que nous avons appris sur la prolongation de sa situation critique.

Parmi les cas les plus honteux et scandaleux de persécution de révisionnistes de ces dernières années, les noms de Monika et Alfred Schaefer et d'Alison Chabloz se détachent. Bien que leurs procès ne figurent pas dans les pages originales de *L'Histoire Proscrite*, nous avons estimé que leur lutte pour dénoncer la falsification de la réalité historique devait être incluse. Leurs histoires ont donc été intégrées dans ce livre. En 2016, nous souhaitions conclure la liste des principales victimes de la police de la pensée en Allemagne par la tragédie de Reinhold Elstner. Nous maintenons aujourd'hui cette intention et avons donc placé le récit de ce qui est arrivé aux frères Schaefer avant la section qui reproduit la volonté politique du révisionniste brûlé vif. Quant à la persécution d'Alison Chabloz, qui est pertinente car nous n'avons pas eu jusqu'à présent de condamnations au Royaume-Uni, elle nous a incités à créer une nouvelle section : Victimes de persécutions au Royaume-Uni. "Alison Chabloz, condamnée en Angleterre pour trois chansons" est le titre qui chapeaute le récit de sa mésaventure.

Deux noms restent à mentionner dans cette introduction. Le premier est Gerd Ittner. Dans *Histoire Proscrite*, il apparaît avec Dirk Zimmermann. À l'époque, nous n'avions fait qu'une brève allusion à ces deux personnes : notre ouvrage comptait déjà plus de 2000 pages et nous avions dû renoncer à inclure un certain nombre de révisionnistes allemands. Comme la lutte obstinée d'Ittner s'est poursuivie et que sa persécution n'a pas cessé, nous avons choisi d'écrire une brève revue de cet activiste indomptable, dont la lutte remonte au début du 21e siècle, dans ce tiré à part.. L'autre nom est celui d'Arthur Topham, qui a son propre espace dans notre manuel. Pour cette monographie, nous avons brièvement mis à jour les informations sur ce Canadien, dont le site web *The Radical Press* était un exemple de la volonté de résister.

Il ne me reste plus qu'à remercier Omnia Veritas, mon éditeur, pour la publication de *Criminels de la pensée*, un livre qui présente ensemble, pour la première fois à notre connaissance, les cas d'une quarantaine de révisionnistes persécutés sans relâche par les "démocraties" occidentales. Notre intention est de contribuer autant que possible à faire connaître leur triste réalité. Nous espérons également que la publication de cet ouvrage fera connaître aux lecteurs l'existence d'*Histoire Proscrite*, l'œuvre mère dont il dérive, qui couvre l'étude historique de deux cent cinquante ans d'un point de vue inédit, dont le dénominateur commun est l'action d'agents juifs dans tous les événements de l'histoire contemporaine. Nous terminerons ces lignes comme nous les avons commencées, avec un autre argument d'autorité, cette fois-ci de Goethe : "Nul n'est plus totalement esclave que celui qui se croit à tort libre. La vérité leur a été cachée par des maîtres qui les gouvernent par le mensonge. Ils les nourrissent de sophismes, de sorte que ce qui est faux apparaît à leurs yeux comme vrai".

PERSÉCUTION DES RÉVISIONNISTES POUR DÉLIT D'OPINION

En hommage à tant d'honnêtes gens qui ont risqué leur carrière et leur vie pour défendre la liberté d'expression et la recherche de la vérité historique, nous terminerons le chapitre XII de cette *Histoire Proscrite*[1] par un large aperçu du travail essentiel de ces héros méconnus du révisionnisme, inconnus du grand public. Nombre d'entre eux ont déjà été mentionnés au cours de nos travaux, mais nous allons maintenant les présenter plus en détail et ainsi retracer la valeur et la portée de leurs contributions. La persécution des révisionnistes pour délit d'opinion est l'une des choses les plus honteuses qui puissent se produire dans des sociétés autoproclamées libres et démocratiques. Il est scandaleux, intolérable et indécent que des intellectuels de tous les domaines de la connaissance soient emprisonnés pour avoir exercé leur droit d'étudier et de rechercher des faits historiques. Ce fait injustifiable devrait suffire à nous faire comprendre que la réalité et l'histoire ont été falsifiées et que le mensonge est maintenu à tout prix.

Les victimes de la police de la pensée sont nombreuses en Europe, notamment en Allemagne où, depuis la fin de la Seconde Guerre mondiale, le peuple allemand est soumis à toutes sortes d'humiliations avec la complicité de ses dirigeants. En France et en Autriche également, les cas de personnes persécutées, poursuivies et emprisonnées pour avoir exercé leur droit à la liberté d'expression sont nombreux. Afin de faciliter la présentation et de rassembler dans ces pages les principaux cas dont nous avons connaissance, nous procéderons à une présentation par pays et tenterons également de garder un ordre chronologique, afin de suivre le processus dans une perspective historique. Nous commencerons par l'Allemagne, où le contrôle idéologique exercé depuis 1945 n'est pas perçu dans toute son ampleur par la majorité de la population, dont le lavage de

---

[1] *Histoire Proscrite, le rôle des agents juifs dans l'histoire contemporaine*, Omnia Veritas Limited, www.omnia-veritas.com.

cerveau, commencé dès l'enfance, a atteint des niveaux sans précédent.

Nous verrons ci-dessous jusqu'où est allée la dégradation des droits civiques en Allemagne, un pays qui a accepté la censure de son hymne national, mutilé, avec des couplets interdits que personne n'ose chanter en public. L'idée du politiquement correct est l'outil de ceux qui veulent à tout prix paralyser la société allemande. Tout ce qui n'est pas conforme à la version officielle des événements est considéré comme politiquement inacceptable. Cet état de paralysie est entretenu par le soutien irremplaçable du mouvement dit antifasciste, qui attaque violemment et disqualifie ceux qui cherchent à réviser l'histoire, en particulier celle du Troisième Reich. Contrairement aux mouvements anticapitalistes ou anticommunistes, qui sont l'expression de convictions personnelles, l'antifascisme en Allemagne est institutionnalisé, enraciné et structuré à tous les niveaux de la société, de sorte que ceux qui n'expriment pas de sentiments antifascistes sont moralement disqualifiés.

Il faut rappeler que ce n'est qu'en 1955 que l'Allemagne s'est vu accorder une souveraineté partielle. Jusqu'à cette date, il n'y avait ni liberté de la presse ni liberté académique. Afin d'empêcher tout changement politique, le Département pour la protection de la Constitution est mis en place. Outre la lutte contre les partis politiques communistes, ce département a fait tout ce qui était nécessaire pour annuler légalement les partis nationaux et les médias considérés comme étant de droite. En conséquence, il n'y a plus d'universités ni de partis politiques en Allemagne, ni de journaux ou de médias de droite significatifs. Cependant, en 1968, des milliers d'étudiants, · incités par les enseignements des professeurs de gauche, socialistes et même communistes installés dans les universités par les Alliés pendant l'occupation, sont descendus dans la rue avec des slogans pro-communistes. À la suite de la révolte étudiante de 1968, l'entrée progressive de ces gauchistes dans les institutions du pays a commencé.

À la fin du siècle dernier, cette génération aux idées allant du socialisme au communisme a atteint l'apogée de son pouvoir et de son influence sur la société allemande. Ses représentants étaient bien placés à tous les niveaux et formaient une élite politique puissante. Ils peuvent ainsi exercer une influence et un contrôle étendus sur l'opinion publique et réduire immédiatement au silence, en les accusant de "fascisme", ceux qui osent être politiquement incorrects. Leurs méthodes sont très variées et vont des campagnes de presse à l'intimidation si nécessaire. Le mécanisme principal de ces cercles gauchistes dans lesquels les Juifs allemands abondent est de maintenir à jour les sentiments de culpabilité collective, de honte collective ou de responsabilité collective, qui ont maintenu le peuple allemand anesthésié pendant plus de soixante-dix ans.

Avant de commencer à présenter les victimes de la police de la pensée en Allemagne et dans d'autres pays, il est intéressant de savoir que le gouvernement allemand présente chaque année les chiffres de sa persécution des dissidents pacifiques, qu'il regroupe avec les criminels violents en tant qu'"ennemis de la Constitution" (Loi fondamentale entrée en vigueur le 23 mai 1949). En 2011, par exemple, le *rapport sur la protection de la Constitution* (*Verfassungschutzbericht*) indiquait que sur les 13 865 enquêtes pénales, 11 401 cas concernaient des "délits de propagande". Parmi ces cas, 2464 concernaient des individus qui avaient dit ou écrit quelque chose jugé capable de "troubler l'ordre du peuple". La plupart de ces transgressions sont attribuées à des "extrémistes de droite". Les crimes commis par des gauchistes radicaux ou des étrangers ne sont pas classés dans la catégorie des "extrémistes de gauche". Les crimes de l'esprit en Allemagne ne peuvent être attribués qu'aux nationalistes ou aux patriotes qui sont considérés comme des "nazis", des "droitiers", des "fascistes", des étiquettes qui sont synonymes de "mal".

1) Principales victimes de persécutions en Allemagne

Joseph Burg, un révisionniste juif persécuté par les nazis et les sionistes

Il n'est que juste de commencer ces pages sur la persécution des révisionnistes par un personnage admirable s'il en est, Joseph Ginsburg, plus connu sous le nom de Joseph Burg, un juif allemand intègre et honnête comme il y en a peu, qui a été persécuté et attaqué à plusieurs reprises par des voyous extrémistes de la Ligue de défense juive. Le mépris et la haine de ses coreligionnaires sont allés jusqu'à lui refuser le droit d'être enterré dans le cimetière juif de Munich. Joseph Ginsburg est né en Allemagne en 1908 et a été persécuté par le régime national-socialiste dans les années 1930. Au début de la guerre, en septembre 1939, il vivait à Lemberg, en Pologne, d'où il s'est enfui avec sa famille pour Czernowitz, dans la province roumaine de Bucovine, qui a été occupée par l'Armée rouge en juin 1940. Lorsque l'Allemagne a attaqué l'URSS un an plus tard, les soldats rouges ont fui la région et des bandes d'Ukrainiens ont commencé à perpétrer des pogroms contre les Juifs. Les troupes allemandes et roumaines ont mis fin à ces actions et empêché toute nouvelle violence. Ginsburg et sa famille sont déportés vers l'est, dans la région de Transnistrie, où ils peuvent au moins vivre. Le front germano-roumain s'effondre en 1944, et Ginsburg et sa famille retournent à Czernowitz, où règne la terreur rouge et où règnent le chaos et la faim.

Après la fin de la guerre, en 1946, Ginsburg et son groupe se sont rendus à Breslau et, de là, dans un camp de personnes déplacées de l'UNRRA près de Munich, qui était dirigé par un Juif américain, qu'il a servi comme factotum. Dans *Schuld un Schiksal, Europas Jugend zwischen Henkern und Heuchlern* (*Culpabilité et destin, la jeunesse européenne parmi les bourreaux et les hypocrites*), publié en 1962, Joseph Burg évoque ses expériences dans le camp et raconte comment il a organisé la police, la prison, le journal et les activités culturelles. En 1949, il vit à Munich, mais choisit d'émigrer en Israël. Là, il rejette immédiatement le sectarisme et le racisme des sionistes.

En août 1950, il décide donc de retourner à Munich, où il travaille comme relieur.

C'est donc en Allemagne qu'il a commencé son combat pour établir la vérité historique. Son témoignage en 1988 dans le procès Zündel est une source précieuse d'informations. Ernst Zündel, avec qui Burg a travaillé en étroite collaboration, a reconnu que la lecture du livre *Guilt and Destiny* a été déterminante dans sa vie, car elle l'a incité à entamer la lutte contre les fausses accusations portées contre le peuple allemand et l'a transformé en révisionniste. Le courage et la stature de Joseph Burg se sont révélés lorsqu'il a osé accuser le Mossad d'être responsable de l'incendie d'une maison de retraite juive à Munich dans la nuit du 13 février 1970, une action terroriste qui a coûté la vie à sept personnes, cinq hommes et deux femmes. Toujours dans les années 1970, l'affaire dite "Kreisky-Wiesenthal" a éclaté en Autriche. Bruno Kreisky, juif persécuté par la Gestapo, a été chancelier d'Autriche de 1970 à 1983. Simon Wiesenthal l'accuse en 1975 d'avoir nommé cinq ministres d'origine nazie. Kreisky réagit avec indignation et accuse Wiesenthal d'être un "raciste" ayant collaboré avec la Gestapo et promu l'antisémitisme en Autriche. Joseph Burg soutient le chancelier et corrobore l'accusation portée contre le célèbre "chasseur de nazis". Burg déclare publiquement que Wiesenthal a été un informateur de la Gestapo.

En 1979, Joseph Burg a publié son deuxième ouvrage, *Majdanek in alle Ewigkeit* ? dans lequel il raconte ses visites au camp de Majdanek à la fin de 1944 et à l'automne 1945. À cette seconde occasion, il s'est également rendu à Auschwitz. Il y critique hardiment l'imposture de l'Holocauste et dénonce l'escroquerie des réparations financières versées par la République fédérale d'Allemagne. Le livre a été immédiatement interdit et tous les exemplaires ont été détruits sur ordre de la justice allemande, qui a invoqué l'article 130 du code pénal. L'accusation portée contre Joseph Burg était la suivante : "Déclarations haineuses contre le sionisme et tentatives de réhabilitation des criminels des camps d'extermination". Burg a été accusé d'avoir des problèmes mentaux et a été contraint de suivre un traitement psychiatrique. Lorsqu'il se réfugie sur la tombe de sa femme dans le cimetière juif de Munich, il est agressé physiquement par un commando sioniste en raison de son témoignage.

L'amitié entre Ernst Zündel et Joseph Burg s'est développée au fil des ans. Burg continue d'écrire des livres dénonçant la situation en Allemagne. En 1980, par exemple, il publie *Zionnazi Zensur in der BRD* (*Censure sionazie en République fédérale d'Allemagne*). Zündel ne se contente pas de lui rendre visite, il entretient avec lui une correspondance suivie. En 1982, Zündel lui a écrit à deux reprises pour lui demander des conseils et de l'aide, car il avait des problèmes avec les sionistes de Toronto. C'est pourquoi, lorsque le deuxième procès contre Ernst Zündel pour "publication de fausses nouvelles" a commencé, Burg s'est rendu au Canada pour témoigner en faveur de la défense. Son témoignage a eu lieu le mardi 29 mars et le mercredi 30 mars 1988.

Burg a notamment déclaré qu'il avait parlé à des centaines de personnes ayant travaillé dans les crématoires, mais qu'il n'avait jamais pu trouver quelqu'un ayant travaillé dans les chambres à gaz. En ce qui concerne les crématoires d'Auschwitz et de Majdanek, il a expliqué qu'ils fonctionnaient en trois équipes par jour, grâce à des prisonniers qui effectuaient le travail bénévolement. La demande de volontaires était faite par le conseil juif ou la police juive, qui collaboraient avec les SS allemands. En ce qui concerne l'émigration des Juifs de l'Allemagne nazie, il a accusé les sionistes de rendre difficile l'émigration vers d'autres pays des Juifs qui n'allaient pas en Palestine, car leur seul intérêt était de peupler la Palestine à n'importe quel prix. Burg affirme avoir découvert que ce sont les dirigeants sionistes allemands qui, dès 1933, ont demandé aux nazis d'obliger les Juifs à porter l'étoile jaune. Les sionistes ne considéraient pas cela comme une insulte, mais comme un geste héroïque, tout comme les SS considéraient comme un geste héroïque le fait d'arborer la croix gammée. En 1938, selon Burg, les dirigeants sionistes du Troisième Reich ont incité les Juifs à porter l'étoile jaune contre la volonté de Göring et Göbbels. Dans sa déclaration, Burg s'est montré particulièrement critique à l'égard de l'État d'Israël et des dirigeants sionistes, qu'il a accusés d'avoir inventé l'Holocauste afin de soutirer à l'Allemagne des indemnités exorbitantes, qui ont été acceptées par M. Adenauer.

Écrivain prolifique et juif pratiquant, Joseph Burg est l'auteur de plus d'une douzaine d'ouvrages, aujourd'hui très difficiles à trouver car plus de la moitié d'entre eux ont été confisqués par décision de justice. Dans *Sündenböcke, Grossangriffe des Zionismus auf Papst Pius XII un die deutschen Regierungen (Boucs émissaires, l'offensive générale du sionisme contre le pape Pie XII et les gouvernements allemands)*, il dénonce les calomnies du sionisme contre Pie XII et les attaques contre l'Allemagne. En 1990, deux ans après avoir témoigné au procès de Toronto, Burg meurt à Munich. Considéré comme un traître, il n'est pas enterré dans le cimetière juif comme il l'aurait souhaité. Otto Ernst Remer et Ernst Zündel sont venus dans la ville bavaroise pour rendre hommage et dire adieu à la dépouille de ce révisionniste généreux à qui l'histoire ne rendra jamais justice.

Thies Christophersen condamné pour avoir "jeté le discrédit sur l'État"

Peu d'Allemands ont osé s'exprimer pendant les dures années de purge et de répression nationale-socialiste. Thies Christophersen, un fermier qui a séjourné à Auschwitz de janvier à décembre 1944, a été l'un de ceux qui se sont rebellés contre le silence imposé. Blessé au début de la guerre, il était inapte au combat. Au nom de l'Institut Kaiser Wilhelm, il est arrivé à Auschwitz en tant que haut commandant de la Wehrmacht avec pour mission de cultiver du caoutchouc végétal. En raison de l'importance de la main-d'œuvre dans le camp de travail, l'institut de culture des plantes a été transféré de Berlin-Müncheberg à Auschwitz. Là, les recherches sont menées dans les laboratoires de l'usine Bunawerk. Christophersen est logé dans le camp de Raisko et deux cents femmes détenues dans le camp travaillent avec lui dans sa ferme expérimentale. En outre, 100 hommes arrivent quotidiennement de Birkenau, mais des civils, principalement des Russes, sont également employés. Les prisonniers analysaient notamment le pourcentage de caoutchouc des plantes dans le laboratoire afin de sélectionner les plantes les plus riches en caoutchouc pour la reproduction. Selon Christophersen, les prisonniers y travaillaient huit heures par jour, avec une heure de repos à midi.

Après la guerre, Christophersen reprend ses activités agricoles. Dans le cadre de ses efforts pour défendre les intérêts des agriculteurs allemands, il a édité et publié un magazine trimestriel, *Die Bauernschaft (Les agriculteurs)*. En 1973, Thies Christophersen ose publier en allemand le livre *Die Auschwitzlüge (Le mensonge d'Auschwitz)*, une brochure tirée à 100 000 exemplaires, dans lequel il nie que l'Allemagne ait exterminé six millions de Juifs pendant la Seconde Guerre mondiale. À la fin, il conclut par ces mots : "J'ai écrit mes mémoires telles que je les ai vécues et telles que je m'en souviens. J'ai dit la vérité, que Dieu me vienne en aide. Si je peux contribuer à redonner à nos jeunes un peu plus de respect pour leurs pères, qui se sont battus pour l'Allemagne en tant que soldats et qui n'étaient pas des criminels, j'en serai très heureux". Le livre a fait sensation et a rapidement été interdit pour avoir "attisé le peuple". Christophersen, qui, outre le livre, avait publié d'autres écrits insistant sur la dénonciation des mensonges contre l'Allemagne, fut finalement inculpé et condamné à un an et demi de prison pour "discrédit de l'Etat" et pour "offense à la mémoire des morts".

Persécuté politiquement, il reçoit de nombreuses lettres d'insultes et de menaces qui le contraignent à l'exil. Après être passé par la Belgique, il s'installe au Danemark, où la législation le protège, ce qui ne l'empêche pas d'être victime de voyous "antifascistes" : des centaines d'entre eux attaquent sa modeste maison dans la petite ville de Kollund, située juste de l'autre côté de la frontière, en Allemagne. Les criminels ont lapidé la maison, l'ont couverte de graffitis insultants, ont mis le feu à la réserve où il conservait ses livres et, à l'aide d'acide corrosif, ont brisé sa voiture et son matériel de photocopie. Les autorités allemandes ont demandé au gouvernement de Copenhague de prendre des mesures contre lui et sont allées jusqu'à suggérer aux Danois de réviser leurs lois sur le racisme afin de pouvoir prendre des mesures contre Thies Christophersen. Heureusement, le site n'a pas fait l'objet de poursuites pour délit d'expression et de pensée au Danemark et un tribunal danois a rejeté une demande d'extradition de la République fédérale. Enfin, la police danoise n'ayant pas réussi à empêcher le harcèlement et les abus constants dont il était victime, il a été contraint de quitter le Danemark en 1995. Gravement malade d'un cancer, il s'est fait soigner en Suisse, mais en décembre 1995, il a également été contraint de quitter le pays. Finalement, il a trouvé un refuge temporaire en Espagne. Entre-temps, l'imprimeur du magazine *Bauernschaft* en Allemagne a été condamné à une amende de 50 000 DM.

Malgré toutes ces tribulations, Christophersen a pu se rendre au Canada en 1988 pour témoigner à Toronto dans le cadre du procès Zündel. Sa comparution au tribunal a précédé celle de Joseph Burg. Le contre-interrogatoire de Doug Christie, l'avocat de Zündel, a eu lieu le 8 mars 1988. Quelques mois plus tard, Thies Christophersen lui-même l'a reproduit intégralement, mot pour mot, dans le numéro de juin de son magazine *Die Bauernschaft*. L'avocat Christie pose de nombreuses questions sur les prisonniers qui, comme les soldats, sont logés dans des baraquements. Christophersen explique qu'il y avait des lits superposés, des armoires et des salles de bain avec eau chaude et froide. Les draps, les serviettes et les vêtements étaient changés régulièrement. L'interrogatoire s'est déroulé comme suit :

- Les prisonniers ont-ils reçu de la correspondance ?

- Le courrier est régulièrement distribué et les colis sont ouverts si leur contenu n'est pas très clair en présence des prisonniers. Certaines choses n'ont pas été livrées.

- Quelles sont les choses qui n'ont pas été livrées ?

- Argent, drogues, produits chimiques, matériel de propagande...

- Les prisonniers ont-ils été maltraités ?

- Aucun mauvais traitement n'est autorisé et, s'il s'en produit, les auteurs sont sévèrement punis.

- Les prisonniers ont-ils eu la possibilité de se plaindre ?

- Oui, à tout moment. Même le commandant du camp, Nöss, et son successeur, le capitaine Lieberhenschel, avaient autorisé les prisonniers à leur parler quand ils le souhaitaient.

- Avez-vous entendu les plaintes et les doléances des détenus ?

- À vrai dire, il ne s'agissait pas de plaintes, mais plutôt de demandes. La plus grande joie que je pouvais donner aux prisonniers était de leur permettre de cueillir des champignons et des mûres ou de se baigner dans la Sula. Il m'arrivait aussi de mettre sous séquestre les lettres privées d'un prisonnier dont le contenu n'était pas très clair".

Christophersen a reconnu lors de son interrogatoire qu'il ne connaissait pas la capacité des crématoires de Birkenau et qu'il ne les avait pas vus fonctionner, bien qu'il se soit souvent rendu dans le camp, où il apportait du matériel de la casse aéronautique et sélectionnait la main-d'œuvre pour les plantations d'hévéas. En ce qui concerne l'incinération des corps, il affirme qu'une aide médicale était apportée aux prisonniers malades et que l'on tentait de leur sauver la vie, puisqu'il y avait des ambulances et des salles de malades à l'hôpital militaire. Comme d'habitude, Christophersen a fait allusion aux nombreux décès dus à la fièvre typhoïde et a noté que l'épouse de son supérieur, le Dr Cäsar, était elle-même morte de la typhoïde. Quant aux questions sur les chambres à gaz, il a affirmé à plusieurs reprises qu'il n'en avait entendu parler qu'après la guerre, qu'il n'en avait jamais vu et qu'il n'avait jamais rencontré quelqu'un qui en avait vu.

Au cours des derniers mois de sa vie, Thies Christophersen était prêt à rentrer dans son pays pour y être jugé s'il était autorisé à présenter des experts et des témoins de son choix, mais les tribunaux allemands l'ont traité comme un ennemi de l'État et l'ont refusé. Son compte bancaire a été bloqué. Au début de 1996, il a demandé à retourner en Allemagne pour assister aux funérailles de l'un de ses fils, décédé dans un accident de voiture, mais un tribunal a rejeté sa demande. Bien que Christophersen souffre d'un cancer, les autorités allemandes annulent sa couverture d'assurance et cessent de lui verser sa modeste pension de retraite, respectée depuis quarante-cinq ans, ainsi que sa pension de service militaire. Gravement malade et en phase terminale, il a pris le risque de retourner passer les derniers jours de sa vie auprès de sa famille, mais il a été arrêté pour la dernière fois. Un juge allemand a estimé qu'il était trop malade pour aller en prison, et il a été autorisé à rester sous la tutelle d'un fils. Le 13 février 1997, il est décédé dans le district de Molfsee, dans le nord de l'Allemagne, où il n'a pas eu droit à des funérailles.

Wilhem Stäglich, le juge qui a exigé la justice pour l'Allemagne

Durant les mois de juillet à septembre 1944, Wilhelm Stäglich est affecté à un détachement près d'Auschwitz en tant qu'officier de défense aérienne. Basé dans la ville d'Osiek, à environ neuf kilomètres au sud du camp, il est en contact avec les commandants SS et a accès aux principales installations du camp. Après la guerre, il a obtenu un doctorat en droit à l'université de Göttingen en 1951. Pendant des années, il a travaillé comme juge financier à Hambourg, où il a écrit de nombreux articles sur des sujets juridiques et historiques. Après des années de silence, indigné et émotionnellement perturbé par les récits sur Auschwitz imposés au public, qui se heurtaient de plein fouet à sa propre expérience, le juge et historien allemand a décidé d'entreprendre une enquête. Lorsqu'il commence à exprimer publiquement ce qu'il a compris d'Auschwitz, il fait l'objet de plusieurs poursuites judiciaires en raison de ses articles. Finalement, en 1974, une audience disciplinaire est organisée à l'encontre du juge Stäglich et, en 1975, il est contraint de prendre sa retraite de la magistrature. Cette mise à la retraite forcée s'est accompagnée d'une réduction de sa pension pour une période de cinq ans. Il s'ensuit une série d'enquêtes et de perquisitions à son domicile pour tenter de connaître ses antécédents.

Au lieu de reculer, Stäglich a continué à travailler sur la question et a publié en 1979 un livre qui a fait date dans le révisionnisme allemand : *Der Auschwitz-Mythos : Legende oder Wirklichkeit* (*Le mythe d'Auschwitz : légende ou réalité*), un ouvrage complet et détaillé dans lequel il a examiné de manière critique et systématique des documents, des témoignages, des confessions et des récits décrivant Auschwitz comme un centre d'extermination. Stäglich a nié l'existence des chambres à gaz et a dénoncé les documents proclamant l'Holocauste comme étant des faux. En 1980, le livre a été interdit et saisi dans tout le pays sur ordre d'un tribunal de Stuttgart. Le 11 mars 1982, l'ordonnance n° 3176 de la "Bundesprüfstelle für jugendgefährdende Schriften" (Département fédéral des écrits dangereux pour la jeunesse) l'a classé parmi les ouvrages nuisibles qui ne doivent pas être distribués aux jeunes lecteurs. En 1983, la police allemande a confisqué tous les exemplaires invendus sur ordre de la Cour fédérale de justice. Le 24 mars 1983, invoquant ironiquement une loi de 1939 promulguée à l'époque d'Hitler, le conseil des doyens de l'université de Göttingen a retiré à Wilhelm Stäglich, au terme d'une procédure fastidieuse, le titre de docteur qu'il lui avait décerné en 1951. Un recours juridico-administratif a été rejeté, de même que ses protestations écrites devant le tribunal, qui ont été rejetées par le jury constitutionnel de la République fédérale d'Allemagne.

Le 23 novembre 1988, le juge Stäglich, avec une force d'âme et un aplomb dignes d'éloges, adressait une lettre de reproches à Richard von Weizsäcker, président de la République fédérale d'Allemagne de 1984 à 1994, en y joignant le *rapport Leuchter*, qui constituait pour le mouvement révisionniste la ratification incontestable de ses thèses. Nous estimons que ce document mérite d'être reproduit. *Die Bauernschaft*, la revue Thies Christophersen, a d'abord publié le texte, qui a également été reproduit à l'automne 1990 par *The Journal of Historical Review*, d'où nous l'avons repris et traduit :

"23 novembre 1988

Le président de la République fédérale

Richard von Weizsäcker

5300 Bonn

Monsieur le Président :

Vous vous êtes prononcé publiquement à plusieurs reprises sur des questions relatives à l'histoire de l'Allemagne au cours de ce siècle (la première fois, c'était à l'occasion de votre discours du 8 mai 1945 devant le Parlement de l'Allemagne de l'Ouest). Le contenu et le style de ses déclarations montrent qu'elles sont basées sur une perspective pour le moins biaisée, à savoir celle des vainqueurs des deux guerres mondiales. Dans sa brochure "*Le discours de Weizsäcker du 8 mai 1945*" (J. Reiss Verlag, 8934 Grossaitingen, 1985), dont vous avez certainement pris connaissance, le publiciste Emil Maier-Dorn l'a démontré de manière convaincante, en donnant de nombreux exemples de cette partialité tendancieuse. Manifestement pas impressionné, vous avez continué dans les années qui ont suivi, avec encore plus de véhémence si possible, à accuser le peuple allemand à chaque fois que l'occasion se présentait. Enfin, vous avez même jugé nécessaire de soutenir les historiens en participant à la 37e conférence des historiens à Bamberg, dont les lignes directrices incluaient, pour ainsi dire, le traitement du problème d'Auschwitz, qui faisait l'objet de discussions académiques depuis au moins la dernière décennie. Est-il possible que vous ignoriez l'article 5, paragraphe 3, de la loi fondamentale, qui garantit la liberté académique et la liberté de la recherche ? Les applaudissements que vous avez reçus pour vos commentaires totalement partisans et sans réserve de la part de nos ennemis des guerres mondiales et des médias ouest-allemands, qui suivent manifestement toujours vos ordres, auraient dû vous rappeler une maxime de Bismarck, qui a fait remarquer un jour que lorsque ses ennemis le louaient, c'est qu'il avait sans aucun doute eu tort.

Malheureusement, Maier-Dorn a dû omettre de commenter dans sa brochure ses déclarations sur la question de l'extermination des Juifs, étant donné que la version officielle de cette question est, selon lui, juridiquement protégée en Allemagne de l'Ouest. Bien que cela ne soit pas tout à fait exact, l'évaluation de Maier-Dorn fait mouche dans la mesure où un système judiciaire soumis à des pressions politiques et donc non indépendant manipule les faits et la loi afin de poursuivre et, sinon, de harceler ceux qui doutent ou même réfutent l'anéantissement des Juifs dans les prétendues "chambres à gaz" des camps dits "d'extermination". Ce phénomène est sans doute unique dans l'histoire de la justice.

Cependant, un événement survenu il y a environ six mois a forcé la remise en question de l'histoire officielle. Dans le procès du germano-canadien Ernst Zündel à Toronto, la défense a présenté le témoignage de l'expert américain en chambres à gaz Fred A. Leuchter (comme on le sait, les exécutions en chambres à gaz sont encore pratiquées dans certains États des États-Unis), selon lequel les lieux d'Auschwitz, de Birkenau et de Majdanek qui ont été identifiés par des témoins présumés comme des chambres à gaz ne pouvaient pas avoir fonctionné comme telles. Cette expertise technique, devenue entre-temps mondialement célèbre, ne pourra plus être ignorée à l'avenir par tout historien sérieux qui prétend à l'objectivité. Outre la technologie des chambres à gaz, le rapport Leuchter traite de la composition et du mode opératoire du pesticide Zyklon-B, prétendument utilisé pour tuer les Juifs, ainsi que de la technologie des fours crématoires. Dès 1979, à la page 336 de mon ouvrage *Der Auschwitz Mythos*, qui a été confisqué de manière significative sur ordre d'un tribunal suivant des instructions venues d'en haut, j'ai souligné la nécessité urgente de clarifier ces questions sur l'approche du problème de l'extermination. Ni les juges, ni les historiens ne se sont préoccupés de cet état de fait, pas plus que les hommes politiques, dont vous-même.

Malheureusement, le rapport Leuchter, comme tout ce qui peut historiquement disculper notre nation, est officiellement ignoré dans un silence de mort. C'est pourquoi je me permets de vous transmettre cet important document dans sa version originale anglaise, Monsieur le Président, afin que vous puissiez avoir une compréhension claire des choses. Ce texte ne diffère du rapport original que par l'omission des analyses chimiques effectuées par le chimiste américain, le professeur Roth, que Leuchter a associé à l'analyse des échantillons qu'il avait recueillis au cours de ses enquêtes personnelles dans les lieux d'Auschwitz et de Birkenau officiellement désignés comme "chambres à gaz", en plus des échantillons prélevés dans les anciennes chambres de désinfection à des fins de comparaison. Ces analyses ne figurent que sous forme de résumé (page 16) dans le texte du rapport Leuchter destiné à la diffusion publique. Monsieur le Président, vous pouvez maintenant prendre connaissance des recherches les plus récentes et les plus fiables sur ce sujet si important pour notre nation.

J'ose dire que désormais, même si vous ne corrigez pas vos accusations passées, vous vous abstiendrez au moins d'imposer une culpabilité injustifiée à notre nation. La haute fonction que vous occupez exige, conformément à la promesse que vous avez faite lorsque vous l'avez assumée, que vous agissiez en tant que protecteur de la nation allemande, au lieu de la dépouiller de la dernière parcelle de confiance en soi sur le plan politique. Dans vos discours, vous n'avez cessé de réclamer le "courage de regarder la vérité en face", alors que la "vérité" que vous proclamiez était déjà douteuse parce qu'elle était si unilatérale. Le moment est venu de montrer votre propre courage de regarder la vérité en face, toute la vérité et rien que la vérité, Monsieur le Président ! Sinon, vous devrez plus tard, à juste titre, faire face à des reproches pour votre hypocrisie.

Avec les salutations d'un citoyen,

Wilhelm Stäglich".

Wilhem Stäglich est décédé en 2006 à l'âge de 90 ans. En février 2015, Germar Rudolf a publié une édition corrigée et légèrement révisée de son livre chez Castle Hill Publishers, la maison d'édition qu'il a fondée, sous le titre *Auschwitz : A Judge Looks at the Evidence*. Cette publication prouve la valeur continue du travail de Stäglich. Robert Faurisson, qui admire l'honnêteté du magistrat, a écrit ces mots de respect et d'hommage : "Le Dr Wilhelm Stäglich, juge et historien allemand, a sauvé l'honneur des juges et des historiens allemands. Il a tout perdu, mais pas son honneur".

Ernst Zündel, "Dynamo révisionniste", modèle de résistance

Le moment est venu de rendre un modeste hommage à Ernst Zündel, l'homme indispensable, le révisionniste par excellence, qui a eu le courage et la force d'âme de s'opposer toute sa vie aux puissants tyrans qui imposent au monde la falsification de l'histoire. C'est peut-être pour cette raison que l'un des surnoms qui lui ont été donnés à juste titre pour son rôle de premier plan est celui de "dynamo révisionniste". Une esquisse de sa vie et les étapes de sa lutte inégale pour racheter l'Allemagne aux yeux du monde aidera les lecteurs non initiés à comprendre et à apprécier la stature de cette figure irremplaçable dans l'histoire du révisionnisme historique.

Né en Allemagne en 1939, il est arrivé au Canada en 1958 et a épousé une Canadienne, Janick Larouche. En 1961, il quitte Toronto et s'installe avec sa famille à Montréal, où il crée une entreprise d'arts graphiques prospère. Zündel considérait le communisme comme "une menace pour notre civilisation" et, dans la politique canadienne, il s'est impliqué dans des activités et des campagnes anticommunistes. L'une des personnalités qui l'a le plus influencé au cours de ces années est Adrien Arkand, un nationaliste canadien-français qui parlait huit langues et qui a été emprisonné pendant six ans pendant la guerre. Arkand a fourni des livres, des articles et d'autres textes qui ont aidé le jeune Zündel à se développer intellectuellement. Comme mentionné plus haut, Joseph Ginsburg, qui publiait sous le pseudonyme de J.C. Burg, est une autre personne essentielle qui a exercé une profonde influence sur Zündel au cours des années 1960. Burg s'est rendu au Canada pour enregistrer avec Zündel et a passé un mois chez lui. Leur amour de la vérité et de la justice a conduit à une admiration mutuelle. Burg a qualifié Zündel de "combattant de la vérité pour son peuple". Mais Burg n'est qu'un des intellectuels juifs importants à qui Zündel demande de collaborer avec lui. Il a également pris contact avec Benjamin Freedman[2], le milliardaire juif converti au catholicisme, et avec le rabbin Elmer Berger, président du "American Council for Judaism". Zündel s'est rendu à New York en 1967 pour rencontrer Berger, qui lui a fourni de nouvelles connaissances et informations sur le sionisme. Plus tard, lors d'un des procès, Zündel a expliqué sa relation avec le rabbin Berger de la manière suivante :

"... Je me suis rendu à New York et j'ai interviewé le rabbin Berger, avec qui je suis resté en contact depuis lors. C'est lui qui, pour la première fois, m'a fait comprendre clairement les différences entre le sionisme et le judaïsme. Sa philosophie particulière de la vie et du peuple qu'il représente est qu'ils sont avant tout américains et juifs de religion, alors que les sionistes sont d'abord juifs, du moins c'est ainsi que je le comprends, ce qui les conduit dans la pratique à l'exclusion de toute autre chose. Ils résident dans différents pays, mais leur seule allégeance va aux principes du sionisme, aux objectifs du sionisme, aux politiques du sionisme. Il estimait qu'il s'agissait d'une idéologie dangereuse parce qu'elle remettait en question, aux yeux de l'opinion publique, la loyauté des Juifs vivant en Amérique ou au Canada".

En 1968, Zündel s'est vu refuser la citoyenneté canadienne sans explication. Le 27 août 1968, il reçoit une lettre des autorités canadiennes indiquant que "les informations sur la base desquelles la décision a été prise sont confidentielles et qu'il ne serait pas dans l'intérêt général de les divulguer". En 1969, Zündel et sa famille retournent à Toronto, où il rétablit son entreprise d'arts graphiques, qui publie des livres à grand tirage et à forte diffusion, ce qui lui permet de réaliser des bénéfices substantiels. Cela lui permet de

---

[2] Le chapitre I a déjà présenté Benjamin H. Freedman et discuté de sa célèbre lettre à David Goldstein, éditée sous le titre *Facts are facts*, dans laquelle il révélait l'origine khazare des Juifs ashkénazes. Freedman avait des relations personnelles avec Bernard Baruch, Woodrow Wilson, Franklin D. Roosevelt, Samuel Untermayer et d'autres dirigeants sionistes juifs, et il savait donc très bien qui se cachait derrière ce qu'il a appelé la "*tyrannie cachée*" dans une brochure ainsi intitulée. En 1961, Benjamin Freedman a prononcé à l'hôtel Willard de Washington le célèbre discours d'avertissement à l'Amérique, connu plus tard sous le titre "A Jewish Defector Warns America" (Un transfuge juif avertit l'Amérique). Il y insiste sur le fait que les sionistes et leurs coreligionnaires dirigent l'Amérique comme s'ils étaient les maîtres absolus du pays et avertit les patriotes américains de la nécessité impérieuse de réagir.

publier des textes et des entretiens qu'il a réalisés avec des écrivains et des historiens révisionnistes tels que Robert Faurisson et le rabbin susmentionné. Berger et Burg ne sont pas les seuls Juifs à avoir collaboré avec Zündel dans son combat titanesque pour dénoncer les falsificateurs de l'histoire. Roger-Guy Dommergue Polacco de Menasce, professeur français d'origine juive, philosophe, essayiste et docteur en psychologie, fut un autre intellectuel honnête qui influença Ernst Zündel, avec qui il correspondit pendant des années. Zündel, qui recevait des textes de Roger-Guy Dommergue dans lesquels il affirmait sans équivoque que l'Holocauste était un mensonge historique, finira par se rendre en France pour enregistrer une longue interview dans la maison du professeur Dommergue.

Ernst Zündel et sa femme se sont séparés en 1975, car Zündel refusait d'abandonner ses "activités politiques", comme elle le déclarait elle-même, ce qui a provoqué un sentiment de malaise et de crainte au sein de la famille. Néanmoins, l'amitié et le contact entre eux et leurs enfants n'ont pas été rompus. Au cours de ces années, en 1978 plus précisément, Zündel a fondé une petite maison d'édition appelée Samisdat Publishers Ltd, qui a produit une série de films intéressants pour aider à diffuser les idées du révisionnisme par le biais de divers témoignages. Ces activités de résistance et d'autres entreprises par Ernst Zündel ont provoqué le lancement d'une campagne de diffamation par des chroniqueurs éminents tels que Mark Bonokoski du *Toronto Sun* et d'autres chroniqueurs, de concert avec des dirigeants juifs tels que Ben Kayfetz, président du Congrès juif canadien, pour dépeindre Ernst Zündel comme un "fanatique néo-nazi".

À partir de ce moment, les attaques du gouvernement allemand sont rejointes par les organisations juives qui cherchent à faire taire Zündel par leur harcèlement au Canada et en Allemagne. Les accusations d'"incitation à la haine" et de "diffusion de fausses nouvelles" deviennent monnaie courante. Divers groupes de pression juifs font pression sur les gouvernements et utilisent les médias pour provoquer l'indignation de l'opinion publique. C'est dans ce contexte que la JDL (Jewish Defence League), la tristement célèbre organisation terroriste du FBI, et l'Anti-Racist Action entrent en scène et intensifient leur harcèlement contre Zundel en organisant des manifestations devant son domicile. Ces terroristes en vinrent à l'assiéger en patrouillant dans les environs avec des chiens et, en outre, en tapant sur les murs de la maison, en braquant des projecteurs sur les fenêtres pendant la nuit et en le menaçant par des appels téléphoniques incessants.

Le 22 novembre 1979, le *Toronto Sun* rapporte que le procureur général de l'Ontario s'apprête à porter plainte contre Samisdat Publishing Ltd. pour incitation à la haine. En réponse à cette menace, Zündel envoie des milliers d'exemplaires de *Did Six Million Really Die ?* de Richard Harwood à des avocats, des politiciens, des journalistes, des professeurs et des prêtres canadiens. Il leur demande d'évaluer les informations contenues dans le livre. Dans le texte qui l'accompagne, il insiste sur le fait qu'il n'est animé que par la recherche de la vérité et que les sionistes et leurs sympathisants utilisent des mots tels que "racisme" et "haine" pour tenter d'étouffer sa liberté.

Le prochain revers majeur pour les droits d'Ernst Zündel est venu d'Allemagne. En janvier 1981, le gouvernement fédéral allemand saisit son compte bancaire postal à Stuttgart, sur lequel Zündel recevait de nombreux dons et effectuait des paiements pour des livres et des cassettes. Les 23 et 24 mars 1981, le ministère allemand de l'intérieur ordonne l'une des plus grandes perquisitions de l'histoire de l'Allemagne : quelque 200 domiciles privés sont perquisitionnés afin de saisir des livres et des enregistrements qualifiés de "littérature nazie". Quelque dix mille policiers et trois cents juges et procureurs ont été mobilisés pour l'opération. Zündel a témoigné à ce sujet : "la police a obtenu les adresses des personnes qui m'avaient aidé financièrement en violant les lois bancaires allemandes, en prenant les adresses des reçus de dons et en perquisitionnant les domiciles de ces personnes". Zündel a alors été accusé d'"agitation du peuple", un crime en Allemagne.

Au Canada, des raids ordonnés par le ministère allemand de l'Intérieur ont été rapportés dans la presse et Ernst Zündel a été publiquement accusé de diffuser de la "propagande nazie" en Allemagne de l'Ouest à partir du Canada. Le 31 mai 1981, une grande manifestation de groupes juifs a eu lieu près du domicile de Zündel à Toronto. La manifestation avait été annoncée dans les médias juifs avec la déclaration suivante : "Le néonazisme au Canada : pourquoi le Canada est-il le centre d'exportation de la propagande nazie ? Pourquoi les semeurs de haine répandent-ils librement le mensonge selon lequel il n'y a pas eu d'Holocauste ? Pourquoi les criminels de guerre restent-ils impunis ? Manifestation pour protester contre le racisme et les discours de haine". Les organisateurs étaient la Loge B'nai Brith du Canada et le Congrès juif du Canada. La Ligue de défense juive ne figurait pas parmi les promoteurs, mais ses extrémistes étaient majoritaires et ont soulevé une foule de mille cinq cents personnes qui, aux cris de "Brûlez-le ! Tuez-le !", ils ont tenté d'attaquer la maison de Zündel. Bien entendu, les organisateurs n'ont pas tenté de les retenir,. Seule l'intervention d'une cinquantaine de policiers qui ont barricadé la maison a permis d'éviter d'autres incidents. Zündel, qui a reçu des menaces de mort et d'attentat à la bombe avant et après la manifestation, a enregistré tout ce qui s'est passé et a produit une cassette intitulée *C-120 Zionist Uprising ! dans* laquelle on peut entendre les cris appelant à prendre d'assaut et à brûler la maison et à tuer Zündel et tous les habitants.

Contre vents et marées, dans un combat inégal, Zündel a continué à résister à toutes sortes d'attaques. L'outrage suivant fut l'interdiction de recevoir du courrier. En juillet 1981, deux mois après la manifestation de masse devant son domicile, Sabina Citron, une activiste sioniste de l'Association pour la mémoire de l'Holocauste, se plaint à la poste que Zündel diffuse de la littérature antisémite et demande que ses privilèges postaux soient révoqués. Le 17 août 1981, l'inspecteur des postes Gordon Holmes rendit visite à Zündel. Il lui montra des tracts qu'il avait envoyés et Zündel, pour sa part, lui présenta des photos, des textes et des enregistrements de la manifestation de mai devant son domicile et expliqua qu'il était engagé dans une campagne postale pour exposer ses opinions par l'intermédiaire du service. Le rapport de Holmes à ses supérieurs a confirmé que Zündel s'était montré coopératif tout au long de l'entretien et lui avait fourni des livres et des écrits. Enfin, le 13 novembre 1981, une ordonnance d'interdiction provisoire a été émise à l'encontre de Samisdat Publishers. L'argument avancé était que la société de Zündel utilisait le service postal pour inciter à la haine.

Zündel demande que l'ordonnance d'interdiction provisoire soit examinée par une commission d'évaluation afin de déterminer si elle viole la loi sur la Société canadienne des postes. Au cours de l'audience, qui s'est tenue les 22, 23 et 24 février et les 11 et 12 mars 1982, l'avocat torontois Ian Scott, représentant l'Association canadienne des libertés civiles, est intervenu au nom de Zündel et a fait valoir avec succès que la liberté d'expression reconnue dans la Charte des droits de l'homme était violée. Dans sa déclaration, Zündel a montré une cassette intitulée *German-Jewish Dialogue*, que Benjamin Freedman l'avait autorisé à vendre. Zündel se vante de son amitié avec le milliardaire juif, qu'il connaît depuis quinze ans et avec lequel il s'est entretenu à de nombreuses reprises. Prouvant qu'il ne haïssait pas les Juifs, Zündel a donné les noms d'intellectuels juifs qu'il avait interviewés et qui lui avaient donné l'autorisation de vendre les cassettes. Il cite notamment Haviv Schieber, ancien maire de Beersheba en Israël, Roger-Guy Domergue Polacco de Menasce, professeur juif à la Sorbonne, le rabbin Elmer Berger et le professeur Israel Shahak, président d'une commission des droits de l'homme en Israël.

En attendant l'avis définitif de la Commission d'évaluation au Canada, malgré une campagne hystérique en Allemagne et au Canada sur l'importance des documents saisis chez Samisdat Publishers, Zündel a été acquitté en Allemagne le 26 août 1982 par un tribunal de district de Stuttgart, qui a estimé que les textes en question n'étaient pas de la littérature de haine. En outre, le tribunal a ordonné au gouvernement fédéral allemand de payer les frais de justice et de restituer à Zündel l'argent saisi sur les comptes ainsi que les intérêts. Bien entendu, la presse canadienne est restée silencieuse et a continué à décrire Zündel comme un "néo-nazi" qui a envoyé de la "propagande nazie" en Allemagne. Le gouvernement allemand réagit à la décision du tribunal de Stuttgart en refusant de renouveler le passeport de Zündel. De manière sarcastique, une loi promulguée par Hitler contre les réfugiés juifs qui publiaient des documents antinazis en exil a été utilisée à cette fin.

Au Canada, enfin, le 18 octobre 1982, la Commission d'évaluation a recommandé dans son rapport au gouvernement canadien la révocation de l'ordonnance de suspension des droits postaux d'Ernst Zündel. Conformément à cette recommandation bien argumentée, le ministre André Ouellet a signé la révocation de l'ordonnance le 15 novembre 1982, et les droits de Zündel ont été rétablis, avec pour conséquence que la Société canadienne des postes a dû lui restituer de nombreux sacs postaux. Tous les chèques étaient périmés, de sorte que l'entreprise de Zündel a subi des pertes presque ruineuses. Le Congrès juif canadien a fait savoir, par l'intermédiaire de Ben Kayfetz, qu'il était consterné par cette décision. Néanmoins, les organisations juives ont immédiatement repris leur harcèlement et ont lancé en 1983 une campagne pour poursuivre Zündel. La Holocaust Remembrance Association et Sabina Citron ont écrit au procureur général de l'Ontario, Roy McMurtry, pour lui demander de poursuivre Zündel pour incitation à la haine en vertu du code pénal. Le 13 octobre 1983, le *Toronto Star* rapporte que B'nai Brith demande que Zündel soit poursuivi pour incitation à la haine raciale.

L'avocat de Zündel en Allemagne avait entre-temps fait appel de la décision des autorités de ne pas renouveler le passeport de son client. Au cours de la procédure d'appel en 1985, l'avocat a été autorisé, en présence d'un policier du tribunal, à étudier, mais non à copier, dans les archives gouvernementales, divers documents utilisés dans la procédure contre Zündel. C'est ainsi qu'ils ont appris que le ministère de l'Intérieur, qui n'est pas compétent en matière de passeports, avait exercé depuis 1980 des pressions incessantes sur le ministère des Affaires étrangères pour que le passeport d'Ernst Zündel lui soit retiré. Les documents montrent que des hauts fonctionnaires du Service fédéral de renseignement allemand se sont rendus à Ottawa afin d'obtenir du gouvernement canadien qu'il interdise à Zündel d'utiliser le système postal. Les dossiers allemands indiquent également que Ben Kayfetz, du Congrès juif du Canada, a écrit au consul général d'Allemagne à Toronto pour lui demander des copies des documents relatifs à Zündel qu'il souhaitait examiner, mais le consul Koch a d'abord refusé. Les autorités allemandes avaient apparemment conçu l'idée que si elles parvenaient à priver Zündel de son passeport, les Canadiens l'expulseraient. En novembre 1982, le consul Koch était prêt à renouveler le passeport, mais, comme le montrent les dossiers examinés par l'avocat de Zündel, le ministère de l'Intérieur a fait pression sur le ministère des Affaires étrangères pour qu'il envoie une directive au consul de Toronto afin qu'il fasse le contraire, ce qu'il a fait. Zündel a fait appel de la décision du consul de ne pas renouveler son passeport. Le 9 mai 1984, le tribunal administratif de Cologne a décidé que la République fédérale d'Allemagne n'était pas obligée de renouveler le passeport. Un nouveau recours a alors été introduit devant le tribunal administratif supérieur de Rhénanie-du-Nord-Westphalie. C'est au cours de ce recours, à l'adresse, que l'avocat de Zündel a eu accès aux archives du gouvernement, qui ont montré que depuis 1980, les autorités allemandes s'efforçaient avec acharnement de faire expulser Zündel.

Examinons maintenant les pressions exercées par les organisations juives sur les autorités canadiennes pour qu'elles engagent des poursuites contre Ernst Zündel, pressions qui aboutiront au procès de 1985. L'accusation d'incitation à la haine ne semblant pas avoir de chance d'aboutir, Sabina Citron, de l'Association pour la mémoire de l'Holocauste, a demandé, le 18 novembre 1983, à être accusée de "diffusion de fausses nouvelles" dans des publications telles que *Did Six Million Really Die ?* et *The West, War and Islam*. Les accusations de Sabina Citron ont été admises par la Couronne, ce qui signifiait que l'État supportait tous les coûts des poursuites au nom des sionistes. C'est ainsi qu'a commencé la bataille juridique de Zündel, qui a duré neuf ans, pour défendre ses droits civils.

Le 9 septembre 1984, quelques mois avant le début du procès, une bombe explose à l'arrière de la maison de Zündel, endommageant le garage et deux voitures. Des éclats d'obus ont été projetés et des morceaux ont été incrustés dans le mur de la chambre de deux voisins juifs. Le 10 septembre, le journal torontois *The Globe & Mail* rapporte : "Un homme a téléphoné *au Globe & Mail* hier soir au nom d'un groupe qu'il a appelé la Ligue de défense juive (JDL), le Mouvement de libération du peuple, pour revendiquer la responsabilité de l'attentat à la bombe". Aucune arrestation n'a eu lieu et Zündel a publié un communiqué de presse dénonçant l'escalade de la violence de la JDL et des groupes apparentés à son encontre, soutenue par certains médias. Il réclame une réaction policière contre le terrorisme de cette organisation sioniste, car, dit-il, "la police, les politiciens et les médias connaissent bien la réputation de la LDJ en matière d'incendies criminels, d'attentats à la bombe, de fusillades, d'attaques et d'assassinats".

À chaque apparition d'Ernst Zündel dans le cadre de convocations judiciaires, les membres de la LDJ, qui l'attendaient aux portes du tribunal, ont profité de l'occasion pour menacer, insulter et agresser les personnes qui l'accompagnaient. En conséquence, ils sont apparus portant des casques de chantier pour se protéger. Zündel et son avocate Lauren Marshall ont tous deux reçu des appels téléphoniques dans lesquels ils étaient menacés de mort. Selon le *Toronto Sun, Lauren* Marshall a déclaré : "D'une voix tremblante, elle a dit qu'elle et son client, ainsi que leurs familles, étaient harcelés quotidiennement et recevaient des menaces de mort. Elle a ensuite déclaré aux journalistes que lors d'un appel téléphonique, sa fille de sept ans s'était entendu dire : "Si ta maman va au tribunal, nous la tuerons". Zündel a adressé une lettre ouverte aux membres du Parlement et aux médias, les avertissant que l'administration de la justice au Canada était en danger si elle permettait l'intimidation et les attaques par des foules juives.

Le procès a débuté en janvier 1985 et a duré trente-neuf jours. Le ministère public a cherché à prouver l'existence de l'Holocauste par l'intervention d'experts tels que Raul Hilberg et d'anciens détenus qui ont témoigné. Comme nous avons déjà passé en revue le témoignage de Hilberg contre-interrogé par l'avocat Doug Christie dans le *rapport Leuchter* (*Outlawed History*), nous ajouterons que parmi les personnes appelées par la défense de Zündel, outre les célèbres Faurisson et Christophersen, se trouvaient, entre autres, le Dr William Lindsey, un chimiste qui avait été chef de la recherche à la société chimique américaine Dupont ; le Dr Russell Barton, qui, jeune homme, était un ancien chef de la recherche à la société chimique américaine Dupont ; et le Dr Russell Barton, qui, jeune homme, était un ancien chercheur en chef à la société chimique américaine Dupont, un ancien chef de la recherche à la société chimique américaine Dupont. Russell Barton, qui, jeune médecin, avait assisté à la libération de Bergen-Belsen ; Frank Walus, Américain d'origine polonaise accusé à tort d'être un criminel nazi ; Pierre Zündel, fils d'Ernst Zündel ; et un chercheur autrichien d'origine suédoise, Ditlieb Felderer, bien connu dans les milieux révisionnistes, dont les activités méritent d'être soulignées et qui aura donc sa propre section ci-dessous.[3]

---

[3] Ditlieb Felderer a témoigné dans les deux procès contre Zündel. En 1988, il a été le premier témoin appelé à déposer par la défense et sa collaboration avec l'équipe de Zündel a été remarquable. Felderer était un Témoin de Jéhovah très en vue jusqu'à ce qu'il soit expulsé après avoir découvert que l'extermination des membres de la secte était un mensonge. Il a effectué des recherches au siège des Témoins de Jéhovah à New York, ainsi que dans les archives de Toronto, en Suisse et en Scandinavie. Il réussit à faire reconnaître que le chiffre de 60.000 Témoins de Jéhovah tués par les nazis est faux, puisque seuls 203 d'entre eux sont morts dans les camps de concentration. Bien que la direction de New York ait interdit aux membres de l'organisation de parler à Felderer, un annuaire ultérieur publié par les Témoins de Jéhovah eux-mêmes a reconnu que le chiffre de Felderer était correct. Ditlieb Felderer a été l'un des premiers à dénoncer le journal d'Anne Frank comme étant un faux. Dans son célèbre livre *Anne Frank's*

Le 28 février 1985, Zündel a été reconnu coupable par un jury et, le 25 mars, il a été condamné à une peine de quinze mois de prison, mais il a été libéré sous caution à des conditions strictes qui lui interdisaient d'écrire, de publier ou de parler en public. Entre ces deux dates, B'nai Brith, le Congrès juif du Canada, l'Association pour la mémoire de l'Holocauste et la LDJ ont organisé une campagne publique et privée pour que le gouvernement canadien déporte Zündel en Allemagne. L'événement le plus marquant a été une manifestation de milliers de personnes, qui s'est terminée par un rassemblement. Le 11 mars 1985, le *Toronto Star* a rendu compte de la manifestation massive contre Zündel, qui s'est terminée au centre O'Keefe de Toronto. Là, tous les orateurs réclament l'expulsion au milieu des cris et des acclamations incessantes de la foule. Mais tous les Canadiens ne sont pas indifférents à ce spectacle. Le 21 mars, quatre jours avant que le verdict ne soit rendu public, le *Toronto Sun* publie une lettre au rédacteur en chef dans laquelle J. Thomas critique les excès des manifestants, dont il juge la démonstration de haine évidente : "Le spectacle de 4000 Juifs, très bien organisés, écrit Thomas, marchant de l'hôtel de ville au centre O'Keefe et les déclarations loquaces de nombreux orateurs, criant tous symboliquement "Barabbas, Barabbas, donnez-nous Barabbas", est une effrayante démonstration de la loi de la foule... La demande stridente et continue d'expulsion de Zündel dépasse de loin les limites de la justice et se révèle être une haine envers quiconque ose remettre en question le pouvoir d'une petite minorité de Canadiens".

Le 27 mars 1985, le *Toronto Sun* lui-même rapporte qu'à l'issue d'une réunion gouvernementale, Flora MacDonald, ministre de l'Immigration, a donné instruction aux fonctionnaires de son ministère d'entamer la procédure d'expulsion de Zündel dès qu'ils recevraient un rapport sur sa condamnation. Le 29 avril 1985, sans tenir compte de ses droits légaux d'appel, Ernst Zündel est expulsé. Le 30 avril, le *Toronto Star* rapporte dans ses pages la jubilation du B'nai Brith : "Nous sommes très heureux de voir que le gouvernement a agi rapidement. Nous pensons que c'est la bonne procédure et la

---

Diary, a Hoax (1979), il a dénoncé la supercherie, confirmée par la suite par d'autres chercheurs. Felderer, poursuivi sans relâche par les hommes de main du lobby juif, a été emprisonné à plusieurs reprises en Suède. Récemment, il a publiquement accusé Johan Hirschfeldt, un juge juif suédois, d'être responsable d'actes de terrorisme contre lui et son épouse philippine.

bonne décision". Mais Ernst Zündel, combattant aguerri, fait immédiatement appel et la procédure d'expulsion est stoppée en droit.

En 1987, Zündel remporte deux victoires très importantes qui réaffirment sa volonté de résister à tout prix. Le 23 janvier 1987, la Cour d'appel de l'Ontario, qui avait accueilli l'appel contre sa condamnation, ordonne la tenue d'un nouveau procès au motif que le juge Hugh Locke a agi de manière partiale et inappropriée. Entre autres excès, il avait rejeté diverses preuves présentées par la défense et avait montré au jury des films sur les camps de concentration nazis afin d'influencer sa décision. Une demi-année plus tard, Zündel connaît un second triomphe : le 7 juillet 1987, l'ordre d'expulsion est invalidé au motif qu'il a été délivré en violation de la loi canadienne.

En 1987, Zündel remporte une troisième victoire contre Sabina Citron et les organisations juives habituelles. Lors d'une émission de la radio de la CBC, Zündel a publiquement déclaré au leader sioniste que "les Allemands étaient innocents de l'accusation de génocide à l'encontre des Juifs". Par ailleurs, s'adressant à l'animateur David Shatsky, il rappelle que lors du procès de janvier, Sabina Citron n'a pu présenter aucun document prouvant l'existence d'un ordre d'extermination "parce qu'il n'y en avait pas". Citron a déclaré à la presse qu'elle avait été stupéfaite par l'apparition de Zündel dans l'émission. Peu après, ils ont intenté un procès à la radio de la CBC pour obtenir des dommages et intérêts. Le 25 août 1987, Citron a de nouveau poursuivi Zündel pour avoir diffusé de "fausses nouvelles" lors de l'émission de radio. La plainte a été rejetée par la Couronne le 18 septembre 1987 au motif que "les déclarations de Zündel au cours de l'émission constituaient une opinion qui n'entrait pas dans le champ d'application de l'article du code pénal relatif aux "fausses nouvelles"".

Le deuxième procès contre Zündel pour "diffusion de fausses nouvelles" s'est finalement ouvert le 18 janvier 1988. Il a duré soixante et un jours et est resté dans l'histoire du révisionnisme pour l'importance transcendante de la révélation *du rapport Leuchter*. Raul Hilberg a refusé de revenir au Canada pour témoigner, sans doute pour ne pas être à nouveau soumis au contre-interrogatoire de l'avocat Christie, qui l'avait acculé lors du premier procès. La Couronne a présenté sept témoins. La défense en a appelé 23 pour prouver qu'il n'y avait pas de "fake news" dans le livre *Did Six Million Realy Die ?*

mais que son contenu était véridique. Parmi les déclarations des témoins présentés par Zündel, la plus marquante est bien sûr celle de Fred Leuchter, reconnu par le président du tribunal comme un expert du fonctionnement des chambres à gaz. Leuchter a expliqué son travail d'inspection à Auschwitz, Birkenau et Majdanek et a affirmé que les prétendues chambres à gaz n'auraient jamais pu remplir la fonction meurtrière qu'on leur attribue. *Le rapport Leuchter*, présenté au tribunal sous la forme d'un exposé illustré, a ensuite été traduit dans de nombreuses langues et largement diffusé dans le monde entier. Parmi les témoins de la défense, David Irving, historien britannique d'origine juive, était convaincu que les implications du rapport seraient dévastatrices pour l'historiographie de l'Holocauste. Il est significatif que la couverture médiatique du procès ait été presque inexistante par rapport à celle du premier procès.

Malgré toutes les preuves présentées, Zündel est à nouveau reconnu coupable à l'issue du procès et condamné à une peine de neuf mois de prison. Une fois de plus, les organisations juives n'ont pas tardé à réclamer son expulsion vers l'Allemagne. Zündel, qui, à l'adresse 1988, a de nouveau demandé les raisons du rejet de sa demande de citoyenneté sans recevoir de réponse, a de nouveau fait appel du verdict devant la Cour d'appel de l'Ontario. Avant que l'issue de son appel ne soit connue, le consul général de l'Allemagne fédérale, le Dr Henning von Hassell, a écrit plusieurs lettres à la Cour de l'Ontario accusant faussement Zündel d'avoir distribué des tracts à l'équipage d'un navire allemand dans le port de Toronto. Selon le consul, le texte des brochures avait pour thème principal la négation de l'Holocauste, ce qui constituait une violation des conditions de sa mise en liberté sous caution.

Le 5 février 1990, la Cour d'appel a rejeté l'appel, de sorte qu'Ernst Zündel a dû demander l'autorisation d'interjeter appel devant une juridiction supérieure, la Cour suprême du Canada, ce qu'il a fait le 15 novembre 1990. À ce stade de la persécution, la bataille juridique d'un homme seul contre des ennemis colossaux avait déjà des connotations épiques. Il faut attendre près de deux ans pour connaître la décision de la Cour suprême, mais celle-ci reste ferme dans son application de la loi et, le 27 août 1992, acquitte Zündel. La Cour a estimé que la liberté d'expression protégée par la Charte canadienne des droits et libertés avait été violée. Malgré la campagne médiatique menée contre Zündel au fil des ans, certains éditorialistes ont fini par reconnaître la pertinence de la décision de la Cour suprême, le droit à la liberté d'expression de tous les Canadiens étant menacé sous le couvert de la loi sur les "fake news".

Comme d'habitude, le judaïsme organisé au Canada a piqué une crise et n'a pas accepté le verdict de la Cour suprême sur le droit de Zündel d'exprimer pacifiquement ses opinions sur l'Holocauste "incontestable". Avec l'effronterie habituelle, ce groupe minoritaire de la société canadienne s'est arrogé le droit de donner des leçons et de critiquer les juges et le système judiciaire. À la mi-septembre 1992, les organisations juives ont formé une large coalition, comprenant quelques groupes de gentils, et ont lancé une nouvelle campagne, comprenant des affiches et des publicités. Le numéro de septembre de of *the Covenant*, la publication mensuelle de B'nai Brith, présentait une photo pleine page de Zündel sur sa première page avec les mots suivants : "Arrêtez cet homme, dit B'nai Brith : la coalition fait campagne pour porter de nouvelles accusations contre Zündel". L'article qui l'accompagnait indiquait qu'ils allaient remplir les rues de milliers d'affiches réalisées par la Ligue des droits de l'homme afin de faire pression sur le procureur général de l'Ontario, Howard Hampton. L'Association pour la mémoire de l'Holocauste (Holocaust Remembrance Association) a fait paraître des publicités sur lesquelles on pouvait lire : "Zündel ne doit pas échapper à la justice ! Manifestation urgente". Il est évident que la justice dont il est question n'est pas celle du Canada, mais la sienne. Le rassemblement a lieu le 4 octobre 1992, au cours duquel Sabina Citron appelle à une "déclaration de guerre" au système judiciaire canadien. Dans son édition du 15 octobre 1992, le *Canadian Jewish News* a reproduit mot pour mot les propos de Sabina Citron, qui invitait tout le monde à "harceler continuellement la vie des politiciens". Zündel doit être inculpé et déporté. Nous en avons assez et nous ne tolérerons rien de plus".

Au milieu de ce maelström frénétique d'hystérie anti-Zündel, une jeune connaissance juive, David Cole, lui vint en aide. Cole, qui était revenu d'Auschwitz avec le film dont nous avons parlé plus haut (*Outlawed History*), a publié une lettre au procureur général Howard Hampton dans le *Kanada Kurier*, un journal ethnique allemand du Canada. Pour son intérêt, nous la reproduisons intégralement, extraite du *Zündelsite :*

"Cher Monsieur Hampton,

Je vous écris au sujet de l'affaire Ernst Zündel et de la décision que vous allez prendre sur l'opportunité de porter de nouvelles accusations contre lui. Je suis juif et je suis également un révisionniste de l'Holocauste. Je ne suis pas un fêlé qui sort de sous les rochers pour répandre la haine et l'antisémitisme, bien au contraire. Cela fait des années que j'explique rationnellement aux gens qu'il y a deux versions de l'histoire de l'Holocauste et que, sur la base des preuves disponibles, la version révisionniste est tout simplement plus crédible. Le révisionnisme n'a rien à voir avec la haine et la malveillance, mais avec l'objectivité et la tentative de discerner le vrai du faux. Si je cherchais à nuire aux Juifs, cela signifierait que je suis et que je cherche à nuire à toute ma famille. Il s'agirait d'une accusation grave à mon encontre.

J'ai participé à une émission de télévision aux États-Unis (l'émission d'information "48 Hours" présentée par Dan Rather à une heure de grande écoute) et j'ai également débattu de la question avec des survivants et des "experts" lors d'une émission-débat nationale (l'émission de Montel Williams vendue à des rediffuseurs locaux). Je n'ai jamais été accusé d'être raciste, nazi ou de haïr les Juifs (je ne suis rien de tout cela).

L'objet de cette lettre est de vous demander de mettre fin à la persécution juridique de M. Zündel. Je suis conscient qu'il existe des groupes de pression qui essaient de vous convaincre de faire autrement, et je suis également conscient qu'il doit être difficile pour ces personnes de séparer leurs émotions de ce qui est le mieux pour la liberté intellectuelle au Canada. Il vous incombe donc, en tant que représentant du peuple et de la loi, d'examiner les choses objectivement et de faire ce qui est le mieux pour le peuple et la grandeur de la loi. En quoi la persécution continue de M. Zündel a-t-elle profité au peuple canadien, si ce n'est en tant qu'exemple de gaspillage de l'argent des contribuables, et en quoi le double standard flagrant concernant les droits des Allemands par rapport aux droits d'autres groupes ethniques a-t-il profité à l'intégrité de la loi ?

N'oubliez pas que le sujet de l'Holocauste ne concerne pas uniquement les Juifs ; les Allemands y ont également participé et, en tant que partie intégrante de leur histoire, ils ont autant le droit de l'étudier que les Juifs. Dans les années à venir, peut-être de nombreuses années, peut-être seulement quelques années, lorsque la raison aura prévalu et que l'Holocauste pourra être examiné objectivement, et que nous verrons que le monde tel que nous le connaissons ne disparaît pas pour autant, la persécution hypocrite et misérable d'Ernst Zündel semblera rétrospectivement tout à fait inutile et l'histoire ne portera pas un regard favorable sur ceux qui y ont été impliqués.

Je vous prie d'agréer, Monsieur le Président, l'expression de mes sentiments distingués.

David Cole".

Pendant des mois, les médias sont utilisés pour faire pression sur les autorités et resserrer l'étau autour de Zündel qui, inébranlable dans sa volonté de résistance, envoie même des lettres à des journaux londoniens, dont l'effet est inverse à celui recherché, provoquant des réactions furieuses et irrationnelles des communautés juives. Mais le 5 mars 1993, pour la énième fois, les organisations juives échouent dans leur tentative de briser la résistance obstinée de la "dynamo révisionniste". Les forces de police impliquées dans l'enquête n'ont pas compris qu'il pouvait être inculpé. La section "Hate Literature" de la police provinciale de l'Ontario a déclaré qu'aucune accusation ne pouvait être portée en vertu de la loi sur la propagande haineuse, car les commentaires de Zündel ne constituaient pas un crime d'incitation à la haine. Zündel a publié un communiqué de presse réitérant sa position :

"Les faits sont les suivants : mon matériel, mes idées, mes apparitions à la radio et à la télévision ne génèrent pas d'incidents antisémites, parce qu'ils ne sont pas antisémites. Mon matériel tente de contrer les discours de haine anti-allemande dans les médias, les films et les manuels scolaires. Il existe une solution simple à ce problème : arrêtez de dire des faussetés, des demi-vérités et des mensonges purs et simples sur les Allemands et leur rôle dans l'histoire, et je n'aurai pas à rétorquer des vérités inconfortables et impopulaires. C'est simple ! N'oubliez pas qu'un mensonge ne devient pas une vérité parce qu'il a été répété des millions de fois."

Les succès judiciaires d'Ernst Zündel et sa combativité persistante ne pouvaient qu'enflammer davantage ses ennemis, qui voyaient comment un seul individu leur tenait tête sans qu'ils puissent l'achever comme à l'accoutumée. Sabina Citron et ses acolytes ont intensifié leur campagne en exerçant toutes sortes de pressions qui ont atteint les plus hauts niveaux du pouvoir politique. Citron menace à nouveau : "Il doit être inculpé, sinon nous perdrons le respect de la loi au Canada". Une campagne de signatures est lancée auprès des étudiants des universités : toutes les fédérations étudiantes sont invitées à prendre position contre Zündel, y compris l'Association des étudiants africains. Des agitateurs juifs débarquent sur les campus universitaires, sermonnant les jeunes avec des diatribes féroces. En outre, la pétition a été étendue à la communauté gay, lesbienne et bisexuelle, aux centres de femmes et à d'autres organisations sociales. D'autres manifestations ont été organisées dans plusieurs villes et, en mai 1993, le réseau des étudiants juifs a organisé un sit-in devant le bâtiment du procureur général de l'Ontario.

B'nai Brith et le Congrès juif canadien ont étendu leurs tentacules et décidé d'utiliser des groupes gauchistes et anarchistes. L'objectif est de mobiliser tous les secteurs de la société canadienne pour mettre fin une fois pour toutes au "plus grand pourvoyeur international de matériel négationniste". Au cours de l'été 1993, Zündel a lancé un programme international sur ondes courtes via la radio et la télévision par satellite. Ses programmes, intitulés "La voix de la liberté", abordent des questions révisionnistes et d'intérêt historique général. Ces programmes se sont développés et ont eu accès à la télévision publique aux États-Unis, où les partisans et sympathisants de Zündel ont parrainé le programme dans diverses communautés américaines.

Le 24 octobre 1993, Zündel a choisi de demander la citoyenneté canadienne pour la deuxième fois. Bien entendu, si la citoyenneté lui avait été accordée au moment où la campagne contre lui était à son apogée, cela aurait été une défaite humiliante pour ses persécuteurs. Le ministère de la Citoyenneté et de l'Immigration lui fait savoir que ses activités constituent une menace pour la sécurité du Canada. Le Congrès juif canadien (CJC) et B'nai Brith font pression sur le gouvernement. La Loge maçonnique juive a publié une déclaration dans la *Gazette de Montréal* le 28 juillet 1994, demandant son extradition vers l'Allemagne plutôt que sa citoyenneté : "Cet homme ne mérite pas le privilège de la citoyenneté canadienne. Non seulement ce serait un affront aux minorités du Canada, mais cela équivaudrait à un message à ceux qui répandent la haine dans le monde que le Canada est un refuge pour le racisme".

Un compte rendu détaillé des attaques contre Zündel prendrait trop de place. Comme ce qui a été écrit donne une image complète de sa lutte titanesque, nous ne citerons que les plus brutales à l'adresse. Le 24 novembre 1993, un groupe appelé ARA (Action antiraciste) s'est rassemblé devant la maison de Zündel avec des centaines d'affiches pour lancer des œufs et la peindre. La maison de Zündel étant protégée par la police, le même groupe avait, quelques mois auparavant, mis le feu à la maison non protégée d'un ami nommé Gary Schipper. Le 7 mai 1995, la maison de Zündel a été incendiée à son tour. Un incendiaire a jeté un liquide inflammable sur le porche : le feu a détruit la façade du bâtiment et entièrement consumé le troisième étage. Un homme de main de la LDJ, Kahane Chai, a revendiqué l'incendie. Deux semaines plus tard, Zündel reçoit un colis qu'il trouve suspect. Il l'apporte à la police, qui découvre qu'il s'agit d'une bombe contenant des éclats d'obus et des clous. Une fois explosé, l'engin a laissé un cratère d'un demi-mètre de profondeur. La police a confirmé que la bombe aurait tué toute personne ayant ouvert le paquet et aurait pu blesser, voire tuer, toute personne se trouvant dans un rayon de quatre-vingt-dix mètres autour de l'explosion.

Plus intéressante est l'apparition du *Zündelsite* sur Internet, également en 1995. Les lecteurs intéressés trouveront de plus amples informations sur ce site. Cette percée dans le cyberespace s'est faite grâce à la collaboration de ses amis de l'"American Free Speech". En septembre 1995, Jamie McCarthy, co-webmaster du *projet Nizkor*, un projet de sites web promouvant l'Holocauste et réfutant les arguments révisionnistes, a envoyé un e-mail à Zündel l'invitant à connecter ou à lier les deux sites afin que les utilisateurs puissent avoir une vue pour déterminer qui dit la vérité. McCarthy a écrit : "Puisque vous affirmez, encore et encore, que 'la vérité n'a pas besoin de coercition', j'espère que vous n'insulterez pas l'intelligence de vos lecteurs en leur refusant un point de vue alternatif". Contre toute attente, Zündel a accueilli l'offre avec reconnaissance : "Je vous remercie de tout cœur pour votre proposition de faire d'Internet le forum ouvert dans lequel nous pouvons discuter, de manière sensée et civilisée, de ce qui est si important pour nous tous". Après avoir expliqué que depuis au début des années 1980, il avait déjà proposé un débat public à la communauté juive canadienne, il a déclaré qu'il serait "ravi si l'offre était authentique et partagée par les personnes qui soutiennent le *projet Nizkor*, car c'est précisément ce que j'attendais depuis longtemps". Il n'a pas fallu longtemps pour que les deux sites soient connectés (liés).

Le 5 janvier 1996, Zündel a invité le Centre Simon Wiesenthal à relier son site Web au *Zündelsite*, mais n'a pas reçu de réponse. Deux jours plus tard, le 7 janvier, Zündel a annoncé un débat électronique mondial sur l'Holocauste sur son site. Pour se préparer, le webmaster du *Zündelsite* a commencé à télécharger tous les textes et documents, y compris le *rapport Leuchter* et *Did Six Million Really Die ?* sur le protocole de transfert de fichiers (FTP). Presque immédiatement, les fichiers, même ceux dont l'accès est restreint, ont été téléchargés par un inconnu, ce qui a conduit Zündel à penser qu'il y avait eu une surveillance continue de son site et de ses activités. Dans un éditorial sur le site web, il a demandé plus tard : "Qui a l'argent, la capacité, l'équipement et le personnel pour faire cela ? Deux jours plus tard, le Centre Simon Wiesenthal envoie des centaines de pages aux fournisseurs d'accès à Internet et aux présidents d'université pour leur demander de refuser de transmettre des messages promouvant "le racisme, l'antisémitisme, le chaos et la violence". *Le site Zündelsite* a commencé à être attaqué, son courrier volé, trafiqué ou détruit. Des courriels "bombes" ont même été envoyés de Russie. Des messages falsifiés de Zündel commencent à circuler sur le net afin de nuire à sa réputation. Le 25 janvier 1996, les médias rapportent que les procureurs allemands préparent des accusations d'incitation à la haine contre les fournisseurs d'accès à Internet en Allemagne qui ont aidé à distribuer le site d'Ernst Zündel. Zündel lance un appel à l'aide désespéré : "S'il y a des experts patriotes de l'Internet qui peuvent nous aider à nous défendre par des moyens techniques ou légaux, appelez-nous. Nous avons certainement besoin de votre aide !"

Patriotes ou non, les défenseurs de la liberté de pensée, qu'ils croient ou non à l'Holocauste, ont réagi à l'adresse contre toute tentative de censure de l'internet. Dans les universités américaines, les partisans de la liberté d'expression, comprenant que la liberté était en jeu pour tout le monde, ont commencé à mettre en place des clones électroniques (appelés "pages miroirs") de leur propre initiative. Ces refuges électroniques ont été créés dans les universités de Stanford, de Pennsylvanie et du Massachusetts, entre autres. Dean McCullagh, un étudiant diplômé de l'université Carnegie Mellon (CMU), a écrit : "Si le gouvernement allemand oblige Deutsche Telekom à bloquer l'accès aux serveurs web de la CMU, du MIT (Massachusetts Institute of Technology) et de l'université Standford, il coupera les communications avec trois des universités les plus respectées des États-Unis". L'une des pages miroirs contenait cette déclaration du webmestre : "Ceci est un fichier miroir de la plupart des pages révisionnistes de Zündel. Les raisons de ce miroir ne sont pas mon accord avec les idées politiques de Zündel. Je ne suis pas d'accord..., mais je pense que la remise en question de toute croyance mérite un certain espace. Je pense donc que le projet de Zündel est bon pour notre société". En ce qui concerne la bataille pour maintenir le *Zündelsite*, il reste à ajouter que le webmaster du site était Ingrid

Rimland, qu'il a rencontrée en janvier 1995. Née en Ukraine et naturalisée américaine, Rimland, femme d'une grande stature intellectuelle, a été un soutien irremplaçable pour Zündel depuis lors.

Après plus de quatre décennies passées au Canada, où deux demandes de citoyenneté ont été rejetées, Ernst Zündel a décidé de s'installer aux États-Unis, où Ingrid Rimland gère son site web. En janvier 2000, ils se sont mariés dans le Tennessee, faisant d'Ingrid, qui avait déjà été mariée auparavant, la seconde épouse de Zündel. Marié à une citoyenne américaine, on aurait pu penser qu'il pourrait enfin vivre sans être harcelé en permanence, et c'est ce qui s'est passé dans un premier temps. Pendant deux ans, il a vécu paisiblement dans une région montagneuse de l'East Tennessee, mais le 5 février 2003, il a été arrêté à son domicile en présence de sa femme. Trois agents du Service de l'immigration et de la naturalisation et deux agents locaux le menottent et l'emmènent. C'est ainsi que commence un calvaire qui se terminera en Allemagne sept ans plus tard, le 1er mars 2010 exactement.

Ingrid a demandé l'aide des amis et des sympathisants de son mari pour dénoncer publiquement son arrestation, car il n'avait commis qu'une violation mineure des lois sur l'immigration : il aurait échoué à une audience de procédure et était donc techniquement en situation irrégulière aux États-Unis. Le 10 février 2003, Ingrid a expliqué lors d'une émission de radio tous les efforts qu'elle avait déployés, en vain, pour faire libérer son mari et a exprimé sa crainte que si Ernst était expulsé vers l'Allemagne, il pourrait être emprisonné pendant des années car les opinions hostiles à l'Holocauste constituaient un crime dans ce pays. Mark Weber, directeur de l'Institute for Historical Review, a également participé au programme à la demande d'Ingrid. Il s'est dit honoré d'être un ami de Zündel, qu'il a décrit comme un militant des droits civiques qui a mené des batailles coûteuses et interminables au Canada pour défendre les libertés fondamentales. Quelques jours plus tard, le 14 février, les journaux annoncent que les autorités américaines prévoient d'expulser Zündel dans les semaines à venir, sans que l'on sache s'il sera envoyé en Allemagne ou au Canada. Finalement, après deux semaines passées derrière les barreaux, Ernst Zündel est expulsé vers le Canada le 19 février 2003.

Zündel a demandé le statut de réfugié, mais le 24 février 2003, le ministère de la Citoyenneté et de l'Immigration du Canada a notifié à la Section de la protection des réfugiés de suspendre l'examen de la demande, étant donné qu'il examinait si Ernst Zündel constituait une menace pour la sécurité nationale. Finalement, le 1er mai 2003, les autorités canadiennes ont délivré un certificat attestant que Zündel ne pouvait pas rester au Canada pour des raisons de sécurité nationale. Le 6 mai, l'avocate de Zündel, Barbara Kulaszka, a déposé un recours constitutionnel devant la Cour fédérale du Canada et a ensuite contesté sa détention devant la Cour supérieure de justice de l'Ontario. En vain : le 21 janvier 2004, un magistrat a ordonné le maintien en détention de Zündel au motif qu'il représentait un danger pour la sécurité nationale. Le 1er mars 2005, Ernst Zündel est déporté en Allemagne, où il a été arrêté pour avoir publiquement nié l'Holocauste. Toute une vie de lutte patriotique pour défendre l'honneur de son pays et réclamer justice pour l'Allemagne s'est achevée de la manière la plus déprimante qui soit. Le Centre Simon Wiesenthal, le Congrès juif canadien, l'Association pour la mémoire de l'Holocauste, la Ligue des droits de l'homme (équivalent de la LDJ au Canada) avaient finalement gagné : Ernst Zündel était à la merci du terrorisme judiciaire de son pays d'origine.

Enfermé dans la prison de Mannheim, Zündel, qui avait déjà passé plus de deux ans incarcéré au Canada, allait connaître les années les plus amères de sa vie héroïque. En raison des conditions d'isolement prolongé, sans possibilité de parler aux autres prisonniers, Zündel souffrait déjà de dépression lorsqu'il est entré dans la prison allemande. Comme Barbara Kulaszka s'en est plainte dans une communication au Comité des droits de l'homme des Nations unies, les droits de l'homme les plus fondamentaux ont été violés pendant la période de détention au Canada : elle n'a pas été autorisée à avoir une chaise dans sa cellule, dont les lumières étaient allumées 24 heures sur 24 et ne diminuaient que légèrement la nuit ; elle n'a pas été autorisée à prendre ses herbes naturelles contre l'arthrite et l'hypertension ; sa demande d'être vue par un dentiste a été refusée ; elle n'a pas été autorisée à faire de l'exercice physique ; elle n'a pas eu accès à un dentiste ; elle n'a pas eu accès à un médecin ; elle n'a pas eu accès à un médecin ; elle n'a pas été autorisée à prendre ses herbes naturelles contre l'arthrite et l'hypertension ; sa demande d'être vue par un dentiste a été refusée ; Il ne pouvait pas faire d'exercice physique ni même marcher ; le froid dans la cellule en hiver l'obligeait à se couvrir avec des couvertures et des draps, qui n'étaient changés que tous les trois mois ; il n'avait pas d'oreiller ; il ne pouvait pas porter de chaussures ; la nourriture était toujours froide et de mauvaise qualité. Barbara Kulaszka a signalé que Zündel avait une grosseur dans la poitrine qui pourrait être cancéreuse, mais elle n'avait pas le droit d'obtenir un diagnostic.

Le 29 juin 2005, le procureur de Mannheim l'a formellement accusé d'"incitation à la haine". Selon le texte soumis par le bureau du procureur, certains des écrits de Zündel "approuvent, nient ou minimisent" les actions génocidaires du régime allemand qui "dénigrent la mémoire des Juifs morts". En Allemagne, les criminels intellectuels ne peuvent pas plaider non coupable. Si l'avocat de l'accusé proclame l'innocence de son client, il court le risque d'être arrêté pour "négationnisme" ou "incitation à la haine". Comble de l'absurdité dans la terreur judiciaire allemande pour les crimes de pensée, le juge peut interdire la présentation de preuves en faveur de l'accusé. Sylvia Stolz, l'avocate de Zündel à Mannheim, a elle-même été condamnée à trois ans et demi de prison pour négationnisme lors de la défense de son client et à cinq ans de radiation du barreau. Sylvia Stolz étant une victime majeure de la police de la pensée en Allemagne, nous commenterons les détails du procès ci-dessous, où elle aura son propre espace, car elle a subi et continue de subir une persécution honteuse pour l'exercice honnête de sa profession, dégradante pour tout système judiciaire digne de ce nom.

Pour sa part, Zündel a insisté devant la "cour de justice" sur le fait que le prétendu meurtre de millions de Juifs était une falsification de l'histoire. Dans ses derniers mots devant la cour, il a appelé à la création d'une commission internationale indépendante pour enquêter sur l'Holocauste et a promis que s'il était prouvé que des Juifs avaient été gazés, il "convoquerait une conférence de presse pour s'excuser auprès des Juifs, des Israéliens et du monde entier". Finalement, deux ans après son incarcération en Allemagne, le tribunal de Mannheim l'a reconnu coupable, le 14 février 2007, d'incitation à la haine raciale et de négation de la Shoah (Holocauste) et l'a condamné à cinq ans de prison. Au Canada, les organisations juives qui l'avaient persécuté se sont félicitées de la décision du tribunal. Bernie Farber, du Congrès juif, a déclaré que la condamnation envoyait un message fort au monde et qu'elle servirait à "réconforter" les survivants de l'Holocauste.

Lorsqu'il est sorti de prison le 1er mars 2010, cinq ans exactement après sa déportation, Ernst Zündel avait soixante-dix ans. Son visage est un poème d'une tristesse et d'une douleur infinies. Un regard troublé, sans doute dû à une souffrance prolongée, se lit dans ses yeux bleus visionnaires qui, grands ouverts, le fixent avec ravissement, éclairés par une lumière étrange, troublante, à la limite de la folie. Une vingtaine de personnes l'attendaient de l'autre côté des grilles de fer de la prison et ont pris leurs premières photos de lui en liberté. Il est accueilli par avec des applaudissements, des bouquets de fleurs et des cris de "bravo". Ses premiers mots ont été : "Je suis à nouveau libre après sept ans, trois semaines, trois prisons et trois pays".

Cinq mois après la publication de notre *Histoire Proscrite*, Ernst Zündel, l'homme indispensable, la "dynamo révisionniste", a quitté ce monde dans la Forêt Noire, à son domicile de Bad Wildbad (Baden Württemberg), où il était né. Sa sœur Sigrid, qui l'accompagnait, l'a trouvé inconscient et a appelé une ambulance, mais son cœur s'est arrêté de battre peu après. Après une vie consacrée à la dénonciation du mensonge et à la défense de l'honneur et de la dignité du peuple allemand, Ernst Zündel est décédé le 5 août 2017, à l'âge de 78 ans, d'une crise cardiaque. Nous souscrivons avec émotion aux propos d'Ingrid Zündel (Ingrid Rimland), qui évoquait la disparition de son mari en ces termes : "Une lueur, il a quitté ce monde". Deux mois plus tard seulement, le 12 octobre, Ingrid elle-même, la compagne de notre héros dans tant de batailles pour la liberté d'expression et de pensée, est décédée.

Germar Rudolf : persécution et destruction d'un éminent scientifique

Germar Rudolf, brillant diplômé en chimie de l'université de Bonn, a reçu une bourse du gouvernement qui lui a permis de faire des recherches doctorales au prestigieux Institut Max Planck de Stuttgart. Il travaillait sur sa thèse de doctorat lorsqu'en 1991, il a accepté de préparer une étude médico-légale pour la défense d'Otto Ernst Remer, accusé dans un procès pour "négationnisme". Il lui est demandé d'étudier divers documents, de prélever des échantillons, de les analyser et de rédiger un rapport. Rudolf était particulièrement intéressé à vérifier les affirmations *du rapport Leuchter* et à prouver que des traces de cyanure restaient stables pendant longtemps et pouvaient donc être trouvées dans les chambres à gaz meurtrières si du Zyklon B y avait été utilisé : "Au départ, écrit Rudolf, je voulais seulement savoir si le mélange obtenu, le ferrocyanure ou le bleu de Prusse, était assez stable pour survivre quarante-cinq ans dans des conditions ambiantes difficiles".

Germar Rudolf s'est rendu deux fois à Auschwitz et a travaillé pendant dix-huit mois dans le but de rédiger son rapport. Il a recherché dans certains bâtiments d'Auschwitz des résidus d'acide cyanhydrique, c'est-à-dire des traces chimiques du fameux Zyklon-B. Il a également recherché dans certains bâtiments d'Auschwitz des résidus d'acide cyanhydrique. Le résultat de ses investigations a été consigné dans un rapport d'expertise intitulé *Rapport technique sur la formation et la détectabilité des composés de cyanure dans la "chambre à gaz"* d'*Auschwitz* (*Gutachten über die Bildung und Nachweisbarkeit von Cyanidverbindungen in den "Gaskammern von Auschwitz*), qui a été utilisé comme preuve par la défense de Remer. Des années plus tard, Rudolf écrivit dans *La résistance est obligatoire* que le but de l'expertise était de corriger les omissions et les lacunes du *rapport Leuchter*. Entre 1992 et 1994, ce rapport a été présenté comme preuve dans sept ou huit procès criminels en Allemagne. Dans tous les cas, il a été rejeté car, selon la jurisprudence allemande, les faits qui se sont déroulés dans le camp d'Auschwitz pendant le Troisième Reich sont considérés comme évidents et n'ont donc pas besoin d'être prouvés ou démontrés. Depuis 1996, tenter de soutenir le contraire est un délit pénal. Ainsi, aussi inédit que cela puisse paraître, les analyses techniques ont été rejetées sans ménagement.

Otto Ernst Remer, l'un des accusés au profit desquels le rapport avait été préparé, a publié les résultats des recherches de Germar Rudolf en juillet 1993. Cette brochure de quelque 120 pages est devenue le "*Rapport Rudolf*", une étude chimique sur la formation et la détection du cyanure d'hydrogène dans les prétendues chambres à gaz d'Auschwitz, un complément approprié au *Rapport Leuchter*, puisque les deux documents s'accordent à dire que les meurtres à l'acide cyanhydrique n'ont jamais eu lieu dans les camps du complexe d'Auschwitz. Cela a conduit à l'inculpation de Germar Rudolf. La presse allemande, qui soutient systématiquement les décisions des tribunaux, réagit avec colère et associe le jeune chimiste à l'accusé Remer.

L'issue de cette affaire a été catastrophique pour Germar Rudolf, qui s'est vu refuser par l'Institut Max Planck en 1993 le dépôt de sa thèse pour l'examen final de doctorat. À la fin du printemps de la même année, l'Institut a publié une note informant de l'expulsion de Rudolf pour ses recherches à Auschwitz. L'Institut Max Planck, refusant de considérer l'examen médico-légal comme une obligation morale dans toute enquête criminelle, a fait valoir qu'il était répugnant de discuter de la manière spécifique dont les nazis avaient assassiné des juifs. En 1995, Germar Rudolf a été condamné à quatorze mois de prison et a fait l'objet de nouvelles accusations pour avoir poursuivi ses activités de recherche médico-légale. Des exemplaires de *Grundlagen zur Zeitgeschichte* (*Fondements de l'histoire contemporaine*), dans lequel Rudolf avait publié sous le pseudonyme d'Ernst Gauss une collection actualisée d'articles de recherche sur le problème de l'Holocauste, ont été saisis et détruits par décision de justice.

En ce qui concerne la persécution de Germar Rudolf et des révisionnistes en général, il faut savoir que le gouvernement ouest-allemand, suivant l'exemple du Parlement israélien (Knesset), a adopté en 1985 une loi selon laquelle "nier l'anéantissement systématique de la majorité des Juifs d'Europe perpétré par l'Allemagne nazie" constitue un délit pénal. Cela dit, on peut dire que la persécution de Germar Rudolf est l'histoire d'une infamie, l'histoire d'une insulte flagrante à l'intelligence, cyniquement consommée par les autorités de la République fédérale d'Allemagne. Il n'existe pas de meilleure source d'information sur la vie, l'œuvre et la persécution de cet intellectuel que le *site de Germar Rudolf*. Le lecteur intéressé y trouvera tout ce qu'il peut souhaiter, et même plus. Le site contient, par exemple, tous les documents essentiels et complémentaires de son dossier : rapports, verdicts, demandes d'asile, expertises, déclarations sous serment, procès, recours et autres textes divers. Une grande partie de ce qui suit est donc tirée de cette source, mais aussi des livres de Germar Rudolf et des publications de l'IHR.

Dans l'un des textes de son site Internet, Germar Rudolf réfléchit aux nuances sémantiques des termes "poursuite" et "persécution". Les poursuites sont légales - explique Germar Rudolf - si elles se déroulent dans le respect des libertés et des droits civils internationalement reconnus ; mais elles deviennent des persécutions si ces droits et libertés ne sont pas respectés, comme dans son cas. Lors du procès d'Ernst Zündel, un magistrat a ordonné que Sylvia Stolz soit remplacée par un avocat commis d'office alors qu'elle était l'avocate de son client. Stolz a été condamnée à trois ans et demi d'emprisonnement et à cinq ans de radiation du barreau pour avoir remis en cause l'Holocauste devant le tribunal. Il va de soi qu'un système judiciaire qui non seulement empêche les avocats de travailler librement, mais les poursuit et les persécute, ne répond pas aux modèles et aux critères internationaux. L'article 130 du code pénal allemand permet de retirer leurs droits civiques aux citoyens perturbateurs, qui sont généralement ceux qui remettent en question l'Holocauste ou s'opposent au multiculturalisme. Ces personnes indésirables commettent un délit qui peut entraîner une peine d'emprisonnement de cinq ans. Ceci mis à part, nous pouvons poursuivre l'histoire de la persécution de Germar Rudolf.

Outre l'acte d'accusation qui l'a conduit devant le tribunal de Stuttgart, qui l'a condamné à quatorze mois, trois autres actes d'accusation concernant des faits qui lui sont reprochés sont en cours. L'une d'entre elles concernait un échange de correspondance avec l'Institut de recherche médico-légale de Cracovie, auquel Rudolf s'était adressé, comme nous l'avons vu dans la quatrième partie du chapitre XII de notre *Histoire hors-la-loi*, afin de clarifier des questions techniques liées aux recherches de cette institution polonaise à Auschwitz. En conséquence, le domicile de Rudolf a été perquisitionné à trois reprises et, à chaque fois, des livres, des dossiers, de la correspondance et des ordinateurs ont été saisis, ce qui a ruiné son travail et ses recherches scientifiques. Lorsqu'en mars 1996, la Cour suprême fédérale allemande a confirmé la peine de quatorze mois d'emprisonnement, Rudolf a décidé de quitter l'Allemagne avec sa famille. Dans un premier temps, ils s'installent dans le sud de l'Espagne, mais leur séjour est de courte durée, car en mai 1996, Rudolf est informé que le gouvernement espagnol prévoit également de promulguer une loi antirévisionniste. Après avoir consulté sa femme, il a décidé de s'installer avec sa famille dans le sud-est de l'Angleterre, où il espérait que la liberté de pensée et d'expression serait plus qu'un simple discours. Son contact est David Irving qui, en 2006, comme nous le verrons plus loin, sera lui aussi emprisonné en Autriche.

Une fois au Royaume-Uni, les problèmes commencent dès 1997 : le *Telegraph* rapporte que les fonctionnaires de l'ambassade d'Allemagne à Londres travaillent à l'extradition de Germar Rudolf, un fugitif. En 1998, sa femme a commencé à se sentir mal à l'aise dans sa nouvelle situation : la vie en exil ne répondait pas à ses attentes, elle avait le mal du pays pour sa famille et ses amis et n'arrivait pas à se faire de nouveaux amis. En plus du mal du pays, la peur constante de l'extradition planait au-dessus de sa tête comme une épée de Damoclès. Elle décide de quitter son mari et de retourner avec ses deux enfants en Allemagne, où elle entame une procédure de divorce contre Germar, qui reste seul en exil.

En juin 1999, Rudolf, après quelques moments d'incertitude à l'aéroport d'Heathrow, a pu se rendre aux Etats-Unis pour y donner une série de conférences. C'est sans doute à cette occasion qu'il a mesuré la possibilité d'émigrer. Fin septembre, il effectue son deuxième voyage aux États-Unis et reçoit une offre d'une petite maison d'édition appelée "Theses & Dissertation Press". À l'automne 1999, une campagne contre le "fugitif néo-nazi" est lancée dans les médias britanniques, ce qui entraîne l'arrêt des visites de sa famille. N'étant plus lié à l'Angleterre et afin d'éviter les persécutions en Europe, il décide finalement d'émigrer aux États-Unis, bien qu'il n'ait pas de "carte verte" (permis de travail). L'un des événements les plus importants de sa période anglaise fut la fondation d'une modeste maison d'édition appelée "Castle Hill Publishers", aujourd'hui célèbre dans les cercles révisionnistes.

Une fois aux États-Unis, ses espoirs d'obtenir le permis de travail tant attendu ont été anéantis en juillet 2000. Pour éviter les problèmes avec les autorités d'immigration, il s'est installé temporairement à Rosarito, Baja California (Mexique), où il a loué une petite maison près de celle de Bradley Smith, le chef visible du CODOH (Committee for Open Debate on the Holocaust). Au cours de ce séjour de dix semaines à Rosarito, une étroite amitié naît entre les deux révisionnistes. En août, Rudolf apprend de sa mère que ses parents ont décidé de le déshériter au profit de leurs enfants. Auparavant, son père avait demandé sa stérilisation pour qu'il ne puisse plus procréer. Le 29 août 2000, de plus en plus déprimé, Germar Rudolf lance un appel de détresse à plusieurs amis. Il décide finalement de s'envoler pour New York via l'Islande et, en octobre 2000, il demande l'asile politique aux États-Unis. À la fin du mois, il reçoit un avis du service de l'immigration annonçant que sa demande a été formellement acceptée et qu'il doit se présenter à un entretien avec des fonctionnaires du service à la fin du mois de novembre 2000. L'entretien a eu lieu le 29.

Le 4 avril 2001, la date du 24 septembre 2001 a été fixée pour l'examen de l'affaire par un tribunal de l'immigration. Rudolf disposait donc de près de six mois pour préparer des documents sur la détérioration des droits civils en Allemagne et les remettre entre les mains d'un avocat spécialisé. Quelques jours avant le grand jour, les attentats du 11 septembre ont eu lieu et le juge de l'immigration, après une brève discussion, a décidé de reporter l'audience au 18 mars 2002. La procédure de demande d'asile a donc traîné pendant des années. Entre-temps, Rudolf a épousé en 2004 une citoyenne américaine nommée Jennifer et a demandé à ce que son statut d'immigrant soit amélioré ou modifié en statut de résident permanent. À la fin de l'année 2004, le service d'immigration américain l'a informé que sa demande avait été rejetée et, peu de temps après, il a été informé qu'il n'était pas autorisé à déposer une demande de résidence permanente en raison de son mariage. Germar Rudolf fait alors appel auprès de la Cour fédérale d'Atlanta. Début 2005, il est devenu le père d'une petite fille.

Bien que le service d'immigration ait déclaré qu'il n'était pas éligible à la résidence permanente parce qu'il était marié à une citoyenne américaine, près d'un an plus tard, le 19 octobre 2005, le couple a été convoqué par le service d'immigration et de naturalisation pour un entretien. Cet entretien était censé vérifier que le mariage était "bona fide" (authentique, de bonne foi). Le couple s'est rendu au rendez-vous en toute confiance, avec son bébé dans le landau. Quelques secondes après avoir rendu le certificat de reconnaissance, Rudolf s'est vu signifier par deux fonctionnaires qu'il était en état d'arrestation. Cette décision arbitraire est motivée par le fait qu'il ne s'est pas rendu à un rendez-vous qui aurait dû avoir lieu cinq mois plus tôt. L'avocat de Rudolf a tenté de convaincre les officiers que l'arrestation était injustifiée et l'officier de police a semblé disposé à accepter les arguments, mais a prétendu qu'il devait consulter quelqu'un à Washington. Après une heure d'appels téléphoniques, l'ordre est venu de Washington que l'arrestation était définitive et que la procédure d'expulsion vers l'Allemagne devait être entamée sans autre forme de procès. Les mains et les pieds entravés, Rudolf est ajouté à une chaîne de criminels emmenés à la prison du comté de Kenosha. C'est là qu'il attend son expulsion. D'après le bracelet d'identification qui lui a été remis à la prison, il est le seul détenu de tout l'établissement à ne pas être un criminel, ce qui surprend aussi bien les gardiens que les prisonniers.

Ni son mariage, ni la preuve évidente qu'il était politiquement persécuté par des publications juridiques aux États-Unis n'ont été des considérations suffisantes pour que la Cour fédérale d'Atlanta empêche son expulsion. Il convient de noter que Rudolf avait introduit un recours auprès de la Cour fédérale d'Atlanta contre la décision de lui refuser le droit d'asile et que la décision n'avait pas encore été rendue et était donc toujours pendante. Bien que le cinquième amendement de la Constitution garantisse une procédure régulière à toutes les personnes - et pas seulement aux citoyens américains - présentes sur le sol américain, la Cour fédérale a rejeté la demande de report de l'expulsion jusqu'à ce qu'une décision finale sur la demande d'asile ait été prise. La Cour suprême n'a même pas pris la peine d'examiner une demande d'urgence, qui a été rejetée sans aucune explication. La question que se pose Germar Rudolf est la suivante : "À quoi sert une demande d'asile politique si le gouvernement expulse le demandeur avant que le tribunal chargé de l'examen de l'affaire n'ait décidé s'il y a des raisons de l'accorder ?

Le 14 novembre 2005, Germar Rudolf a été expulsé vers l'Allemagne. Il a été immédiatement arrêté pour purger sa peine de quatorze mois et transféré à la prison de Stuttgart, où il a été informé que de nouvelles poursuites avaient été engagées contre lui pour ses publications en Angleterre et aux États-Unis. Il est incompréhensible que le code pénal allemand puisse s'appliquer à des activités menées dans d'autres pays où elles sont parfaitement légales. C'est ainsi que le nouveau procès contre Rudolf s'est ouvert à Mannheim le 15 novembre 2006. Accusé d'"incitation des masses", ce qui aurait théoriquement été fait par la publication des résultats de ses recherches historiques, résumées dans le livre *Lectures on the Holocaust* (2005), Rudolf a été condamné en février 2007 à 30 mois de prison. Selon l'accusation, le livre susmentionné est la principale raison de cette nouvelle condamnation, car toutes les opinions répréhensibles y sont exposées de manière exemplaire.

Germar Rudolf a publié en 2012, alors qu'il réside légalement aux États-Unis, le livre "*Resistance is Obligatory*", qui contient la présentation qu'il a faite pour sa défense devant le tribunal de Mannheim. Toutes les requêtes présentées par l'équipe de défense pour prouver que les écrits de l'accusé étaient de nature scientifique et donc protégés par la constitution allemande ont été rejetées par le tribunal, qui a également interdit aux universitaires disposés à témoigner sur la nature savante des textes de Rudolf de le faire. Au cours du procès, les avocats de Rudolf se sont vus interdire, sous peine de poursuites, de présenter des arguments en faveur des opinions de leur client.

Face à cette situation kafkaïenne, Germar Rudolf prononça devant le tribunal un discours qui dura sept séances entières. Pendant des jours, Rudolf a brillamment présenté, dans un texte parfaitement structuré, une dissertation sur ce qu'est la science et comment on peut en reconnaître les manifestations. En outre, bien que la jurisprudence ne fasse pas partie de ses domaines d'expertise spécifiques, il a démontré que les lois allemandes visant à réprimer les dissidents pacifiques sont anticonstitutionnelles et violent les droits de l'homme. Il a expliqué en détail pourquoi il est du devoir de chacun de résister de manière non violente à un État qui jette les dissidents pacifiques dans des cachots. Le tribunal de Mannheim n'a pas sourcillé et, en plus de le condamner à trente mois de prison, a ordonné que tous les exemplaires de *Lectures on the Holocaust* soient confisqués et brûlés sous la surveillance de la police.

Nous allons maintenant nous pencher sur quelques bribes de ce discours de Germar Rudolf, dont le texte constitue l'essentiel du livre "*La résistance est obligatoire*". Pendant qu'il purgeait sa peine, Germar Rudolf a tenté de publier sa thèse devant le tribunal, ce qui a donné lieu à une nouvelle enquête pénale du ministère public. Le 10 août 2007, plusieurs mois après la fin du procès, le tribunal de Mannheim a délivré un mandat de perquisition dans la cellule de Rudolf, à la recherche de documents montrant qu'il était en train de publier son discours de défense. Le 25 septembre 2007, il a reçu la visite de plusieurs policiers de Mannheim qui lui ont confisqué tous les documents qu'il avait utilisés pendant le procès. Les raisons qui lui ont été données étaient que son projet de publier le discours était une fois de plus la preuve de son intention de diffuser le contenu de *Lectures on the Holocaust*, pour lequel il purgeait une peine. On lui a fait comprendre qu'il pouvait inciter les masses en utilisant des adjectifs tels que "allégué", "prétendu", "supposé" ou "revendiqué".

Devant l'évidence que peu d'avocats étaient prêts à assurer sa défense par crainte d'être inculpés, et convaincu que ceux qui prendraient le risque essaieraient de le convaincre de se rétracter pendant le procès, ce qui revenait à les engager pour leur faire perdre du temps et de l'argent, Germar Rudolf a décidé d'aborder le procès comme une occasion de dénoncer les conditions juridiques kafkaïennes qui prévalent en République fédérale d'Allemagne. Son intention était d'écrire un livre à l'issue du procès. Pendant sept séances, Rudolf a prononcé un long discours, épuisant pour les juges, le public et lui-même. Conscient de cela, Rudolf écrit : "J'ai préparé ces conférences non pas en premier lieu pour les auditeurs, mais plutôt pour la postérité et pour le monde entier, pour vous, cher lecteur, qui tenez maintenant ce livre entre vos mains". Pour que cela soit possible, Rudolf reconnaît qu'il fallait que les juges, malgré leurs contraintes, soient assez rationnels pour autoriser une telle défense, ce qui fut le cas. La présentation au tribunal a commencé par une mise au point de principe sur sa position tout au long du procès, intitulée "Remarques générales sur ma défense", qui, en raison de sa pertinence, est reproduite dans son intégralité :

"Les déclarations sur les questions historiques ne sont faites que dans le but de

a. Expliquer et illustrer mon développement personnel ;

b. Illustrer par des exemples les critères d'une nature scientifique ;

c. Placer les accusations du procureur concernant mes expositions dans un contexte plus large.

2. Ces déclarations ne sont pas faites pour étayer mes opinions historiques par des faits.

3) Je ne formulerai pas de propositions demandant à la Cour de prendre en considération mes thèses historiques pour les raisons suivantes :

a. Politique : Les tribunaux allemands n'ont pas le droit, en vertu d'ordonnances supérieures, d'accepter de telles demandes de présentation de preuves. Comme le stipule l'article 97 de la Loi fondamentale allemande, "les juges sont indépendants et ne sont soumis qu'à la loi". Les juges sont indépendants et ne sont soumis qu'à la loi". Veuillez excuser mon sarcasme.

b. Délais : le point a) ci-dessus ne m'empêche pas de soumettre des propositions de preuves. Cependant, comme elles seraient toutes rejetées, serait un effort inutile. Nous serons tous épargnés par cette perte de temps et d'énergie.

c. De la réciprocité : Puisque la loi actuelle me refuse le droit de me défendre historiquement et sur la base des faits, je refuse à mes accusateurs le droit de m'accuser historiquement et sur la base des faits. Pour ma part, je dénie à mes accusateurs le droit de m'accuser historiquement et sur la base des faits, conformément à la maxime de l'égalité et de la réciprocité. Je considère donc que les allégations historiques de l'accusation sont inexistantes.

d. Juridique : En 1543, Nicolaus Copernic a écrit :

S'il se trouve des orateurs stupides qui, avec ceux qui ignorent tout des mathématiques, osent prendre des décisions en la matière et, par quelque page de la loi détournée de mauvaise foi à leurs fins, osent attaquer mon travail, ils ne méritent pas la moindre importance, tant je méprise leur jugement comme étant téméraire".

Aucun tribunal au monde n'a le droit ou la compétence de statuer avec autorité sur des questions scientifiques. Aucun parlement au monde n'a le pouvoir d'utiliser le droit pénal pour prescrire dogmatiquement des réponses à des questions scientifiques. Il serait donc absurde pour moi, en tant qu'éditeur de livres scientifiques, de demander à un tribunal de déterminer la validité de mes ouvrages publiés. Seule la communauté scientifique est compétente et autorisée à le faire".

Germar Rudolf, Stuttgart, 4 novembre 2006".

Sur la base de cette déclaration devant le tribunal qui devait le juger, Rudolf a élaboré un discours cohérent articulé autour de quatre axes : considérations scientifiques, considérations juridiques, considérations spécifiques, résistance à l'Etat. Sur le premier de ces axes, il passe en revue sa formation académique. La démonstration des connaissances scientifiques et techniques est considérable : biochimie, chimie en électronique, chimie nucléaire, chimie théorique, mécanique quantique, chimie organique et inorganique, chimie physique, mathématiques, sont autant de matières optionnelles qu'il n'a pas voulu abandonner, jusqu'à ce que, surchargé de travail, il finisse par étudier en profondeur la chimie nucléaire et l'électrochimie. Rudolf a essayé de faire comprendre à la cour l'importance de la curiosité pour tout scientifique qui se respecte. Lorsqu'un État tente par tous les moyens à sa disposition d'étouffer certaines recherches et d'en déclarer les résultats illégaux, "il s'expose automatiquement, a-t-il dit aux juges, à être soupçonné de vouloir dissimuler quelque chose d'extraordinairement intéressant et important. Aucun scientifique sincèrement passionné ne peut alors résister plus longtemps". M. Rudolf s'est dit convaincu que le besoin de connaître la vérité fait partie de la dignité humaine.

En contraste avec le manque de rigueur scientifique et la volonté de dissimuler la vérité et d'imposer le mensonge, Rudolf a évoqué devant le tribunal de Mannheim l'étude sur les crématoires d'Auschwitz du pharmacien français Jean-Claude Pressac, parue en 1993 et constamment utilisée par les médias et les historiens officiels comme une réfutation des thèses révisionnistes. Il a dénoncé le fait qu'à aucun moment Pressac n'a eu la capacité d'affronter, et encore moins de réfuter, un seul des arguments révisionnistes. Rudolf a rappelé au tribunal que lui-même et d'autres chercheurs avaient analysé et critiqué le travail de Pressac dans un livre publié en 1996 (*Auschwitz : Nackte Fackten*). Pour la raison précise que notre livre, contrairement à celui de Pressac", a rappelé Rudolf aux juges, "était conforme à la procédure scientifique, le gouvernement allemand a ordonné qu'il soit saisi et détruit et a engagé une nouvelle procédure pénale contre moi". Dans son empressement à opposer l'attitude des deux, exterminationnistes et révisionnistes, Rudolf insiste sur le fait que l'attitude de tout scientifique digne de ce nom est d'examiner toute tentative de réfutation et de la discuter rationnellement, comme le font les révisionnistes. Il regrette que l'historiographie officielle et les tribunaux allemands et internationaux appuient leurs thèses presque exclusivement sur des témoignages au lieu de présenter des documents et des preuves probantes, et déplore les attaques contre les chercheurs qui demandent plus.

Les considérations judiciaires de l'exposé de Rudolf occupent une demi-centaine de pages. Sans être juriste, il a démontré sa capacité à étudier et à analyser le système judiciaire allemand, qu'il a comparé au système judiciaire soviétique, en utilisant des citations de l'*Archipel du Goulag* d'Alexandre Soljenitsyne pour montrer que dans les deux cas, les prisonniers politiques sont traités comme des criminels. Il a toutefois reconnu qu'au moins en Allemagne, les détenus ne sont pas torturés, ce dont il s'est félicité. La définition du prisonnier politique et la détérioration progressive des droits civils dans le droit allemand ont été abordées en critiquant l'application maladroite de certains articles de la Loi fondamentale de la République fédérale d'Allemagne. "Le procès actuel n'a lieu que parce que le procureur prétend qu'un conflit est apparu entre ma liberté scientifique et ma liberté d'expression, d'une part, et la dignité humaine d'un groupe particulier de la population, d'autre part", a déclaré Germar Rudolf. Germar Rudolf a insisté devant le tribunal sur le fait que la loi reconnaît qu'il ne peut y avoir de conflit entre la publication des résultats de la recherche scientifique et la dignité humaine, même si l'on peut vouloir placer la dignité humaine d'un certain groupe au-dessus de celle du reste des citoyens. Bien entendu, il n'a pas accepté l'accusation d'avoir violé la loi sur la protection de la jeunesse, qui limite la liberté d'expression en Allemagne.

L'examen de l'interprétation arbitraire de certains termes faite systématiquement par les juges et les procureurs en Allemagne, "une tactique illégitime", dit-il, "d'immunisation contre la critique", présente un intérêt particulier dans les remarques du juge. Les expressions, tirées de son propre acte d'accusation, utilisées pour inculper des chercheurs, des écrivains ou des publicistes sont : "incitation à la haine", "d'une manière susceptible de troubler l'ordre public". Quant aux écrits, ils sont interprétés comme "insultants", "diffusés malicieusement pour rabaisser", "dénigrer" et/ou "mépriser", et, entre autres, "nier" des faits historiques ou les présenter "sciemment de manière mensongère". En ce qui concerne cette dernière affirmation, M. Rudolf a déclaré aux juges que le fait de prétendre aller sciemment à l'encontre de la vérité "était l'expression la plus absurde de la jurisprudence allemande, qui pense sérieusement qu'elle peut déterminer la vérité historique et la connaissance par le biais de verdicts". L'histoire - a-t-il ajouté - ne peut être traitée de cette manière dans les tribunaux". Rudolf a insisté une fois de plus sur le fait qu'il n'est pas possible d'établir qu'un écrit est "insultant", "méprisant", "répudiatoire", "diffamatoire", "dénigrant" ou "toxique pour l'esprit" simplement parce qu'un lecteur l'interprète subjectivement de cette manière. Son exposé sur le dangereux arbitraire des termes utilisés contre les dissidents dans les tribunaux s'est conclu par des citations de juristes tels que Thomas Wandres et Florian Körber, qui, dans différentes thèses, ont estimé que les livres de Germar Rudolf devraient bénéficier de la protection de la loi fondamentale allemande, qui protège la liberté d'expression et la recherche scientifique.

Körber avait publié en 2003 *Rechtsradikale Propaganda im Internet -Der Fall Töben* (*Propagande radicale de droite sur Internet*

- *le cas Töben*), une monographie sur un révisionniste australien, le Dr Töben, que les autorités allemandes voulaient poursuivre (nous reviendrons plus loin sur les poursuites engagées contre lui). Rudolf a cité mot pour mot devant le tribunal plusieurs thèses tirées de l'ouvrage de Körber :

"La protection de la vérité historique par le code pénal comporte le risque d'écarter ou de retirer des pans de l'histoire d'un débat social essentiel.

Malgré sa formulation neutre, l'article 130 III du code pénal allemand accorde une protection spéciale problématique à la partie juive de la population allemande au moyen d'un "privileium odiosum". Il existe un risque que, aux yeux de la population, un groupe semble être plus protégé que la majorité, ce qui renforce la perception d'antipathie envers le groupe protégé...".

Après avoir cité ces thèses et d'autres, Rudolf se rangea devant le tribunal à l'avis du Dr Körber, qui était favorable à l'abrogation complète de l'article 130 du code pénal et soutenait l'idée qu'une "protection spéciale" pour les Juifs pouvait s'avérer "contre-productive pour eux", ce qu'il fallait éviter. Rudolf termine cette partie du discours sur les considérations judiciaires par ces mots :

"Ce qui est certain, c'est que mes écrits et ceux que j'ai publiés ne contiennent pas, si on les considère objectivement, de contenu 'incitant à la haine', 'dénigrant ou insultant', etc. ni ne peuvent être considérés comme 'troublant la paix'. Le fait que l'accusation utilise de tels termes - faute d'autre explication - ne fait que montrer sa véritable intention : choquer, créer des tabous et m'ostraciser en faisant de fausses affirmations".

"Considérations spécifiques" est l'intitulé du troisième grand bloc de contenu du discours de la défense devant le tribunal. Rudolf y fait référence à des points spécifiques de l'acte d'accusation, parmi lesquels il évoque ses sympathies théoriques avec le national-socialisme et, surtout, son célèbre livre *Lectures on the Holocaust*, considéré par tous, y compris par lui-même, comme son œuvre principale, dans lequel, sur plus de cinq cents pages, il donne aux lecteurs un aperçu complet de la recherche révisionniste et de ses résultats en ce qui concerne l'Holocauste. Après avoir rappelé que l'acte d'accusation demandait la saisie et la destruction du livre, et après avoir comparé cette attitude à celle des nazis eux-mêmes, il a demandé qu'avant de livrer le livre aux flammes, les membres du tribunal aient au moins connaissance de son contenu. À cette fin, il a demandé que le livre soit lu au cours des audiences du tribunal. Le tribunal décida que les juges devaient le lire en privé, et les débats furent donc interrompus pendant trois semaines pour permettre aux juges de lire le livre.

Nous consacrerons encore quelques lignes au quatrième bloc du discours, intitulé "Résistance", qui commence par des citations de divers auteurs, dont notre Ortega y Gasset et son ouvrage *La rebelión de las masas (La rébellion des masses)*. Ortega prévient que lorsqu'on renonce à une vie commune basée sur la culture, on retourne à la vie quotidienne de la barbarie. Conformément à cette idée, Rudolf a déclaré : "Le fait que vous n'essayiez pas de me faire changer d'avis avec des arguments, mais que vous refusiez au contraire toute discussion et que vous essayiez de m'envoyer en prison, c'est exactement ce retour à la barbarie". Il a ensuite désigné l'Etat allemand comme la cible principale de la résistance non-violente, prônée entre autres par Gandhi, parce qu'il restreint la liberté des citoyens pacifiques dont il prétend se protéger. S'appuyant sur des textes d'intellectuels faisant autorité, Rudolf a rappelé que la crise des missiles de Cuba, la guerre du Vietnam, la tentative de l'OTAN de déployer des missiles nucléaires sur le sol allemand et le rejet social de l'énergie nucléaire constituaient des exemples de résistance et/ou de désobéissance civile dans la République fédérale. "Dans le cas du révisionnisme ou dans mon cas, a-t-il dit, la désobéissance ou la résistance est dirigée contre une loi inconstitutionnelle et consiste uniquement à ignorer et à violer délibérément cette loi, et exclusivement cette loi. Pour légitimer son droit à la résistance, Rudolf s'est appuyé sur une citation de la Loi fondamentale, en l'occurrence l'article 20, paragraphe 4 : "Tous les Allemands ont le droit de résister à quiconque tente d'éliminer cet ordre, s'il n'y a pas d'autre solution". Ainsi, l'accusé a finalement déclaré devant le tribunal qu'il remplissait en fait son devoir constitutionnel en résistant et en luttant pour renverser une situation dans laquelle l'État agit de manière injuste et totalitaire.

Germar Rudolf termine cette quatrième partie de son discours de défense en rejetant totalement toute forme de résistance violente, car la violence engendre la violence. Il a cependant lancé un appel aux collectifs et aux institutions capables de remédier à la situation. En particulier, il a appelé les initiatives parlementaires et juridiques, les organisations sociales, les intellectuels, les médias et le peuple allemand dans son ensemble à manifester pour défendre la liberté d'expression. En ce qui concerne ce dernier moyen de protester contre l'injustice, il a constaté que, malheureusement, le recours aux manifestations publiques s'avérait impossible, puisqu'en avril 2006, en attendant le début de son procès, une manifestation à Mannheim avait été interdite au motif que des opinions interdites pouvaient être exprimées au cours de la manifestation. "Si ce n'était pas si triste, on devrait vraiment écrire une satire à ce sujet".

Après sept jours de séances éprouvantes, il était temps pour Rudolf de formuler sa propre "Conclusion" devant les juges. Il commence par rappeler les principes qu'il a défendus en tant qu'éditeur et insiste sur le fait qu'aucun des livres qu'il a publiés ne nie les droits de l'homme à autrui, le propose ou le justifie, ce qui n'exclut pas qu'il ait édité des textes avec lesquels il n'était pas d'accord. Il a affirmé avoir agi selon une idée attribuée à Voltaire, qui aurait écrit : "Je déteste ce que vous dites, mais je défendrai jusqu'à la mort votre droit de le dire". Il semble que l'attribution de la citation à Voltaire soit erronée, comme le reconnaît une note de bas de page dans *Résistance obligatoire*. Nous en profitons cependant pour citer une autre pensée, également attribuée à Voltaire, que Rudolf lui-même aurait peut-être pu utiliser : "Pour savoir qui vous domine, il suffit de savoir qui vous ne pouvez pas critiquer". Sur son besoin vital de s'exprimer en toute liberté, nous mettons en exergue ce fragment de la Conclusion :

"Le professeur Faurisson a dit un jour qu'il était comme un oiseau dont la nature est de chanter. Même s'il était enfermé dans une cage, il continuerait à chanter. Et c'est aussi ma façon d'être. Cela fait partie de mon caractère, de ma personnalité, oui, c'est même dans mes gènes que je ne peux pas me taire, que je dois exprimer mon opinion, en particulier si je pense découvrir une injustice. Dans ce cas, rien ne me fera taire. De même qu'un Noir ne peut s'empêcher d'être Noir, je ne peux m'empêcher de dire ce que je pense. Punir cela est aussi injuste que de punir un noir pour le fait qu'il est noir".

S'adressant au président du tribunal, Matthias Schwab, il lui rappelle qu'un de ses collègues à la retraite, Günther Bertram, ancien président du tribunal de district, a exprimé dans un article paru dans un hebdomadaire juridique, *Neuen Juristischen Wochenschrift*, tous les problèmes liés au paragraphe 130 du code pénal. Rudolf a lu le texte dans son intégralité devant le tribunal, car, dit-il, il s'agit d'un article écrit par un expert qui "souligne clairement le caractère anticonstitutionnel de la loi en vertu de laquelle il est poursuivi". Il a cependant exprimé son désaccord avec l'opinion de Bertram sur la Shoah, qui justifie selon lui le tabou allemand sur Auschwitz, ainsi qu'avec le ministre fédéral de l'intérieur Wolfgang Schäuble, qui a non seulement justifié le tabou, mais qui, contrairement à Bertram, a soutenu sa mise en œuvre judiciaire. Schäuble, qui a été ministre de l'intérieur à deux reprises : d'avril 1989 à octobre 1991 et de novembre 2005 à octobre 2009, a été nommé par Angela Merkel ministre des finances de la République fédérale d'Allemagne le 28 octobre 2009, poste qu'il a occupé jusqu'au 24 octobre 2017. S'agissant d'un personnage clé de la politique économique de l'Union européenne, il est intéressant de connaître le texte du ministre Schäuble que Rudolf a cité devant les magistrats qui le jugeaient, publié dans le *Frankfurter Allgemeine Zeitung* le 24 avril 1996 dans le cadre d'un échange avec Ignatz Bubis, alors président du Conseil central des juifs d'Allemagne :

> "En ce qui concerne la question de savoir si le fait de mentir sur Auschwitz est un acte criminel et en ce qui concerne l'interdiction des symboles nationaux-socialistes, je dirai seulement ceci : dans un lieu abstrait, nous pourrions avoir de merveilleuses discussions sur la question de savoir s'il est absurde ou non, d'un point de vue juridique, de réprimer l'expression d'opinions. C'est pourtant ce qu'il faut faire, car nous n'agissons pas dans l'abstrait, mais nous avons vécu des expériences historiques concrètes. Je ne crois pas que ces dispositions légales resteront en vigueur pour l'éternité ; mais ici et maintenant, il est juste de dire, à travers des lois qui pourraient être considérées comme problématiques d'un point de vue purement juridique : il y a des limites et des barrières à cet égard et c'est là que la plaisanterie s'arrête".

Rudolf a évidemment trouvé ce texte inacceptable et l'a qualifié de "censure mentale absurde". Afin de souligner le caractère pseudologique du raisonnement, il a utilisé un texte tiré de son livre *Kardinalfragen*, publié en 1996, qu'il a également lu aux juges :

> "Tout le monde sait maintenant que la persécution des historiens révisionnistes n'a pas lieu pour des raisons juridiques, puisque les lois créées pour punir ceux qui ont des opinions rigoristes peuvent être qualifiées d'absurdités problématiques. Au contraire, certaines prétendues "expériences historiques" doivent servir d'excuse pour qu'un débat ouvert sur ces expériences historiques puisse être interdit. Ou, pour le dire autrement :

Art. 1 : Le parti a toujours raison.

Art. 2 : Si jamais la partie n'a pas raison, l'article 1 s'applique automatiquement".

Après la nomination, Rudolf s'est indigné devant le tribunal, déclarant que "l'emprisonnement d'historiens dissidents n'était pas un non-sens problématique mais un crime pur et simple" et a demandé aux juges de revoir les passages du code pénal qui parlent de persécution d'innocents et d'emprisonnement illégal. Il a ensuite rappelé que le 3 mai 1993, après la publication du *rapport Rudolf*, le directeur de l'Institut Max Planck, le Dr Arndt Simon, l'a informé de ce qui suit lors d'une conversation personnelle :

"Chaque époque a ses tabous. Même nous, chercheurs, devons respecter les tabous de notre époque. Nous, Allemands, ne devons pas toucher à cette question (l'extermination des Juifs), d'autres doivent le faire. Nous devons accepter que nous, Allemands, ayons moins de droits que les autres".

La mise en parallèle de sa situation avec celle de Galileo Galilei a occupé la dernière partie de son discours. L'un est né en 1564, l'autre quatre cents ans plus tard, en 1964. Aucun des deux n'a pu passer son dernier examen universitaire. Tous deux ont eu deux filles et un fils. Tous deux étaient des scientifiques et des auteurs. Dans les deux cas, l'œuvre principale était un volume de 500 pages qui avait été interdit, confisqué et brûlé pour la même raison : rejeter un dogme de leur époque qui subvertissait la prétention à l'infaillibilité de groupes puissants. Tous deux avaient été jugés et condamnés pour avoir nié ce dogme et avaient perdu leur liberté. Le long discours de Germar Rudolf s'est terminé par les mots suivants :

"À mon avis, ce procès n'est pas vraiment lié à moi et à mes livres. Ce procès est un tournant. Il sera décidé ici s'il sera possible à l'avenir de maintenir ou de retrouver une position de leader en Allemagne sur le plan intellectuel, culturel et scientifique, ou si l'Allemagne restera à un niveau de deuxième ou de troisième ordre. C'est à vous de décider. C'est pourquoi, à la fin de mon intervention, je ne peux que vous lancer un appel :

Messieurs, accordez-nous la liberté de penser" (extrait de Schiller dans *Don Carlos*)

Et à la suite de Martin Luther, je dois conclure :

Je dis tout cela ; je ne peux rien faire d'autre, que Dieu me vienne en aide !

Nous vous remercions de votre attention.

Après quarante-quatre mois d'emprisonnement, Germar Rudolf a été libéré le 5 juillet 2009. Lorsqu'en 2011, il a enfin obtenu une "carte verte", c'est-à-dire l'autorisation illimitée de rejoindre sa famille aux États-Unis, Germar Rudolf a pu y publier *Resistance is Obligatory*.

Horst Mahler, du gauchisme radical au négationnisme

Le cas de l'avocat Horst Mahler est, comme ceux de Zündel et Rudolf, extraordinaire en soi. Mahler a commencé à être persécuté en 2003 pour avoir dénoncé le mensonge caché derrière les attentats du 11 septembre 2001. Des années plus tard, en 2006, les premières condamnations pour avoir nié l'extermination systématique des Juifs ont commencé. Aujourd'hui âgé de soixante-treize ans, il a été condamné en 2009 à six ans de prison, peine qui a ensuite été portée à onze ans. Pendant son incarcération, probablement en 2010, Horst Mahler a épousé Sylvia Stolz, une avocate beaucoup plus jeune et amie proche, qui purgeait une peine pour avoir remis en question l'Holocauste en défendant Ernst Zündel. Atteint de diabète, l'état de santé de Horst Mahler n'a cessé de s'aggraver en prison en raison du manque de mouvement, d'une mauvaise alimentation et d'un traitement médical inadéquat, ce que son fils a dénoncé dans une lettre ouverte. Le 29 juin 2015, à l'approche de son quatre-vingtième anniversaire, il a été hospitalisé dans un état critique en raison d'une septicémie, une infection grave qui peut se propager dans tout le corps. Pour éviter le pire, son pied a dû être amputé.

Fils d'un dentiste, Horst Mahler est né en 1936 à Haynau/Schlesien. Son père, national-socialiste convaincu, se suicide quelques années après sa libération par les Américains. Le chef de famille disparu, la famille s'installe en 1949 à Berlin, où Mahler étudie le droit à l'Université libre de Berlin. Lorsqu'il parvient à s'installer à son compte, il commence à défendre des accusés issus du mouvement étudiant de gauche et de l'opposition extraparlementaire, l'APO (Außerparlamentarischen Opposition). En 1969, il défend Andreas Baader et Gudrun Ensslin, accusés d'avoir mis le feu à un grand magasin. Au début des années 1970, Horst Mahler devient le père de la RAF (Fraction armée rouge), car c'est lui qui aurait persuadé Baader et Ensslin de former une "guérilla". En mars 1970, le tribunal de district de Berlin-Ouest le condamne à dix mois de prison pour sa participation aux émeutes devant l'immeuble Axel Springer à Berlin. Il bénéficie d'une libération conditionnelle, mais en juin, il est condamné à payer une amende de 75 800 marks pour les dommages causés à la maison d'édition Axel Springer. Il décide alors de s'enfuir en Jordanie avec Ulrike Meinhof, Gudrun Ensslin, Andreas Baader, qui s'est évadé de prison avec violence, et d'autres sympathisants de la "Rote Armee Fraktion" (RAF), pour rejoindre la guérilla palestinienne. Là, ils ont l'intention de s'entraîner à la lutte armée. Le 8 octobre 1970, Mahler est pris au piège et arrêté dans le quartier de Charlottenburg à Berlin. Il est accusé d'avoir planifié et participé à l'évasion violente d'Andreas Baader.

Il est clair qu'à ce moment de sa vie, Horst Mahler n'a pas découvert la véritable nature du communisme et se trouve aux antipodes de la compréhension de la falsification de l'histoire et de la réalité. En mai 1972, le tribunal qui le juge ne peut prouver son implication dans l'évasion d'Andreas Baader et l'acquitte, mais il reste emprisonné pour d'autres crimes. En octobre de la même année a lieu le procès dans lequel il est accusé d'avoir organisé et participé à une organisation criminelle. Le 26 février 1973, il est reconnu coupable d'avoir fondé la RAF, également connue sous le nom de bande Baader-Meinhof, et d'avoir participé à certaines de ses actions violentes. La peine de douze ans d'emprisonnement a été très discutée et considérée comme incohérente dans les milieux juridiques. En juillet 1974, l'autorisation d'exercer la profession d'avocat a été retirée à Mahler.

C'est au cours de ces années houleuses que survient le scandale du prétendu suicide dans leurs cellules des dirigeants de la RAF. Andreas Baader, Gudrun Ensslin, Jan-Carl Raspe et Ulrike Meinhof avaient été arrêtés en 1972. Meinhof, qui avait témoigné au procès de Horst Mahler, a connu des conditions d'emprisonnement très dures : après son arrestation, elle a passé 236 jours en isolement total. Après deux ans d'audiences préliminaires, elle est condamnée à huit ans de prison le 29 novembre 1974. Le 19 août 1975, Meinhof, Baader, Ensslin et Raspe sont inculpés conjointement de quatre meurtres, de cinquante-quatre tentatives de meurtre et de constitution d'une organisation criminelle. Avant la fin du procès, le 9 mai 1976, Ulrike

Meinhof est retrouvée morte dans sa cellule de la prison de Stammheim : elle se serait pendue. À la demande de son avocat, une commission d'enquête internationale a tenté en 1978 d'avoir accès au premier rapport d'autopsie, mais les autorités ont refusé. La commission internationale a publié un rapport indiquant que "l'affirmation initiale selon laquelle Meinhof s'était suicidée n'était pas fondée". Le 18 octobre 1977, Andreas Baader et Jan-Carl Raspe avaient également été retrouvés morts par balle dans leur cellule, tandis que Gudrun Ensslin s'était pendue avec une corde faite de fils de haut-parleurs.

Après cet aperçu du cercle d'amis de Horst Mahler, nous pouvons à présent nous pencher sur la transformation qui allait faire de lui un négateur obstiné de l'Holocauste. En juillet 1979, Mahler se voit accorder un régime ouvert pour le reste de sa peine, et finalement, en août 1980, après dix ans de prison, il est libéré sur parole après avoir condamné le terrorisme et déclaré publiquement qu'il répudiait les méthodes de la RAF. Il est intéressant de noter que son avocat était Gerhard Schröder, qui devint plus tard chancelier d'Allemagne. En 1987, sa demande d'exercice de la profession est à nouveau rejetée ; cependant, grâce au travail de Schröder, l'affaire est réexaminée en 1988 et ses droits en tant qu'avocat sont rétablis.

Au cours des dix années suivantes, la pensée de Horst Mahler a subi de profondes transformations. Dès 1997, son idéologie politique a changé. L'une des personnes qui a le plus influencé son évolution est Günter Rohrmoser. Le 1er décembre 1997, lors de la célébration du soixante-dixième anniversaire de Rohrmoser, Mahler prononce un discours dans lequel il dénonce le fait que l'Allemagne est un pays occupé et qu'elle doit se libérer de l'esclavage de la dette pour rétablir son identité nationale. Un an plus tard, il publie dans l'hebdomadaire *Junge Freiheit* un article intitulé "Zweite Steinzeit" (Deuxième âge de pierre), dans lequel il explique sa conversion à l'idéologie "völkisch" (idéalisme romantique anti-matérialiste basé sur les concepts de peuple, de patrie, de sang et de tradition). En 2000, il a rejoint le Parti national démocratique d'Allemagne (NPD), dont il est devenu l'un des défenseurs.

En mars 2001, il était déjà bien identifié aux idées révisionnistes. La preuve en est qu'il figurait parmi les participants à une conférence intitulée "Révisionnisme et sionisme", qui s'est tenue à Beyrouth du 31 mars au 3 avril 2001. Le nom de Horst Mahler figurait parmi des intervenants tels que Robert Faurisson, Frederick Töben, PhD, directeur de l'Adelaide Institute en Australie, Mark Weber, directeur de l'IHR, Henri Roques, auteur de la thèse de doctorat sur les "aveux" de Gerstein, Oleg Platonov, historien russe, et Roger Garaudy, philosophe français issu comme Mahler du camp marxiste, qui avait été condamné en 1998 par le tribunal de Paris à payer une amende de 45 000 dollars pour la publication des "aveux" de Gerstein.45 000 dollars pour la publication *des Mythes fondateurs de l'Etat d'Israël*. Trois des plus puissantes organisations juives - le Congrès juif mondial, l'Andifamation League (ADL) et le Centre Simon Wiesenthal - avec le soutien du gouvernement américain et de certains membres du Congrès, ont fait pression sur le gouvernement libanais pour qu'il interdise la réunion. Comme on pouvait s'y attendre, les "amis" de la liberté d'expression et de pensée ont atteint leur objectif et les autorités libanaises ont annoncé neuf jours avant le début de la conférence que celle-ci était annulée.

Comme mentionné ci-dessus, la persécution de Mahler en Allemagne a commencé en raison de sa dénonciation des attentats du 11 septembre 2001. En 2003, il a été accusé de "troubles à l'ordre public" et d'"incitation au peuple". Mahler a déclaré au tribunal qu'il n'était pas vrai qu'Al-Qaida avait quelque chose à voir avec les attentats. En 2004, il a été accusé d'avoir diffusé des vidéos et d'autres documents niant l'Holocauste. En 2006, les autorités allemandes lui ont retiré son passeport pour l'empêcher de participer à la "Conférence internationale pour l'examen global de l'Holocauste" à Téhéran, dont nous parlerons plus en détail lorsque nous aborderons la persécution du professeur Faurisson. En 2007, de nouvelles accusations ont été portées contre lui à la suite d'une longue interview accordée au magazine *Vanity Fair* le 4 octobre à l'hôtel Kempinski de l'aéroport de Munich. L'interview a été publiée le 1er novembre 2007 et son auteur, Michel Friedman, ancien vice-président du Conseil central des Juifs d'Allemagne, a dénoncé Mahler au motif qu'il lui avait fait un bras d'honneur hitlérien et crié "Heil Hitler, Herr Friedman ! Friedman a dépeint l'interviewé comme un nazi dément qui a inspiré l'extrême droite allemande avec ses théories antisémites et qui a empêché l'interdiction du NPD lorsqu'il en était l'avocat. Au cours de l'entretien, Mahler a déclaré au journaliste juif que la prétendue extermination des Juifs à Auschwitz était un mensonge.

Suite à la plainte de Friedman, Mahler a été condamné à six mois de prison sans caution le 23 novembre 2007.

En février 2009, l'agence de presse internationale Associated Press a rapporté que Horst Mahler, un néonazi de 73 ans qui, en 1970, avait été le fondateur de la Fraction armée rouge, un groupe terroriste d'extrême gauche, avait été condamné à six ans de prison. Il était accusé d'avoir publié des vidéos négationnistes sur l'internet et d'avoir distribué des CD incitant à la haine et à la violence contre les Juifs. Mahler, dont l'expérience en tant qu'avocat signifiait qu'il savait qu'il ne pouvait rien attendre du tribunal, n'a pas perdu de temps pendant le procès à essayer de s'excuser ou à demander des mesures d'atténuation, mais a commencé son intervention en intentant un procès contre lui-même. Après l'avoir entendu, le juge Martin Rieder, qui présidait le tribunal de Munich, a qualifié ses propos de "cris nationalistes". Selon l'Associated Press, le juge Rieder l'a accusé "d'utiliser le tribunal pour diffuser son message de haine". Dans son discours d'une heure, M. Mahler a réaffirmé que "l'Holocauste était le plus grand mensonge de l'histoire" et a exprimé son admiration pour l'évêque catholique anglais Richard Williamson qui, lors d'une récente interview à la télévision suédoise, avait nié l'extermination des Juifs.

L'indignation de Rieder face à l'arrogance et au défi de Mahler l'a amené à augmenter la peine d'un an par rapport au maximum légal de cinq ans dans sa sentence du 21 février 2009. Pour se justifier, le juge a expliqué que l'accusé était "têtu et impossible à rééduquer". Le Centre Simon Wiesenthal de Jérusalem a déclaré à propos de ce verdict : "Il renforce le message selon lequel il n'y a aucune tolérance pour le négationnisme et rappelle sérieusement aux tribunaux qu'ils ne doivent pas se laisser utiliser par les négationnistes pour propager leurs mensonges". Trois semaines plus tard, le 11 mars 2009, la peine a été prolongée de quatre ans et neuf mois par un tribunal de Potsdam, ce qui, compte tenu de l'âge avancé de Mahler, équivaut à une condamnation à perpétuité. Une fois de plus, Mahler avait nié l'existence de l'Holocauste et remis en question bon nombre des crimes de guerre attribués à l'Allemagne.

Horst Mahler avait choisi de porter plainte contre lui-même devant le tribunal de Munich afin de montrer l'exemple au mouvement de désobéissance civile qui se formait en Allemagne.

Nombre de ses partisans ont cependant compris qu'il serait plus utile en dehors de la prison. "Pourquoi fais-tu cela ? lui avaient-ils demandé, incapables de comprendre ce qu'ils désapprouvaient. Pour leur répondre, Mahler a réussi à rédiger un texte destiné à l'opinion publique avant son emprisonnement. Dans ce texte, considéré comme une sorte de testament politique, il tente de faire comprendre que ce n'est pas seulement le droit d'exprimer une opinion qui est en jeu, mais aussi le droit à la survie :

"Si l'on réalise, comme moi, que la religion de l'Holocauste est l'arme principale pour la destruction morale et culturelle de la nation allemande, alors il devient clair que ce qui est en jeu ici n'est ni plus ni moins que le droit collectif à l'autodéfense, c'est-à-dire le droit de l'Allemagne à survivre. Le monde croit-il vraiment que nous, Allemands, allons nous laisser détruire en tant que peuple, que nous allons laisser notre esprit national s'éteindre sans combattre ? Quels juristes peuvent affirmer que l'autodéfense est un acte criminel ? En tant que peuple et en tant qu'entité collective, nous avons une nature nationale et spirituelle. Le moyen le plus sûr de mettre fin à l'Allemagne en tant qu'entité spirituelle est de détruire notre âme nationale et notre identité, de sorte que nous ne sachions jamais qui nous sommes ni ce que nous sommes. La destruction de notre esprit national est précisément l'objectif de notre ennemi, qui exige que nous acceptions sans réserve son dogme de l'Holocauste et que nous renoncions à souligner que son fantastique Holocauste n'a jamais eu lieu. Il n'y a aucune preuve de cela ! Une fois que nous aurons compris que nous sommes confrontés à une menace d'anéantissement, nous n'aurons plus aucun doute sur l'identité de notre ennemi : c'est le vieux tueur de nations. Si nous comprenons cela, nous n'accepterons plus passivement ses mensonges et ses fausses déclarations".

Comme on peut le constater, Mahler a résolument appelé à la résistance comme une nécessité existentielle pour l'Allemagne. Une partie du texte est consacrée à l'explication des années de lutte armée de la Rote Armee Fraktion (RAF). Mahler explique que lui et ses camarades avaient alors l'intention de lutter contre le "Système" et qu'ils croyaient ce que le "Système" leur avait enseigné dans les écoles au sujet de l'Holocauste. Il admet qu'ils ont même "gobé" la propagande anti-allemande diffusée par les Américains. Il semble que sa prise de conscience ait eu lieu en 2001, lorsqu'il a dû défendre en tant qu'avocat Frank Rennicke, un auteur-compositeur-interprète patriote qui avait été accusé et condamné pour négationnisme. Après avoir pris en charge la défense de Rennicke, il a entamé une enquête qui l'a mis sur la voie d'une nouvelle compréhension des faits historiques. Examinons un autre extrait du testament politique de Mahler :

> "Il est clair que les vainqueurs ou le vainqueur de la Seconde Guerre mondiale (le seul véritable vainqueur étant la juiverie internationale) se sont donné beaucoup de mal pour s'assurer que la base de la domination juive, principalement le culte religieux de l'Holocauste, serait juridiquement irréfutable. C'était leur objectif lorsqu'ils ont créé la République fédérale, et il est clair que la Cour suprême a adopté depuis longtemps un système judiciaire conçu pour perpétuer l'Holocauste. La mission de protection de l'Holocauste est à la base de la Loi fondamentale et de la République fédérale. C'est la base de la domination de l'Allemagne par ses ennemis. Le ministre allemand des affaires étrangères, Joschka Fischer, l'a expliqué très clairement lorsqu'il a qualifié l'Holocauste et le soutien à Israël de raison d'être de la République fédérale".

Dans ses écrits, Mahler appelle ses compatriotes à résister et à retrouver la fierté d'être allemand. Il réaffirme sa conviction que ce qu'il a fait est le mieux qu'il puisse faire, et reconnaît qu'en se battant seul et en ne comptant que sur lui-même, il ne peut que "répéter la vérité encore et encore", puisqu'il a laissé sur Internet la promesse de "ne jamais cesser de répéter cette vérité". Quant aux onze années de prison qui l'attendent, il admet qu'avec ses soixante-treize ans derrière lui, tout peut arriver, ce qu'il assimile à une phrase de l'Évangile de saint Matthieu : "Celui qui ne veut pas se charger de sa croix n'est pas digne de moi". Mahler a enfin montré son espoir dans le pouvoir et la force de l'Église. Tout en déplorant que sa direction ait été corrompue et minée par les Juifs, il est convaincu qu'elle "pourrait être le rocher sur lequel le navire du Grand Mensonge pourrait s'écraser et disparaître". Le texte se termine par la conviction que seule la vérité apportera la liberté :

> "Je voulais donner un exemple. J'ai souvent dit que notre révolution était la plus facile à réaliser. Il suffit de quelques milliers de personnes pour se lever et dire clairement la vérité, comme l'a fait l'évêque Williamson et comme j'ai essayé de le faire, avec d'autres qui ont été poursuivis pour avoir dit la vérité et distribué *les conférences de* Germar Rudolf *sur l'Holocauste*. La victoire finale de la vérité est inévitable, tout comme la défaite de l'empire sioniste mondial".

Après avoir examiné le contrôle absolu des nations et des peuples par le biais de l'économie, des médias et des politiciens cooptés, et après avoir vu ce qui se passe dans les cours de justice en Allemagne et dans d'autres pays européens, l'idée d'une révolution, la plus "facile qui soit", de milliers de personnes criant la vérité ne semble pas correcte. Il faut admettre que seul un pouvoir absolu peut contraindre les tribunaux d'un pays à procéder comme ils le font en République fédérale d'Allemagne. Quoi qu'il en soit, il est aberrant qu'un accusé dise au tribunal qu'il ne ment pas, qu'il a des preuves qu'il dit la vérité, qu'il veut les montrer, et que les juges répondent qu'ils ne veulent pas voir ces preuves, parce qu'il a nié l'Holocauste. La perversion atteint des sommets délirants quand on sait que lorsque l'avocat de la défense tente de prouver que son client dit la vérité, on l'avertit que son action est illégale, qu'il sera frappé d'incapacité et qu'il ira en prison. Concrètement, le juge qui a dessaisi Sylvia Stolz de la défense d'Ernst Zündel lui a dit qu'il pouvait comprendre qu'un accusé se comporte comme Zündel, mais qu'il était alors du devoir de l'avocat de dire à son client que ce qu'il faisait était illégal. Telle est la formule monstrueuse de la justice de l'Holocauste.

Deux ans après l'incarcération de Horst Mahler, Kevin Käther, un jeune révisionniste allemand qui voulait suivre son exemple, et son avocat Wolfram Nahrath ont organisé une manifestation devant la prison de Brandenburg, à quelque quatre-vingts kilomètres de Berlin, où Mahler était incarcéré. L'objectif était de demander sa libération, celle de Sylvia Stolz et l'abrogation de l'article 130 du code pénal. Käther avait lui aussi plaidé coupable devant le tribunal et, bien qu'il ait été condamné à une peine de 20 mois en 2010, avait étonnamment bénéficié d'une libération conditionnelle. Le 26 mars 2011, environ trois cents personnes se sont rassemblées sur le parking de la prison, dont des révisionnistes venus de France, de Belgique, de Grande-Bretagne, d'Autriche, de Suisse, du Japon et d'ailleurs en Allemagne.

L'avocat Nahrath s'est adressé aux manifestants pour leur faire savoir que la manifestation était autorisée de midi à 16 heures. Il a ensuite lu un texte émouvant dans lequel il décrivait Mahler comme un idéaliste, un combattant de la liberté. Il a ensuite lu un texte émouvant dans lequel il décrit Mahler comme un idéaliste, un combattant de la liberté. Wolfram Nahrath a dénoncé l'hypocrisie des soi-disant démocraties qui condamnent la répression des droits de l'homme en Chine tout en emprisonnant leurs propres dissidents pour délit d'opinion. Il a rappelé que pendant que Horst Mahler purgeait une peine inhumaine pour un homme de son âge, le prix Nobel de la paix avait été décerné au dissident chinois Liu Xiaobo. Rigolf Hennig et Ursula Haverbeck, tous deux membres de "Europäische Aktion", ont également pris la parole. Ursula Haverbeck, récemment condamnée à dix-huit mois de prison malgré ses presque quatre-vingt-dix ans, a déclaré avec une lucidité extraordinaire que l'Allemagne "avait été profondément blessée" et que la BRD (Bundesrepublik Deutschland) "n'était pas l'État du peuple allemand". Richard Edmonds, homme politique britannique, s'est exprimé au nom d'un groupe de révisionnistes britanniques et a qualifié de "scandaleux" et de "cynique" ce qui se passe non seulement en Allemagne mais aussi dans l'Union européenne. Lady Michèle Renouf, un modèle révisionniste anglais bien connu qui dirige le site web *Jailing Opinions*, a été la dernière à prendre la parole.

En janvier 2013, Horst Mahler avait fini d'écrire en prison un livre qui ne sera jamais publié, mais qui peut être lu en allemand au format PDF, *Das Ende der Wanderschaft. Gedanken über Gilad Atzmon un die Judenheit (La fin de la marche. Réflexions sur Gilad Atzmon et le judaïsme)*. L'œuvre est née de la lecture d'un livre envoyé à la prison par un ami, *The Wandering Who*, un ouvrage publié en 2011 par Gilad Atzmon, un dissident juif antisioniste exilé à Londres[4]. Le livre de Mahler consistait en une série de considérations historiques sur le contenu du livre d'Atzmon, auquel il a adressé, dans

---

[4] On pourrait écrire un long article sur Gilad Atzmon, car il mérite d'être connu et reconnu. Né à Tel Aviv en 1963, après avoir vécu la guerre du Liban en 1982 comme soldat de Tsahal, Atzmon est devenu un ami du peuple palestinien et un militant de sa cause. En 1994, il a émigré au Royaume-Uni et est devenu citoyen britannique en 2002. Après avoir étudié la philosophie à l'université d'Essex, il s'est fait connaître par ses activités de saxophoniste de jazz. En raison de ses critiques du sionisme et de ses opinions révisionnistes sur l'Holocauste, il est considéré comme un antisémite et nombre de ses ennemis sionistes l'accusent d'être "un juif qui se déteste parce qu'il est juif". Sa discographie compte aujourd'hui plus d'une douzaine de titres, dont le CD *Exile*, sorti en 2004 et considéré comme l'album de l'année par la BBC. Il s'agit d'une œuvre émouvante dont presque tous les titres, notamment *Jenin*, *Al Quds* et *Land of Canaan*, font référence aux souffrances du peuple palestinien. Deux Palestiniens, le musicien Dhafer Youssef et la chanteuse Reem Kelani, ont collaboré avec Gilad Atzmon sur cet album. Avant de publier *The Wandering Who*, Atzmon avait déjà écrit deux autres livres. Le présent ouvrage est une enquête sur la politique et l'idéologie de l'identité juive contemporaine. Parmi les nombreux sujets examinés de manière critique figurent la haine des racistes juifs envers les gentils et le rôle joué par la religion dans l'Holocauste.

l'avant-propos daté du 3 janvier 2013, ses plus vifs remerciements pour son honnêteté et son courage : "Que Dieu lui accorde une longue vie, la santé et la force créatrice. Le monde a besoin de Gilad Atzmon - et sachez qu'il n'y a pas qu'un seul Gilad Atzmon, mais de nombreux Gilad Atzmon. Deux ans plus tard, le 11 juin 2015, le département fédéral allemand des matériels dangereux pour la jeunesse a inscrit le livre de Horst Mahler sur la liste des livres dangereux. Parmi les personnes qui, le 11 juin à 11 h 30, se sont présentées devant le conseil d'administration du département pour faire valoir que l'ouvrage de Mahler ne devait pas être interdit, figuraient le curé Friedrich Bode et Gerard Menuhin, fils du célèbre violoniste d'origine juive Yehudi Menuhin et auteur de *Tell the Truth and Shame the Devil*, dans lequel il considère que l'Holocauste est un énorme mensonge historique.

Fin juin 2015, quelques jours seulement après l'interdiction du livre, Axel Mahler, le fils de Horst, a écrit une lettre au curé Friedrich Bode pour l'informer que son père se trouvait dans un état critique aux soins intensifs. Quatre ans se sont écoulés depuis la manifestation de Brandebourg en faveur de Horst Mahler, et la "révolution de milliers de personnes criant la vérité" n'a toujours pas eu lieu. Bien entendu, quelques centaines de personnes ne signifient rien pour les autorités allemandes, qui ignorent également la situation carcérale désespérée du dissident révisionniste. Axel Mahler a expliqué à Bode dans sa lettre que le diabète de son père n'avait pas été traité de manière adéquate et qu'il souffrait d'une infection grave qui lui faisait craindre pour sa vie. C'est pourquoi, dit-il, ils envisagent "d'intenter une action en justice contre les autorités judiciaires pour l'avoir maintenu en prison".

Le 4 juillet 2015, Ursula Haverbeck a écrit au professeur Andreas Voßkuhle de la Cour suprême allemande pour lui demander, sur un ton très sévère et critique, de prendre en compte la souffrance de l'avocat et philosophe Horst Mahler et de faire en sorte que la justice allemande ne se soumette plus aux diktats d'Israël, représenté par le "Zentralrates der Juden in Deutschland" (Conseil central des juifs d'Allemagne). Avec beaucoup de courage et de prise de risque, elle a qualifié l'Holocauste de "mensonge le plus grand et le plus persistant de l'histoire" et a écrit : "Eine Untat ohne Tatort ist keine Tatsache" (Un crime sans scène de crime n'est pas une réalité). Ursula Haverbeck conclut en plaidant pour une action rapide avant qu'il ne soit trop tard. Le 14 juillet 2015, la presse a rapporté que le pied gauche de Horst Mahler avait été amputé et que son état était stable après l'opération. Après l'opération, Horst Mahler est resté incarcéré. De plus en plus angoissé, il a finalement décidé, en octobre 2015, de demander de l'aide dans une note désespérée :

"Chers amis, j'ai longtemps hésité à demander de l'aide. Mais aujourd'hui, ma vie est en danger. Ma jambe gauche a été amputée et les médecins essaient d'éviter d'autres amputations. Enfin, un avocat a accepté de me défendre au tribunal. Cependant, comme je suis financièrement ruiné, je ne peux pas me le permettre. De plus, la mise en œuvre de ma libération conditionnelle doit être financée. Si je sortais de prison, des travaux de rénovation de ma maison seraient nécessaires pour permettre la vie d'un invalide.

Merci d'avance !

Horst Mahler".

Quelques jours après la publication de cette pétition, le 6 octobre 2015, certains médias ont publié la nouvelle selon laquelle Horst Mahler, qui allait avoir quatre-vingt ans, avait été libéré de la prison de Brandebourg, où il avait passé près de sept ans incarcéré pour un délit de pensée.

Le 6 avril 2017, à l'âge de 81 ans, Mahler reçoit une notification du ministère public l'informant qu'il doit retourner en prison le 19 avril pour y purger les trois ans et demi (1 262 jours) restants de sa peine. Face à cette perspective, Horst Mahler donne le 16 avril une conférence dans laquelle il dénonce pour la dernière fois le complot juif. Le 19 avril, après avoir enregistré une courte vidéo expliquant pourquoi il ne voulait pas retourner en prison, il a pris une décision risquée : il s'est réfugié dans la Hongrie de Viktor Orbán afin de demander "l'asile dans un État souverain". C'est là qu'il a été arrêté à Sopron le 15 mai. Le procureur de Budapest a invoqué un MAE (mandat d'arrêt européen) pour justifier l'arrestation. Le 6 juin, un tribunal de Budapest a ordonné sa remise et, une semaine plus tard, la police de l'"État souverain" l'a mis dans un avion à destination de l'Allemagne. Nous avons appris par un rapport de Lady Michèle Renouf que fin octobre 2018, la vie de Mahler était en danger. Après s'être effondré dans sa cellule, il se trouvait dans la section de détention de l'hôpital municipal de Brandebourg, admis pour une pneumonie et un processus de nécrose.

Sylvia Stolz, l'avocate intransigeante

Ce qui est arrivé à l'avocate Sylvia Stolz est devenu plus clair au fur et à mesure que nous avons raconté les vicissitudes de Zündel et de Mahler. Quoi qu'il en soit, ce qui est arrivé à cette femme courageuse mérite une place à part entière dans notre *histoire des hors-la-loi*. Nous commencerons son "aventure" malheureuse en décembre 2005, alors qu'elle était avocate de la défense dans le procès du Dr Rigolf Hennig, médecin colonel de réserve accusé d'avoir dénigré la "République fédérale" dans le journal *Reichsboten*, qu'il publiait lui-même. Hennig est accusé de nier la légitimité de la République fédérale. Le lundi 12 décembre, le procureur Vogel a menacé avec arrogance une avocate de la défense, Sylvia Stolz. Il l'a avertie que si elle continuait à défendre sa cause, elle risquait d'être accusée d'incitation et d'outrage à la "République fédérale" et qu'il n'hésiterait pas à la poursuivre en justice. Au lieu de se laisser intimider, l'avocate a exprimé sa gratitude à Vogel car, lui a-t-elle dit, "par son attitude, il renforçait sa thèse selon laquelle le procès était un procès-spectacle". Mme Stolz a estimé que ce n'était pas la loi allemande qui était appliquée, mais la volonté d'un pouvoir étranger.

Au cours du procès, qui a duré presque jusqu'à la fin décembre 2005, Sylvia Stolz a fait preuve d'une compétence louable en citant des textes d'intellectuels juifs tels que Harold Pinter, qui venait de recevoir le prix Nobel de littérature, et Gilad Atzmon, que nous avons présenté plus haut. Atzmon venait de donner une conférence à Bochum le 2 décembre 2005, dans laquelle il avait publiquement déclaré que l'histoire de la Seconde Guerre mondiale et de l'Holocauste était "une falsification absolue initiée par les Américains et les sionistes". Stolz a également cité des textes tirés des *conférences de* Germar Rudolf *sur l'Holocauste* et a prédit que cet ouvrage "étoufferait dans l'œuf la religion de l'Holocauste". Finalement, le Dr Hennig a été condamné à six mois de prison pour avoir dénigré la République fédérale.

Presque simultanément au procès du médecin-colonel Rigolf Hennig, le tribunal de Mannheim qui devait juger Ernst Zündel avait déjà commencé les audiences préliminaires préparatoires. Sylvia

Stolz, dont l'expérience et l'expertise en matière de nationalisme et de persécution des révisionnistes étaient bien connues, faisait partie de l'équipe d'avocats choisie pour défendre Zündel, qui comprenait également Jürgen Rieger et l'Autrichien Herbert Schaller. Sylvia Stolz était assistée par l'avocat Horst Mahler. La première audience a eu lieu le mardi 8 novembre 2005. Plus de trente journalistes et environ quatre-vingts partisans de Zündel, dont certains venus du Canada, de France, du Royaume-Uni et de Suisse, se sont rassemblés au palais de justice de Mannheim, célèbre pour sa ferveur antirévisionniste.

Dès qu'il a prononcé le nom, la date de naissance, la profession et l'adresse de l'accusé, le président du tribunal, Ulrich Meinerzhagen, s'en est pris à l'équipe d'avocats de la défense. Il a lu la décision d'un tribunal local de Berlin interdisant à Horst Mahler d'exercer sa profession. Meinerzhagen a longuement cité les déclarations et commentaires révisionnistes de Mahler relatifs à la question juive et au Reich. Il a ensuite exigé qu'il soit remplacé comme assistant de l'avocat Stolz, qui a immédiatement fait remarquer qu'il n'y avait pas de raison. Le juge insiste sur le fait qu'il comprend que l'influence de Mahler sur la défense est considérable, ce à quoi Stolz répond que c'est à lui de déterminer les écrits qu'il utilisera pour sa défense et que cela relève de sa seule responsabilité. Le juge a menacé de faire sortir Mahler par la force et de le garder en détention pendant une journée. L'avocat Rieger est alors intervenu pour dire au juge que de telles attaques contre la défense ne se produisaient pas, même au Goulag. Sylvia Stolz insiste sur le fait qu'elle ne renoncera pas à l'assistance de l'avocat Mahler, mais sans plus de mots, le juge ordonne aux policiers de l'emmener. Voyant qu'elle ne pouvait plus rien faire, Sylvia Stolz a pris la décision de retirer elle-même son assistant, ce qui lui a permis de s'asseoir dans l'assistance, manifestement choquée. Meinerzhagen menace alors de faire évacuer la salle.

D'autres avertissements intimidants pour l'équipe d'avocats ont suivi : le président du tribunal a clairement indiqué que toute "incitation à la haine" serait vigoureusement réprimée et a directement menacé les avocats d'appliquer le paragraphe 130 du code pénal. Il a ensuite souligné qu'il n'écouterait pas "les opinions pseudo-scientifiques, puisque l'Holocauste est un fait historiquement vérifié". Cette déclaration a provoqué un tollé et des rires dans l'assistance. Les choses ne se sont pas arrêtées là, car le juge Meinerzhagen n'était qu'en train de s'échauffer. Il est immédiatement revenu à la charge en déclarant qu'il n'était pas sûr que Sylvia Stolz soit apte à assurer la défense de Zündel, car elle finirait probablement par se rendre coupable de la violation du paragraphe 130. Zündel a clairement indiqué qu'il souhaitait être représenté par Mme Stolz. La Cour a alors décidé de suspendre la séance pour délibérer sur la question.

Après délibération, le tribunal a annulé la désignation de Stolz comme premier avocat de Zündel. Le Dr. Meinerzhagen a ensuite ajouté que Jürgen Rieger n'était pas non plus un avocat approprié pour l'accusé, puisque ses opinions révisionnistes étaient bien connues et qu'il était à craindre qu'il procède de manière inappropriée dans cette affaire. Afin de donner sa part à l'ensemble de l'équipe de défense, le juge s'est ensuite tourné vers le Dr Schaller, qu'il a également jugé inapte en raison de son âge, qui ne garantit pas qu'il soit apte à exercer cette fonction. Il devient clair pour tout le monde que le président du tribunal a l'intention d'éliminer la brillante équipe d'avocats d'Ernst Zündel pour en nommer d'autres de son choix. Naturellement, les avocats ont essayé de ne pas se laisser intimider. Après que Sylvia Stolz ait été réprouvée en tant qu'avocate principale de Zündel, le juge Meinerzhagen a demandé comment l'accusé comptait régler l'affaire. Zündel a déclaré qu'il se passerait du troisième avocat de son choix (Ludwig Bock, qui n'assistait pas à l'audience) et que Sylvia Stolz prendrait sa place[5]. À cette occasion, la pause déjeuner a servi de prétexte pour interrompre la séance.

Dans l'après-midi, l'avocat Rieger a lu un texte dans lequel il demandait au tribunal d'abandonner son attitude discriminatoire. Sylvia Stolz a ensuite déclaré que la défense était publiquement menacée de ne rien dire d'interdit par le tribunal et qu'il s'agissait d'un outrage qui ne pouvait être que le résultat d'un esprit malade. Sylvia Stolz a ensuite demandé que le public soit exclu des futures

---

[5] N'étant pas juristes, nous ne sommes pas compétents pour expliquer le fonctionnement des tribunaux allemands. Il apparaît en tout cas que dans les tribunaux régionaux, le droit allemand exige que le défendeur ait un avocat doté de pouvoirs spécifiques autorisés par le tribunal et qu'il puisse avoir trois autres avocats de son choix. Dans le cas du procès contre Ernst Zündel, c'est Sylvia Stolz qui disposait de ces pouvoirs juridiques spécifiques, qui ont été annulés par le président du tribunal.

séances, arguant que le tribunal menaçait de poursuivre la défense pour violation du paragraphe 130 du code pénal (ce paragraphe n'est applicable que lorsque le "crime" est commis en public. En excluant le public, la défense entendait pouvoir exprimer des "pensées interdites" devant le tribunal sans courir le risque d'être poursuivie). L'avocat a ajouté que si le tribunal voulait que le procès soit public, l'équipe de la défense courrait un grave danger de persécution. La réponse du tribunal a été d'ajourner la procédure jusqu'au mardi 15 novembre 2005.

Pour la presse objective et le public, il ne fait aucun doute que le président du tribunal, M. Meinerzhagen, a tenté de détruire la défense d'Ernst Zündel. De plus, en menaçant les avocats avant même qu'ils n'aient commencé leur défense, le juge a violé les règles élémentaires de la procédure judiciaire. Sylvia Stolz a mis au point une stratégie brillante, en gardant une attitude calme et un comportement parfaitement correct tout au long du procès. Si le tribunal décide que le procès ne doit pas être public, les juges seront confrontés aux preuves contenues dans les *conférences de* Germar Rudolf *sur l'Holocauste* et à la demande de Horst Mahler d'"entendre des preuves sur la question juive", ce qui pourrait être lourd pour le tribunal, qui devrait expliquer pourquoi un procès secret se tient. En cas de procès ouvert, les défenseurs ont été menacés de poursuites, ce qui mettrait le tribunal de Mannheim dans l'embarras aux yeux de l'opinion publique et des juristes du monde entier.

Le 15 novembre 2005 à 10 heures, une centaine de partisans d'Ernst Zündel s'étaient rassemblés devant le bâtiment. En revanche, les journalistes sont moins nombreux et ne disposent que de deux caméras. À 10h40, l'accès à la salle est autorisé et celle-ci est bondée. L'entrée de Zündel est saluée par une salve d'applaudissements. Dès son apparition, le juge déclare qu'il ne tolérera ni applaudissements ni rumeurs et prévient qu'il a ordonné à la police d'expulser ceux qui enfreindraient ses règles et de prendre leurs noms. Il a ensuite estimé que l'allégation selon laquelle le tribunal avait adopté une attitude discriminatoire n'était pas fondée et a déclaré qu'il n'y avait aucune raison pour que le prévenu ait des doutes sur les juges. Ensuite, il confirme sa désapprobation à l'égard de Sylvia Stolz et répète les raisons invoquées lors de la séance précédente. Meinerzhagen a insisté sur le fait que Mme Stolz ne convenait pas parce qu'elle ne pouvait pas garantir une procédure ordonnée, ce qui entraînerait des conflits entre l'accusé et la défense. Le président du tribunal a rejeté la demande de Mme Stolz d'exclure le public des audiences. Il a déclaré que le public ne pouvait être exclu que s'il représentait une menace, ce qui n'était pas le cas. Au contraire, il a affirmé que c'était la défense qui constituait une menace pour le procès en raison de son intention d'inciter le public. Meinerzhagen a ajouté qu'il fallait s'attendre à ce que, en l'absence du public, la défense fasse des demandes et des soumissions incitatives. Sans donner de choix, le magistrat a ensuite annoncé qu'il suspendait le procès, car le tribunal devait remplacer Mme Stolz et le nouvel avocat aurait besoin de temps pour se familiariser avec les documents. Entre-temps, l'accusé devrait rester en prison, ce qu'il considère comme juste, compte tenu de l'ampleur de son crime. Pour couronner le tout, le Dr. Meinerzhagen a prétendu que le procès avait été ajourné à cause de la défense.

À ce stade, Jürgen Rieger a exprimé son désaccord et a déclaré que le juge n'avait pas informé la défense de son intention de suspendre la procédure judiciaire, comme il était tenu de le faire. Rieger a affirmé que la défense n'avait pas eu l'occasion de préparer une déclaration sur cette décision. Le juge a répondu que la défense avait bien été informée, ce qui était un mensonge flagrant. Après une bataille de procédure sur les décisions à prendre, Sylvia Stolz a trouvé le temps de demander à la Cour de l'autoriser à faire une déclaration sur sa substitution, mais Meinerzhagen a répondu que ce n'était pas approprié. Sylvia Stolz a répliqué en disant au juge que son attitude était inappropriée et déplacée. "Le procès est ajourné", insiste le juge. "Je n'ai pas eu l'occasion de faire ma déclaration", se plaint l'avocat. "Je m'en fiche, le procès est ajourné".

En un peu plus d'une heure, le président du tribunal a réglé l'affaire. Naturellement, le public réagit avec indignation et des cris de protestation et de désapprobation sont lancés, tels que "c'est un carnaval", "un scandale", etc. En dehors de la salle d'audience, les avocats et les amis proches de Zündel se sont réunis pour évaluer ce qui s'était passé et ont conclu que le procès reprendrait en février ou mars 2006 et que le juge poursuivrait la défense dès le début de ses travaux. Ces événements ont coïncidé avec l'arrivée de Germar Rudolf à l'aéroport de Francfort, où il a été arrêté et immédiatement conduit à la prison de Stuttgart.

Comme les avocats l'avaient prévu, le procès a repris en février 2006. Le jeudi 15, Ulrich Meinerzhagen a rejeté trois requêtes de la défense visant à s'exclure pour cause d'opinions partiales ou tendancieuses. Quant à Sylvia Stolz, il menace de l'inculper si elle remet en cause l'Holocauste. La séance du 16 a donné lieu à une sérieuse confrontation entre Stolz et Meinerzhagen. L'avocat l'interrompt à plusieurs reprises et soulève une batterie d'objections et de nouvelles demandes. Il nie qu'elle ait insulté le tribunal et tenté de saboter le procès, accusations portées par le juge. Plus précisément, Mme Meinerzhagen a déclaré qu'elle soupçonnait M. Stolz "d'avoir l'intention de rendre le processus judiciaire impossible en provoquant l'effondrement du procès". Il a également annoncé qu'il déposerait une plainte auprès de l'association du barreau concernée pour demander que des mesures soient prises à son encontre. Au lieu de se soumettre, Stolz a répondu qu'elle n'était "pas prête à se plier à sa volonté" et, se tournant vers la salle remplie de partisans de Zündel, a accusé Meinerzhagen de vouloir la "bâillonner". La situation devient extrêmement tendue lorsque l'avocate ignore la demande d'excuses du juge. Meinerzhagen a condamné trois partisans de Zündel à une amende pour avoir chanté des versets interdits de l'hymne national allemand et un autre à quatre jours de prison pour l'avoir insulté. L'avocat Ludwig Bock est alors intervenu, déclarant au tribunal qu'il devait étudier la paternité de dizaines de déclarations et de textes, provenant pour la plupart du *site Zündelsite*, soumis par les procureurs. Le président du tribunal a de nouveau ajourné le procès pour trois semaines afin que les avocats puissent analyser les publications du *Zündelsite*.

Le 9 mars 2006, les séances reprennent et l'affrontement qui devait causer la ruine de Sylvia Stolz et mettre fin à sa carrière d'avocate a enfin lieu. Au comble de l'indignation, Stolz déclare que le tribunal "est un instrument de domination étrangère" et qualifie les Juifs d'"ennemis du peuple". Le juge a demandé le retrait du procès de Silvya Stolz et a de nouveau ajourné l'audience. Le 31 mars, une juridiction supérieure de Karlsruhe a dessaisi Sylvia Stolz de l'affaire pour obstruction illégale à la procédure "dans le seul but de saboter le procès et d'en faire une farce". Malgré ce verdict, le 5 avril, Sylvia Stolz a ignoré le jugement de Karlsruhe, qu'elle considérait comme sans valeur juridique, et s'est présentée à la cour de justice de Mannheim. Le juge Meinerzhagen lui ordonne de quitter la salle d'audience, mais elle refuse d'obtempérer. Deux policières ont dû la forcer à sortir, et l'avocate a alors crié : "Résistance ! Le peuple allemand se révolte !". Des partisans de Zündel quittent également la salle d'audience. Pour la énième fois, le président du tribunal suspend le procès, qui ne reprendra qu'en juin 2006.

La sentence de trois ans et demi d'emprisonnement et de cinq ans d'interdiction d'exercer sa profession a été prononcée en janvier 2008. Sylvia Stolz a été condamnée par un tribunal de Mannheim, qui a estimé qu'elle avait incité à la haine raciale lors de la défense d'Ernst Zündel. Le verdict indique que l'accusée a nié l'existence de l'Holocauste et a déclaré que l'extermination des Juifs d'Europe pendant la Seconde Guerre mondiale était "le plus grand mensonge de l'histoire". Sylvia Stolz a purgé sa peine dans trois établissements différents. Lorsque trois cents personnes se sont rassemblées le 26 mars 2011 devant la prison de Brandebourg où Horst Mahler purgeait sa peine, la plupart des banderoles témoignaient de la même solidarité à l'égard de Sylvia Stolz, dont la libération imminente était alors attendue avec impatience.

Lorsqu'elle a quitté la prison d'Aichach, en Bavière, le mercredi 13 avril 2011 à 9 heures, un grand nombre d'avocats internationaux spécialisés dans la liberté d'expression et de sympathisants venus de France, d'Italie et de Grande-Bretagne l'attendaient à l'entrée principale pour célébrer sa libération en lui offrant des fleurs et des cadeaux. Parmi eux se trouvait Michèle Renouf, qui avait une nouvelle fois fait le déplacement depuis l'Angleterre pour manifester sa solidarité avec l'avocate révisionniste. Sylvia Stolz est sortie sous les applaudissements, chargée d'un grand nombre de documents écrits, soigneusement accumulés et organisés au cours de ses années de captivité. Après avoir chargé le matériel dans une camionnette, tous se sont rendus ensemble dans une taverne voisine, où Günter Deckert avait réservé la salle principale pour la célébration.

Le 24 novembre 2012, vingt mois après sa libération, Sylvia Stolz a donné une conférence à Coire, capitale du canton suisse des Grisons, intitulée en allemand : *Sprechverbot-Beweisverbot-Verteidigunsverbot. Die Wirklichkeit der Meinungsfreiheit* (*Interdiction d'expression-interdiction de preuve-interdiction de défense juridique. La réalité de la liberté de pensée*). Il s'agissait de la 8ème conférence de la "Anti-Zensur-Koalition" (AZK).

L'organisateur de la conférence, Ivo Sasek, a présenté Sylvia Stolz comme une personne particulièrement qualifiée pour parler de ce sujet et a évoqué son expérience du procès d'Ernst Zündel, de son arrestation par la cour de justice et de sa condamnation. La présentation s'est terminée par ces mots : "Bienvenue Sylvia Stolz. Si vous n'avez pas été autorisée à parler là-bas, nous vous laisserons parler ici. Nous sommes convaincus que vous connaissez vos limites. J'en suis persuadé.

Après avoir remercié Ivo Sasek et le public de plus de deux mille personnes pour leur accueil chaleureux, M. Stolz a prononcé un discours bien structuré, calme, sans lecture à aucun moment, assorti de silences éloquents. Sa voix, extrêmement chaude et douce comme celle d'un enfant, a conservé un ton calme et serein tout au long de son discours, rigoureux dans sa terminologie juridique, extrêmement sensé et tout à fait convaincant. La conférence, prononcée en allemand, peut être visionnée sur You Tube avec des sous-titres en anglais. Pour des raisons d'espace, nous ne pouvons évidemment pas la reproduire dans son intégralité, mais nous en donnons quelques grandes lignes. Dans sa présentation, Sylvia Stolz a transmis à l'auditoire une très belle pensée de Johann Gottfried von Herder qui, selon elle, incarne l'essence de tout être humain : "Croire en la vérité, sentir la beauté et aimer ce qui est bon".

Les principes qui devraient régir le fonctionnement de tout tribunal digne de ce nom ont occupé la première partie de la conférence : les droits de l'accusé et les obligations du tribunal d'éviter qu'il soit sans défense et d'établir la vérité à l'adresse au moyen de preuves. En ce qui concerne la nécessité de présenter des preuves, il a établi une comparaison avec les preuves que les tribunaux exigent habituellement dans les affaires de meurtre, c'est-à-dire le lieu, le moment, les armes utilisées par le criminel, les éventuelles empreintes digitales, l'endroit où le corps de la victime a été retrouvé, l'analyse médico-légale pour déterminer la cause de la mort, etc. Toutefois, a insisté M. Stolz, dans aucun des cas de "négationnisme", aucune de ces preuves spécifiques n'a jamais été prouvée ou présentée :

"Il n'y a aucun détail concernant la scène de crime, la méthode d'assassinat, le nombre de victimes, la période des crimes, les auteurs, les corps. Nous n'avons aucune trace physique du meurtre. Les témoignages ne précisent rien, il n'y a pas de documents ou de preuves similaires. L'intention d'exterminer tout ou partie des juifs sous le régime national-socialiste n'est prouvée nulle part. Aucun document ne prouve l'existence de décisions, de plans ou d'ordres préalables. Lors des procès des négationnistes, ces éléments ne sont pas précisés. Nous ne trouvons pas non plus de références à d'autres verdicts dans lesquels ces éléments sont précisés. C'est là le problème. Tant que le tribunal n'enregistre pas les scènes de crime où les prétendus massacres sont censés avoir eu lieu, tant que le tribunal ne réclame pas au moins une preuve spécifique, tant que c'est le cas, ces massacres ne peuvent tout simplement pas être prouvés".

À un autre moment, Sylvia Stolz a lu à l'assistance un extrait embarrassant du verdict du procès d'Auschwitz qui s'est déroulé à Francfort. L'avocate a déclaré ironiquement que l'on pouvait s'attendre à ce que des détails de l'Holocauste y soient précisés. Ce sont les mots du tribunal :

"Le tribunal est dépourvu de presque tous les moyens de preuve d'un procès pour meurtre normal, nécessaires pour se faire une idée exacte des faits au moment du crime. Il n'y avait pas de corps des victimes, pas de rapports d'autopsie, pas de rapports d'experts sur les causes et l'heure du décès, pas de preuves sur les meurtriers, sur les armes du crime, etc. La vérification des témoignages n'a été possible qu'en de rares occasions..... La vérification des témoignages n'a été possible qu'en de rares occasions. Par conséquent, afin de clarifier les crimes des accusés, le tribunal s'est appuyé presque exclusivement sur les dépositions des témoins...".

S'appuyant sur sa propre expérience, Sylvia Stolz a déploré qu'à l'inverse, lorsque des preuves sont présentées au nom d'un négateur de l'Holocauste et qu'il est demandé au tribunal d'établir que telle ou telle chose est vraie parce qu'elle a été corroborée par des rapports d'experts, le tribunal n'admet pas les preuves et les avocats sont accusés de négationnisme. Sylvia Stolz a déploré que l'opinion publique européenne ne sache rien du traitement réservé aux accusés, des menaces et des sanctions que subissent les avocats pour le simple fait de faire leur travail, et de la manière dont l'administration de la justice dans les tribunaux allemands est avortée. Il a cité en exemple son propre cas, lorsqu'un tribunal bavarois a décidé de lui retirer sa licence :

J'ai présenté des preuves concernant la prétendue "évidence" de l'Holocauste. Une fois de plus, ces preuves n'ont pas été admises, la raison invoquée étant que le tribunal, à la lumière des livres et des photos disponibles, n'avait aucun doute quant à l'"évidence" de l'Holocauste.

Mon avocat et moi-même avons demandé au tribunal d'indiquer quels livres et quelles photos leur donnaient une telle certitude quant à l'"évidence" de l'Holocauste. Ces demandes ont été rejetées parce que "l'Holocauste et les crimes violents des nationaux-socialistes contre les Juifs étaient évidents". Par conséquent, nous n'avons reçu aucune réponse quant aux documents qui ont servi de base à la conclusion du tribunal. Tout ce que nous avons obtenu, ce sont des références générales aux "journaux, à la radio et à la télévision, aux encyclopédies, aux dictionnaires et aux livres d'histoire".

Après avoir rappelé les moments les plus décevants de son expérience avec le juge Meinerzhagen lors du procès contre Ernst Zündel, Sylvia Stolz a terminé la conférence en revenant sur la phrase de Herder par laquelle elle avait commencé son discours. Ce sont ses derniers mots :

"Je reviendrai maintenant à la phrase par laquelle j'ai commencé cette conférence. Croire en la vérité, sentir la beauté et aimer le bien" implique la capacité d'identifier et de qualifier les mensonges, la capacité d'identifier l'inhumain, la capacité de identifier et qualifier l'injustice. Cela implique également des traits de caractère, ce qui est particulièrement important à notre âge. La connaissance de notre immortalité, de notre constance et de notre incorruptibilité. Grâce à ce caractère, nous devrions être en mesure de façonner un monde pour les nombreux enfants qui étaient présents aujourd'hui. Un monde dans lequel nous sommes autorisés à dire la vérité sans être punis."

En janvier 2013, un avocat juif de Berne, Daniel Kettiger, a déposé une plainte pénale contre Sylvia Stolz auprès du ministère public des Grisons. M. Kettiger a accusé Mme Stolz d'avoir violé l'article 261 du code pénal suisse, qui concerne une loi raciale suisse. Ivo Sasek, l'organisateur de l'événement AZK, a également été dénoncé par cet avocat, gardien intransigeant de la censure. Le fait qu'au cours de la conférence, Mme Stolz ait déclaré que l'Holocauste n'avait jamais été prouvé devant un tribunal parce que les preuves n'avaient jamais été présentées constituait un motif suffisant pour engager des poursuites pénales à son encontre. Le 25 février 2015, un tribunal de Munich a rejeté les arguments de Sylvia Stolz et de son avocat Wolfram Nahrath sur le droit d'exercer la liberté d'expression en Suisse et a condamné l'avocate à vingt mois de prison pour la conférence donnée à Coire en novembre 2012. Mme Stolz et son avocat ont fait appel et ont fait appel auprès de la Cour fédérale ou constitutionnelle (Bundesverfassungsgericht), qui a rendu un jugement définitif et contraignant le 15 février 2018. Les détails de l'appel devant la Cour constitutionnelle sont expliqués ci-dessous dans la section sur les frères Schaefer que nous avons incorporée dans cette édition. Le 23 mai 2019 au matin, Sylvia Stolz a été arrêtée à son domicile et placée en détention provisoire pour purger une peine définitive de dix-huit mois. À l'heure où nous écrivons ces lignes, elle est toujours en prison et nous espérons que cette femme admirable retrouvera pour la deuxième fois sa liberté injustement confisquée.

Günter Deckert, un symbole persistant de la liberté d'expression

Günter Deckert, leader du NPD (Parti national démocratique d'Allemagne), a perdu son emploi de professeur de lycée en 1988 en raison de son activisme politique. En novembre 1990, il participe à une manifestation pour présenter Fred Leuchter, au cours de laquelle il déclare que l'Holocauste est un mythe perpétré par un groupe d'exploiteurs qui utilise un mensonge historique pour museler l'Allemagne. En 1991, il a également partagé la table de l'historien David Irving lors d'une conférence à Weinheim, en Allemagne. Ces événements lui ont valu une plainte pénale et, en 1992, il a été condamné à un an de prison. Deckert a été contraint de faire appel du verdict et, en mars 1994, le tribunal de district de Mannheim, qui à l'époque n'était pas encore le tribunal que nous avons vu dans la persécution d'Ernst Zündel et de Sylvia Stolz, a ordonné un nouveau procès au motif que le tribunal de première instance n'avait pas prouvé tous les faits nécessaires.

Au cours de l'été 1994, le procès reprend et deux des trois juges du tribunal, Wolfgang Müller et Rainer Orlet, expriment leur sympathie à l'égard de Deckert. Wolfgang Müller le décrit comme "un homme intelligent et de caractère", qui a agi par conviction. Pour sa part, le juge Rainer Orlet a déclaré que Deckert avait "exprimé des intérêts légitimes" en remettant en question les interminables revendications politiques et économiques des Juifs sur l'Allemagne, cinquante ans après la fin de la Seconde Guerre mondiale. Dans un rapport de soixante-six pages, Orlet a rappelé qu'alors que des personnes étaient persécutées en Allemagne pour avoir exprimé des opinions, "des criminels de masse d'autres nations restaient impunis". Le juge a ajouté que Deckert n'était "pas un antisémite" et qu'il avait fait bonne impression au tribunal en tant que "personne responsable et de bonne moralité". Néanmoins, le tribunal a déclaré Deckert coupable et a confirmé sa condamnation à un an de prison, mais il n'a pas été obligé d'aller en prison car il a eu la possibilité de rester en liberté surveillée tant qu'il n'a pas récidivé.

Comme d'habitude, les hurlements de protestation des groupes de pression juifs ont été automatiques. Au centre de la cible se trouvait le juge Rainer Orlet, dont les opinions étaient considérées comme des négationnistes de l'Holocauste. Le ministre de la justice, Thomas Schäuble, a rapidement reconnu que la déclaration du juge était "une gifle au visage des victimes de l'Holocauste". En revanche, l'Association des juges allemands a estimé qu'il s'agissait d'une "gaffe". Un procès parallèle s'ouvre alors, qui aboutira à la mise à la retraite volontaire du juge Orlet, décision qu'il a prise pour éviter d'être démis de ses fonctions. Le 23 janvier 1995, Ulrich Maurer, chef de file parlementaire du SPD (Parti social-démocrate d'Allemagne) pour le Bade-Wurtemberg, demande la révocation du juge Orlet pour avoir rédigé un verdict scandaleux sur Günter Deckert en juin 1994. Cette mesure disciplinaire était le seul moyen d'écarter le juge Orlet de la 6e grande chambre pénale du tribunal de district de Mannheim. Le ministre Schaüble a dû entendre les accusations de la CDU (Union chrétienne-démocrate) de deux poids, deux mesures.

Le 9 mars 1995, le *Berliner Zeitung* a publié un article selon lequel le juge Rainer Olmert lui-même pourrait se retrouver sur le banc des accusés. Le journal commentait que le renvoi de Rainer Orlet devant la Cour constitutionnelle allemande serait le premier cas de renvoi d'un juge dans l'histoire de la République fédérale d'Allemagne. Outre la retraite volontaire du juge, la campagne a conduit à la révision du procès de Günter Deckert en avril. En décembre 1995, Deckert a été envoyé au centre de détention de Bruchsal, dans l'État de Baden-Wurttenberg, avec une peine de prison effective de deux ans pour "incendie politique dangereux".

Alors qu'il purgeait cette peine de deux ans, Günter Deckert a de nouveau été traduit en justice en raison d'une lettre qu'il a adressée depuis sa prison à Michel Friedman, vice-président du Conseil central des Juifs d'Allemagne. Il lui aurait demandé de quitter l'Allemagne. Cette lettre a donné lieu à une nouvelle accusation d'incitation à la haine raciale. Un nouveau procès s'est tenu à Mannheim et, le 12 avril 1997, Deckert a été condamné à deux ans et trois mois de prison supplémentaires. Son avocat, Ludwig Boch, a été condamné à une amende de 9 000 marks pour avoir fondé sa défense sur l'idée que l'Holocauste était une "légende" inventée par les Juifs. David Irving n'a pas tardé à écrire un texte de protestation au *Daily Telegraph*, se déclarant ami de Deckert et dénonçant l'assaut en cours contre la liberté d'expression en Allemagne.

Après avoir passé deux ans derrière les barreaux, au lieu d'être libéré, Deckert a commencé à purger sa nouvelle peine le 31 octobre 1997. Le tollé international a été à peine perceptible par le public, bien que les ambassades allemandes de plusieurs pays aient reçu des lettres demandant la libération du prisonnier politique Günter Deckert. Le 10 décembre 1998, par exemple, Rainer Dobbelstein, haut fonctionnaire allemand à Londres, a justifié dans une lettre de réponse à un Londonien indigné, Milton Ellis, que la mise sur écoute de la correspondance de Günter Deckert était justifiée par la loi en raison de ses opinions extrémistes.

En octobre 2000, le "dangereux néonazi" est libéré de la prison de Bruchsal, où il a passé près de cinq ans. Alors que le pire semblait passé pour le combattant révisionniste, en 2012, à l'âge de 72 ans, il est à nouveau condamné à la prison. Quel est le crime de Günter Deckert cette fois-ci ? En 2007, il avait traduit *Auschwitz* en allemand. *The First Gassings, Rumours and Reality*, un livre de Carlo Mattogno publié en 1992 en italien et en 2002 en anglais. En 2008, sur ordre du procureur Grossmann de Mannheim, la police de la pensée a fait une descente à son domicile. C'était la douzième "visite spéciale", comme elle l'a dit à un ami dans une lettre de mars 2012. Ils ont pris son ordinateur et deux exemplaires du livre de Mattogno. Au cours de l'été 2009, un tribunal de Weinheim, la ville où vivait Deckert, a accepté l'acte d'accusation. Les chefs d'accusation étaient "promotion et incitation du public au moyen de la négation de l'Holocauste et de la diffamation de la mémoire des morts". Le 28 juillet 2010, Deckert a été jugé sans avocat. Un juge unique l'a condamné à une peine de quatre mois, mais lui a accordé une mise à l'épreuve pour une période de trois ans, ainsi qu'une amende de 600 euros. En outre, il a dû payer les frais de justice. Le procureur Grossmann, qui avait demandé six mois, et Deckert lui-même ont fait appel du verdict. Une fois de plus,, l'affaire a été portée devant le célèbre tribunal de district de Mannheim. Le nouveau procès a débuté le 14 novembre 2011 et s'est achevé le 2 février 2012 par un verdict condamnant Deckert à six mois de prison. Dans la lettre susmentionnée, Deckert explique ce qui suit à son amie

"Le procès a duré si longtemps parce que j'ai changé de tactique pour faire comprendre au tribunal pourquoi j'étais en faveur du révisionnisme. J'ai présenté tous les arguments et toutes les preuves qui pouvaient être présentés au tribunal sans être à nouveau inculpé. Au début, il a semblé que le juge Roos hésitait à condamner une personne pour avoir publié et diffusé un livre. Mais il a finalement suivi la suggestion du procureur Grossmann, qui a déclaré que la possibilité d'accéder au livre via l'internet répondait aux exigences du paragraphe 130".

Le 2 février 2012, le verdict a été rendu et le 6 février, la peine de six mois de prison a été annoncée. En recevant cette sentence, Deckert a courageusement déclaré : "Une peine de prison ne me forcera pas à croire." Il a annoncé qu'il ferait appel auprès du tribunal de Karslruhe, mais l'appel a été rejeté. Enfin, le 23 novembre 2012, le parquet de Mannheim l'a informé qu'il serait placé en détention provisoire le 17 décembre à 15 heures. Deckert a protesté avec véhémence, car il voulait passer Noël avec sa famille. Pour une fois, il y a eu de la compréhension et son admission a été reportée au 2 janvier 2013. Cela a confirmé un fait honteux : sans que personne ou presque ne proteste et sans que les médias ne le dénoncent, une personne honnête et décente peut être condamnée en Allemagne pour avoir traduit un livre d'histoire. Voici les paroles de Günter Deckert :

"Amis, camarades et combattants pour la vérité sur l'histoire de la Seconde Guerre mondiale, l'heure est venue ! Bien que mon recours constitutionnel n'ait pas encore été tranché, je dois bientôt entrer en prison pour y purger ma peine de cinq mois. Je dois me présenter à la prison le 2 janvier 2013. Ma libération interviendra le 2 juin.... Ce qui ne me tue pas me rend plus fort ! C'est dans cet esprit que j'adresse mes meilleures salutations et ma loyauté de camarade à nos proches et à notre peuple. Je souhaite à tous une très bonne année 2013 pleine de succès et la meilleure santé possible."

Lorsque Sylvia Stolz a été libérée de la prison d'Aichach le 13 avril 2011, Günter Deckert avait organisé pour elle un repas de fête dans une taverne bavaroise. En février 2013, Stolz, qui devait certainement savoir qu'un avocat juif l'avait dénoncée pour sa conférence en Suisse, a voulu se montrer solidaire de son amie et a publié un long article dont la traduction anglaise pourrait être *El terror de opinar (La terreur de donner une opinion).* Il y décompose le texte de la sentence et démontre techniquement toutes les incohérences de la procédure judiciaire suivie contre Deckert, dont l'absence de défense est mise en évidence par les abus de procédure qui sont monnaie courante dans tous les procès pour négationnisme.

Udo Walendy, emprisonné pour avoir publié des textes révisionnistes

Né à Berlin en 1927, Udo Walendy, qui va bientôt fêter ses 90 ans, a eu le temps de servir dans l'armée de son pays avant la fin de la guerre. Après la guerre, il a étudié le journalisme et les sciences politiques à Berlin, où il a participé à la publication d'ouvrages révisionnistes. En 1956, il obtient un diplôme en sciences politiques et travaille pendant un certain temps comme conférencier à la Croix-Rouge allemande. Dès 1964, il publie son propre livre *Wahrheit für Deutschland - Die Schuldfrage des Zweitens Weltkriegs* (*La vérité pour l'Allemagne - La question de la culpabilité pour la Seconde Guerre mondiale*). En 1965, il crée sa propre maison d'édition, "Verlag für Volkstum und Zeitgeschichsforshung" (Maison d'édition pour l'histoire contemporaine et la recherche folklorique). En 1974, dix ans après la publication de *Wahrheit für Deutschland*, Udo Walendy fonde la revue *Historische Tatsachen* (*Faits historiques*), une revue sérieuse qui se consacre à l'étude rigoureuse des faits relatifs au national-socialisme et au Troisième Reich que l'historiographie officielle préfère ignorer. Dans le numéro 31 de la revue, par exemple, il étudie les premiers rapports soviétiques sur Auschwitz publiés les 1er et 2 février dans la *Pravda*, dans lesquels rien n'est dit sur les fosses d'incinération, les chambres à gaz, les piles de chaussures et de lunettes, les piles de dentiers ou les piles de cheveux.

Les problèmes juridiques d'Udo Walendy ont commencé en 1979, lorsque le gouvernement a inscrit son livre sur la liste noire des ouvrages dangereux ou nuisibles pour la jeunesse. Walendy s'est engagé dans une longue bataille juridique qui a duré quinze ans. Finalement, en 1994, la Cour constitutionnelle fédérale a jugé que les droits de l'auteur étaient violés, car le livre était défendable d'un point de vue académique. Preuve de la valeur de cet ouvrage, *The Barnes Review* l'a republié en 2013 et un an plus tard, le 1er septembre 2014, Castle Hill Publishers, l'éditeur de Germar Rudolf au Royaume-Uni, a publié une réimpression mise à jour et corrigée du livre, à nouveau traduit de l'allemand. En 1979, Walendy a également donné la première conférence de l'Institute for Historical Review (IHR), fondé en 1978. À partir de 1980, il est membre du comité consultatif de rédaction du *Journal of Historical Review*, la prestigieuse publication de l'Institut. Aux États-Unis, il fait personnellement la connaissance d'Arthur R. Butz, dont il traduit en allemand l'ouvrage phare, puis l'édite. Le livre est rapidement interdit par les autorités allemandes. En 1988, Udo Walendy a témoigné à Toronto lors du second procès d'Ernst Zündel. Ses activités révisionnistes incluent également son étroite association avec le magazine en ligne belge *VHO* (*Vrij Historisch Onderzoek*), où l'on peut trouver un grand nombre des livres qu'il a publiés en allemand.

La persécution de ce publiciste chevronné et historien révisionniste a fait un bond qualitatif lorsque, le 7 février 1996, une escouade de vingt policiers a fait une descente à son domicile et dans son entreprise. Sans respecter la "loi sur la protection des données", ils ont saisi des documents, des disques et des copies téléchargées de fichiers informatiques et ont emmené Udo Walendy pour qu'il prenne ses empreintes digitales. Peu après, deux tribunaux allemands ont estimé que des articles parus dans *Historische Tatsachen*, le magazine qu'il éditait et publiait, incitaient à la haine. Le 17 mai 1996, le tribunal de district de Bielefeld a condamné Walendy à quinze mois d'emprisonnement effectif, en dépit du fait qu'il n'avait pas d'antécédents judiciaires. Le tribunal a rejeté toute considération de la valeur académique des travaux en question. Six mois plus tard, en novembre 1996, un tribunal de Dortmund l'a condamné à une amende de 20 000 marks pour avoir possédé douze exemplaires de *Mein Kampf*. Sans aucune preuve, le tribunal a estimé que Walendy s'apprêtait à distribuer ces exemplaires du livre d'Hitler, interdit en Allemagne : "La distribution prévue des livres", a déclaré le tribunal, "manifeste une mentalité extrême et donc particulièrement dangereuse. Les livres sont de la propagande pour le démantèlement du système légal et constitutionnel de la République fédérale d'Allemagne et l'établissement d'un système d'injustice national-socialiste.... Ceci doit être jugé avec la plus grande sévérité".

Un an plus tard, en mai 1997, un autre tribunal de Herford a achevé le travail et condamné Walendy à quatorze mois d'emprisonnement supplémentaires. Le juge Helmut Knöner a estimé que Walendy n'avait pas sciemment publié des mensonges, mais qu'il n'avait pas proposé d'autres interprétations. Le tribunal a cité un passage d'un numéro d'*Historische Tatsachen* dans lequel Walendy approuvait les recherches de Fred Leuchter sur les "chambres à gaz" d'Auschwitz. Le jugement indique que la citation du texte de Leuchter "manque de sens critique et reprend les prétendues conclusions de l'"expert". Le défendeur les a approuvées". Le tribunal reproche également à Walendy d'avoir reproduit dans le numéro 66 du magazine un article publié le 13 juin 1946 dans le journal suisse *Basler Nachrichten*, dont le titre était "Quelle est l'ampleur du nombre de victimes juives", discréditant le chiffre imposé de six millions. Le tribunal Herfod n'a pas voulu tenir compte du fait qu'il ne s'agissait pas du point de vue du rédacteur, mais de celui des auteurs des textes. Comme on le sait, de nombreux journaux avertissent dans leur section "opinion" que le rédacteur n'est pas responsable des opinions exprimées dans les articles publiés. Walendy a expliqué au tribunal que pour s'assurer que les articles qu'il publiait dans *Historische Tatsachen* ne violaient pas la loi, il soumettait systématiquement les textes au contrôle de quatre avocats. Le tribunal a rejeté les avis des quatre avocats comme étant non pertinents.

En 1999, déjà au milieu d'une campagne de harcèlement judiciaire, la propriété de sa maison d'édition a été transférée à son épouse. Comme si l'emprisonnement ne suffisait pas, une nouvelle tentative de censure de *Wahrheit für Deutschland*, le livre de Walendy qui avait reçu un jugement favorable de la Cour constitutionnelle fédérale en 1994, a eu lieu en 2001. Comme il y avait peu de chances que l'arrêt de la Cour constitutionnelle soit annulé, les autorités gouvernementales ont finalement renoncé à ce projet.

Ursula Haverbeck. La condamnation indécente d'une vieille dame vénérable

Ursula Haverbeck a été condamnée à dix mois de prison en 2015 pour avoir nié l'Holocauste, sans aucune considération pour ses 88 ans. Cette condamnation aberrante et honteuse expose la servitude et la misère de la République fédérale d'Allemagne à qui veut bien la regarder. Toute personne honnête se doit de condamner cet abus de la part d'un État qui a depuis longtemps perdu le sens de la décence. Pourtant, les médias, au lieu de critiquer cette condamnation révoltante, ont servi la nouvelle à leurs lecteurs comme si elle était logique, puisqu'il s'agissait d'une "grand-mère nazie". En réalité, comme l'a dit le juge d'application des peines avec une obscène supériorité morale, "il ne sert à rien de débattre avec quelqu'un qui ne peut pas accepter les faits". Cependant, même si la juge n'a pas pu le percevoir en raison de ses limites et de sa myopie, Ursula Haverbeck est une grande dame et elle est reconnue comme telle par les révisionnistes. Malgré son âge vénérable, elle s'exprime avec une intelligence et une lucidité étonnantes. Il n'y a pas la moindre incohérence dans ses textes, discours ou interviews, qui sont parfaitement cohérents.

Ursula Haverbeck est née à Berlin en 1928. À la fin de la guerre mondiale, en 1945, elle est une adolescente de dix-sept ans. Elle a donc vécu la terreur aérienne, les viols barbares perpétrés par les armées communistes, les camps de la mort d'Eisenhower, les pogroms et l'épuration ethnique des Allemands dans toute l'Europe, la famine provoquée par le plan Morgenthau... Son mari, Werner Georg Haverbeck, décédé en 1999, était un professeur, intellectuel et historien,, qui a écrit de nombreux ouvrages de toutes sortes. Il avait participé à la direction du NSDAP et avait combattu comme soldat sur le front de l'Est. Ursula Haverbeck est également une femme de grande érudition qui a étudié la pédagogie, la philosophie, l'histoire et la linguistique, et qui est donc titulaire de plusieurs diplômes universitaires. En 1963, elles fondent toutes deux le "Collegium Humanum", qui fait figure de pionnier parmi les mouvements écologistes. Au cours des dernières décennies du XXe siècle, ils ont été très actifs dans la défense de la langue et de la culture allemandes et dans la lutte pour la préservation de la nature. Entre 1983 et 1989, Ursula Haverbeck a été présidente de la section allemande de l'Union mondiale pour la protection de la vie.

En 2000, Ursula Haverbeck et d'autres chercheurs, qui s'étaient déjà intéressés à ses activités révisionnistes, ont eu accès à des documents originaux du gouvernement national-socialiste sur Auschwitz, qui avaient été confisqués par l'URSS à la fin de la guerre. Ces documents sont aujourd'hui entre les mains de l'Institut d'histoire contemporaine et peuvent être consultés par le grand public moyennant 124 euros. Avec d'autres historiens, elle a fourni certains de ces documents pertinents à divers ministères du gouvernement allemand et à la justice. Bien qu'ils aient demandé une enquête officielle, ils n'ont jamais reçu de réponse. Il ressort de ces documents qu'Auschwitz n'était pas un camp d'extermination mais un camp de

LES CRIMINELS DE LA PENSÉE : LA VÉRITÉ N'EST PAS UNE DÉFENSE

travail pour l'industrie de la défense et qu'il y avait des ordres pour préserver au maximum la santé des prisonniers.

Au cours de ces années, elle a rencontré Horst Mahler et, le 9 novembre 2003, elle a participé à la fondation de la Société pour la réhabilitation des persécutés pour la réfutation de l'Holocauste ("Verein zur Rehabilitierung der wegen Bestreitens des Holocaust Verfolgten"), dont elle était la directrice. Zündel, Faurisson, Rudolf, Töben, Stäglich, Honsik, Graf et d'autres éminents révisionnistes ont rejoint cette société, qui a été interdite par le ministère de l'intérieur en 2008. Les premières sanctions pour ses activités révisionnistes ont été prises à la suite d'articles publiés dans *Stimme des Gewissens* (*La voix de la conscience*), une publication du Collegium Humanum : en 2004, elle a été condamnée à une amende de 5400 euros et, en 2005, à une autre amende de 6000 euros. À chaque fois, la publication a été confisquée par les autorités.

En 2008, le Collegium Humanum a été interdit : Charlotte Knobloch, présidente du Conseil central des Juifs d'Allemagne, avait publiquement demandé l'interdiction du Collegium Humanum et de sa publication *Stimme des Gewissens*. La réponse de Haverbeck a pris la forme d'une lettre ouverte, dans laquelle il demande avec indignation à Knobloch de "ne pas se mêler" de ce qui ne relève pas de sa compétence. Faisant allusion aux origines khazars des Juifs ashkénazes, il invite Knobloch à retourner en Asie s'il n'aime pas la vie en Allemagne. Ces propos et d'autres semblables ont conduit au dépôt d'une plainte pénale. En juin 2009, le tribunal de Bad Öynhausen a condamné Haverbeck à une nouvelle amende de 2 700 euros pour avoir insulté Charlotte Knobloch.

Ursula Haverbeck a pris une initiative qui peut expliquer la dureté avec laquelle elle a été traitée par la suite. Le 20 novembre 2014, elle a déposé une plainte pénale, un événement sans précédent dans l'Allemagne d'après-guerre, contre le Conseil central des Juifs d'Allemagne, qu'elle accusait de persécuter des innocents. La plainte était fondée sur le paragraphe 344 du code pénal et concernait des poursuites contre des Allemands innocents pour révision de l'Holocauste. Le délit de fausse accusation est passible d'une peine pouvant aller jusqu'à dix ans d'emprisonnement ; cependant, dès décembre 2014, la plainte a été rejetée et l'enquête abandonnée. En revanche, le ministère public a examiné la possibilité de poursuivre Haverbeck pour fausses accusations.

Le 23 avril 2015 s'est produit l'événement étonnant qui a valu à Ursula Haverbeck d'être condamnée à dix mois de prison. De manière incompréhensible, ARD, le radiodiffuseur public allemand fondé en 1950, a diffusé lors de sa tranche magazine *Panorama* une interview historique enregistrée en mars avec la grande dame du révisionnisme. Cette diffusion a été l'un des événements les plus déconcertants en Allemagne depuis la Seconde Guerre mondiale. Il faut savoir qu'après la BBC, l'ARD, un consortium de radiodiffuseurs publics employant 23 000 personnes, est la deuxième plus grande chaîne de télévision au monde. Des millions de téléspectateurs ont été choqués par les déclarations sans précédent d'Ursula Haverbeck. Jamais auparavant un radiodiffuseur public allemand n'avait permis à quiconque de faire ne serait-ce qu'allusion à la vérité sur la Seconde Guerre mondiale. Il est clair que l'ARD a couru le risque d'un procès de plusieurs millions de dollars pour avoir diffusé un programme dans lequel elle a commis le crime de dénoncer l'Holocauste comme un mensonge parrainé par le régime de Bonn aux mains de l'occupation financière juive transnationale criminelle. Nous ne savons pas quelles conséquences la diffusion de l'interview a eues pour les journalistes de *Panorama* et la direction de l'ARD. Quoi qu'il en soit, cela nous concerne moins, car c'est le contenu des déclarations qui nous intéresse. Angela Merkel avait déclaré en janvier 2013 que l'Allemagne "porte une responsabilité éternelle pour les crimes du national-socialisme, pour les victimes de la Seconde Guerre mondiale et surtout pour l'Holocauste". Sur la base de ces propos, aucune personne modérément éduquée ne peut nier que les Allemands sont soumis depuis la fin de la guerre à la poigne de fer du sionisme. C'est exactement ce que la grande dame a dénoncé.

L'interview, dont voici un extrait, est disponible sur You Tube avec des sous-titres en anglais. Elle commence ainsi : "Vous avez affirmé que l'Holocauste est le mensonge le plus grand et le plus persistant de l'histoire". Après avoir cité les travaux du professeur Faurisson, Haverbeck se réaffirme et souligne qu'il s'agit d'un mensonge universel qui opère dans le monde entier. Il mentionne ensuite les preuves de l'inexistence des chambres à gaz, que le Zyklon-B était un désinfectant et insiste sur le fait que l'Holocauste est le plus grand mensonge qui ait jamais été imposé. L'interviewer lui rappelle qu'il s'agit d'une gifle, car tout le monde a appris que l'Holocauste a eu lieu et qu'il a entraîné la mort de six millions de personnes. "Pouvez-vous expliquer à nouveau brièvement pourquoi l'Holocauste est pour vous le plus grand mensonge de l'histoire ? Haverbeck répète que c'est le plus persistant et celui qui a eu et a encore le plus d'impact. Il explique qu'au lieu de réponses, on obtient des condamnations et ajoute : "Quand on a besoin d'une loi qui impose l'Holocauste et menace de sanctions si quelqu'un enquête librement, c'est qu'il y a un problème, n'est-ce pas ? La vérité n'a pas besoin de loi.

L'interview évoque ensuite les terribles souffrances de la génération d'Allemands à laquelle appartient Ursula Haverbeck. Elle rappelle que quinze millions d'Allemands, dont elle-même, ont été chassés de chez eux. Elle dénonce les meurtres, les viols et autres actes criminels dont personne en Europe ne se souvient. Dans ce contexte thématique, la grande dame dément catégoriquement le chiffre de 25 000 morts à Dresde avancé par les autorités et donne le chiffre vérifié de 235 000 victimes. Elle conclut en affirmant que seule la vérité peut réconcilier tout le monde. Le paragraphe 130 du code pénal adopté en 1994, qui est inconciliable avec l'article 5 de la Constitution sur la liberté d'expression et la liberté d'enquête, est le sujet suivant. Haverbeck passe en revue les absurdités connues et mentionne l'étude chimique de Germar Rudolf, sa condamnation et celle de Mahler : "Cela doit profondément choquer toute personne décente", conclut-elle avec une excitation croissante.

Malgré l'émotion évidente de l'octogénaire, l'interviewer insiste : "Vous affirmez donc publiquement que l'Holocauste n'a jamais existé ?" "Oui, bien sûr, c'est exact", répond Haverbeck, qui rappelle aussitôt que les ordres dans les camps de concentration étaient stricts, que les commandants ne pouvaient pas dépasser leurs limites, et que deux d'entre eux ont même été exécutés. "Je comprends donc, interrompt le journaliste, que les camps de concentration ont existé, mais qu'il n'y a pas eu de programme d'extermination massive tel que nous l'entendons aujourd'hui. Haverbeck explique alors l'importance de l'activité industrielle à Auschwitz et fournit des preuves, notamment les rapports Leuchter et Rudolf, qui lui permettent de conclure qu'il n'y a jamais eu de chambres à gaz car "Auschwitz n'était pas un camp d'extermination, mais un camp de travail". La vieille dame brandit des textes et des documents prouvant qu'elle ne ment pas, ce qui suscite une autre question : "S'il y a tant de documents, pourquoi n'en parlez-vous pas ?" Réponse : "Vous pourriez répondre vous-même. Parce que ce n'est pas souhaitable. "Pour qui ? pour ceux qui ont mis en place le mensonge". S'ensuit une conversation sur la publication et la dissimulation de documents et sur de textes interdits ou censurés, qui culmine avec la lamentation selon laquelle l'inversion de l'enseignement reçu par les Allemands dans les écoles pendant un demi-siècle est un problème grave. Haverbeck explique qu'il n'y a pas eu d'extermination des Juifs, mais des persécutions, des déportations et des réinstallations. C'est ce que voulaient les sionistes eux-mêmes", ajoute-t-il, "et c'est pourquoi ils ont même collaboré. Les sionistes voulaient un État.... Ils avaient le même objectif : ils voulaient leur propre État, et surtout ils voulaient les Juifs allemands parce qu'ils étaient les plus intelligents. La falsification du journal d'Anne Frank, la fausseté selon laquelle l'Allemagne aurait été à l'origine des deux guerres mondiales, les canulars d'Eli Wiesel sur les camps de concentration, la prise de conscience que les cadavres entassés à Bergen-Belsen étaient morts du typhus, de faim et de maladie, sont d'autres sujets abordés au cours de cette conversation de 49 minutes. À ce stade, Haverbeck se souvient : "À la fin de la guerre, nous étions tous affamés. Ma mère ne pesait que 40 kilos. Nous étions tous squelettiques..." L'interviewer insiste : "Pensez-vous pouvoir convaincre la majorité des Allemands que l'Holocauste, tel que nous le connaissons, n'a pas eu lieu, qu'il n'a jamais eu lieu ?" Haverbeck répond que quelqu'un doit le faire "parce que sinon, ils souffriront inutilement pour l'éternité". Et c'est ce qu'ils font. Et on leur dit qu'ils doivent le faire. Ce complexe de culpabilité est profondément enraciné. Et puis, il y a les demandes : donnez-nous plus de sous-marins, donnez-nous plus de ceci, faites cela, et ainsi de suite. Tout cela est lié à notre passé..."

L'entretien se déroule dans l'immense bibliothèque d'Ursula Haverbeck. Le sujet de la haine est abordé. La grande dame cite alors le *Talmud* comme exemple de l'expression ultime de la haine des Juifs envers les Gentils : "Il suffit de lire le *Talmud*. J'ai là, dit-elle en tournant la tête, les douze volumes dans la traduction la plus récente et la plus autorisée, une édition de 2002...". Le dialogue se termine par un avertissement : "Les choses que vous dites que vous croyez, en particulier que l'Holocauste n'a pas eu lieu, comme vous le prétendez, pourraient vous coûter la prison". Réponse : "Eh bien, si les gens pensent que c'est la meilleure chose à faire, c'est un risque que je dois prendre.... C'est le prix à payer. Je pense toujours à Schiller, le champ de Waldstein : "Debout, mes camarades, aux chevaux, aux chevaux !.... Et si vous ne risquez pas votre vie, vous ne recevrez jamais la vie comme prix".

En conséquence de l'expression des idées qui viennent d'être résumées, la grande dame du révisionnisme a été arrêtée en juin 2015. Le parquet a ordonné à la police criminelle de l'État de Basse-Saxe de pénétrer dans le domicile d'Ursula Haverbeck et de trois autres collègues historiens à la recherche de preuves de ses crimes de pensée. L'opération s'est déroulée de nuit. Un groupe armé de policiers politiques a défoncé la porte et est entré en trombe. On peut dire que la maison a été rasée, car la plupart des livres et autres objets se sont retrouvés sur le sol lors de la recherche de documents ou d'autres preuves pouvant servir à incriminer Ursula pour incitation à la haine et négationnisme. La même scène s'est déroulée au domicile des trois autres révisionnistes, dont les livres et les documents ont été saisis par la police. Ce qui laisse perplexe dans toute cette affaire, c'est que la direction des programmes de l'ARD a autorisé la diffusion de l'interview, d'autant plus que le journaliste avertit l'historienne révisionniste qu'elle pourrait se retrouver en prison pour ses propos. L'arrestation d'Ursula Haverbeck était prévisible dès le départ.

Le 11 novembre 2015, le tribunal de district de Hambourg l'a condamnée à dix mois de prison pour avoir demandé si des Juifs avaient été gazés à Auschwitz. La prévenue s'est présentée au procès sans avocat et s'est défendue avec bonne humeur. Une cinquantaine de personnes qui l'accompagnaient ont tenté de s'asseoir dans la salle d'audience, mais un groupe d'"activistes" avait auparavant occupé les sièges afin d'empêcher les amis d'Ursula d'entrer, nombre d'entre eux ayant dû rester à l'extérieur faute de place. Il lui est reproché d'avoir donné une interview au magazine télévisé *Panorama* dans laquelle elle affirmait qu'Auschwitz n'avait pas été un camp d'extermination, mais un camp de travail, et qu'il n'y avait pas eu d'assassinats massifs de Juifs. Haverbeck a déclaré au juge : "Je maintiens tout ce que j'ai dit". Se tournant vers le procureur, il a demandé : "Comment, en tant qu'avocat, pouvez-vous prouver l'accusation de selon laquelle Auschwitz était un camp d'extermination ?" Sa demande de faire témoigner un historien révisionniste pour prouver que personne n'a été gazé à Auschwitz a été rejetée par le juge Jönsson, qui a déclaré qu'il était inutile de discuter avec quelqu'un qui n'accepte pas les faits.

Ce magistrat, au comble de l'arrogance, ignore allègrement que la non-acceptation des faits va dans l'autre sens, ce sont les tribunaux allemands qui refusent systématiquement de les examiner et rejettent les preuves et les indices du crime jugé. Le juge Jönsson a assimilé la certitude de l'Holocauste à la preuve que la terre est ronde : "Je n'ai pas non plus à donner la preuve que le monde est rond". Enfin, après avoir hypocritement exprimé sa tristesse que la vieille femme ait utilisé toute son énergie à "fomenter la haine", le juge a statué que "c'était une cause perdue". Le ministère public a soutenu que l'accusée n'avait pas changé sa "pensée fanatique délirante", de sorte que, malgré son âge avancé, elle devait être condamnée à dix mois d'emprisonnement effectif. Le juge lui a donné raison.

Ainsi, en 2016, nous avons abandonné notre récit de la persécution de la grande dame alors qu'elle avait été condamnée en novembre 2015 par le magistrat Björn Jönsson du tribunal de district de Hambourg à dix mois d'emprisonnement effectif. Nous ajouterons maintenant que cette condamnation a été suivie de deux autres : l'une en 2016 pour avoir écrit des lettres à un maire et à un journal niant l'Holocauste et l'autre en août 2017 pour incitation à la haine. Elle devait être condamnée à une peine de prison le 23 avril 2018. Ursula ne s'est pas présentée. À la demande du Comité international d'Auschwitz, qui a pressé la police de la "rechercher intensivement", elle a été arrêtée à son domicile de Vlotho le lundi 7 mai. Bien qu'âgée de 89 ans et sous traitement médical, elle a été incarcérée à la prison de Bielefeld-Senne pour y purger une peine de deux ans. La cruauté et l'immoralité de la République fédérale, un État "démocratique" qui emprisonne des nonagénaires pour leurs idées, sont sans précédent. En mars 2019, notre héroïne, aujourd'hui âgée de 90 ans, se préparait à diriger l'affiche électorale de Die Rechte pour le Parlement européen. Le 8 novembre de la même année, Ursula Haverbeck était en prison pour 91 ans dans l'espoir que la justice allemande prenne en compte sa demande de remise des mois restants de sa peine, une concession habituelle pour la plupart des prisonniers en Allemagne. Le 12 décembre 2019, l'Associated Press a rapporté qu'un tribunal allemand avait décidé que la femme âgée ne devait pas être libérée. À moins que les circonstances ne l'empêchent, Ursula Haverbeck restera en prison jusqu'au 7 mai 2020.

Monika et Alfred Schaefer : "Désolé maman, j'avais tort à propos de l'Holocauste"

Il faut revenir sur le procès de Sylvia Stolz pour raconter la persécution et l'emprisonnement des frères Schaefer, autre affaire honteuse et regrettable. Lorsque nous avons quitté le cas de l'irréductible avocate, nous avons écrit que le tribunal régional de Munich (Landgericht) l'avait condamnée le 25 février 2015 à vingt mois d'emprisonnement pour la conférence qu'elle avait donnée à Coire (Suisse) en novembre 2012. La sentence contenait les termes "incitation du peuple" (Volksverhetzung) et "abus". Cette dernière mention faisait référence au fait que, malgré son exclusion du barreau, Sylvia Stolz avait signé les documents du procès sous le nom de "Rechtsanwältin" (avocate). Le 3 mai 2016, le Bundesgerichtshof (Cour fédérale) a annulé le jugement du tribunal de Munich en ce qui concerne la notion d'"abus". Il a toutefois confirmé l'intégralité de la condamnation prononcée par le Landgericht de Munich. Par conséquent, le tribunal régional de Munich devait, conformément à la décision de la Haute Cour (BGH), examiner l'ensemble de la condamnation, mais pas la peine. Le 15 février 2018, le tribunal régional de Munich a annoncé le résultat de sa procédure d'examen, qui s'est traduit par une réduction de la peine de deux mois à un an et demi.

En janvier 2018, les audiences pour compléter le procès de Sylvia Stolz ont commencé au Landgericht de Munich. Parmi le public se trouvaient les frères et sœurs Alfred et Monika Schaefer, qui s'étaient rendus en Allemagne pour rendre visite à des membres de leur famille. Le 3 janvier, à peine une heure après le début de la séance, le procureur a demandé, à la surprise générale, une suspension de séance, qui a été mise à profit pour arrêter Monika Schaefer. Le même procureur est entré accompagné de trois policiers prétendument armés, qui l'ont menottée et traînée hors de la salle d'audience contre sa volonté. B'nai Brith Canada avait alerté les autorités allemandes qui la surveillaient depuis son entrée dans le pays. Évidemment, Monika a protesté. Elle a dit qu'elle était une personne libre, une citoyenne canadienne qui n'avait rien fait de mal. Le procureur lui a alors dit, je cite : "Si vous vouliez rester libre, vous auriez dû rester au Canada". Sans autre explication, elle a été incarcérée dans une prison de haute sécurité à Munich, où elle est restée pendant six mois sans procès, en isolement, sans pouvoir recevoir de correspondance ni de visites de sa famille et de ses amis. À notre avis, une telle action scandaleuse confirme une fois de plus la perversion intrinsèque du système judiciaire allemand et sa soumission flagrante au sionisme et au lobby de l'Holocauste (système judaïque).

Si l'on considère maintenant le motif de l'arrestation brutale de Monika Schaefer à Munich, le choc et la perplexité augmentent. Un an et demi avant son arrestation, en juin 2016, Monika, une femme cultivée qui parle des langues et joue du violon avec virtuosité, a mis en ligne une vidéo enregistrée par son frère, devenue célèbre dans les milieux révisionnistes. Son titre : "Désolé, maman, j'avais tort à propos de l'Holocauste". Il y présente ses excuses à sa mère pour l'avoir mortifiée par la culpabilité, inculquée à tous les Allemands dès l'enfance par l'éducation et la propagande. Après avoir précisé que ses parents ont émigré au Canada (sa mère en 1951 et son père en 1952), où elle est née, Monika explique dans la vidéo qu'enfant, elle avait honte de ses origines et se souvient que lorsqu'elle est allée à l'école un jour en costume tyrolien, on s'est moqué d'elle et on lui a crié "Heil Hitler". Elle a ensuite exprimé son désir de s'excuser auprès de ses parents, aujourd'hui décédés, pour leur avoir reproché son passé et leur avoir reproché leur inaction. Monika se souvient dans la vidéo que sa mère l'a regardée avec tristesse et lui a promis qu'ils n'avaient jamais rien su. Elle explique enfin que c'est en 2014 qu'elle a commencé à comprendre pourquoi sa mère ne savait rien, en découvrant que l'Holocauste est, comme elle le dit, "le plus grand, le plus pernicieux et le plus persistant des mensonges de toute l'histoire". La vidéo se termine en soulignant l'incohérence d'avoir un hôpital dans un camp d'extermination et de nier l'existence des chambres à gaz. Avant de prendre congé, jouant une mélodie entraînante sur son violon, il se tourne vers l'esprit de sa mère et s'excuse à nouveau. C'est tout. Un crime horrible, sans aucun doute.

Jusqu'en 2014, Monika Schaefer a occupé des fonctions considérées comme politiquement de gauche. Plus précisément, elle a été candidate dans le comté de Yellowhead (Alberta) pour le parti vert. Il semble qu'elle se soit présentée sans succès sur les listes des Verts lors des élections de 2006, 2008 et 2011. Bien entendu, dès que les opinions de Monika sur l'Holocauste ont été connues, le Green Party of Alberta (GPA) s'est empressé de les condamner "dans les termes les plus forts" et a entamé une procédure pour l'expulser du parti dès que possible, ce qui a été fait en août 2016. Dans sa lettre en réponse à leur expulsion, Monika Schaefer leur reproche leur silence sur les attentats du 11 septembre 2001 et leur fait savoir qu'elle s'est rendu compte que "les partis verts semblent être contrôlés par le même pouvoir caché qui contrôle les autres partis dominants." Entre autres recommandations, il les a invités à prendre connaissance du *rapport Leuchter*, à se préoccuper un peu du peuple palestinien et à respecter la liberté d'expression.

Après l'arrestation et l'emprisonnement de sa sœur, Alfred Schaefer, armé de courage, n'a pu contenir son indignation et a entamé une campagne internationale de dénonciation. En janvier 2018, il a accordé une longue interview à Jonas E. Alexis pour la publication en ligne *Veterans Today. Journal pour les services clandestins*, dans lequel il s'est montré à l'aise. Il a notamment expliqué que pour comprendre ce qui se passe aujourd'hui, il est nécessaire de remonter dans l'histoire. Voici un extrait de l'un de ses commentaires : "La raison première de la création du mythe de l'Holocauste était de détourner l'attention des génocides que les Juifs ont conçus, fomentés et perpétrés derrière le rideau de fer sous le couvert du communisme et du bolchevisme". Il a ajouté : "Les Juifs savent pourquoi ils doivent contrôler tous les médias. Ils sont la fenêtre à travers laquelle nous élaborons notre perception de la réalité et du monde. Ils sont l'instrument à travers lequel nous interprétons tout. Les gens sont nourris des idées qui servent le plan établi dans leur agenda. C'est aussi vrai aujourd'hui que dans le passé pour fomenter des guerres et des révolutions". Naturellement, avec de telles déclarations publiques, Alfred Schaefer a été exposé et placé dans le collimateur des propagandistes de l'Holocauste, qui n'ont pas tardé à le persécuter. Cela ne le dérange pas du tout et il continue à produire des vidéos et à dénoncer la situation de sa sœur. Les poursuites contre Alfred Schaefer, qui avait la nationalité allemande et qui, au lieu de rentrer au Canada, a choisi de rester en Allemagne, étaient acquises. Fin janvier 2018, des perquisitions ont commencé à son domicile. Le 23 janvier, une dizaine de policiers se sont présentés à son domicile et ont saisi ses ordinateurs et téléphones portables ainsi que ceux de son épouse.

Le 1er février 2018, à peine un mois après l'arrestation de sa sœur, Alfred Schaefer a reçu une convocation pour se présenter à un commissariat de police le 25 du même mois. Il était censé être interrogé sur un discours qu'il avait prononcé le 25 novembre 2017 à

Bretzenheim à l'occasion d'un service commémoratif pour le million de soldats allemands tués dans les dix-neuf camps de la mort d'Eisenhower (dans le troisième volume de l'*Histoire interdite*, chapitre X, nous consacrons dix pages aux événements survenus dans les camps de la mort en 1945). Conscient que l'on veut l'arrêter pour l'emprisonner comme sa sœur Monika, Alfred envoie une lettre à la police. Il y précise que ses propos à Bretzenheim ont été publiés en anglais sur Internet et que s'ils ont besoin d'une version allemande, il la fournira lui-même. Quant au contenu de son discours, il explique qu'il a parlé de son père, Otto Schaefer, prisonnier de guerre dans l'un des camps rhénans. Dans la lettre, il recommande à la police de lire *Other Looses*, le livre de James Bacque, qui, comme nous l'avons déjà dit dans le chapitre X précité de notre ouvrage, est une source indispensable pour connaître le génocide des PWTE (Prisoners of War Temporary Enclosures). Nous reproduisons mot pour mot les paroles qui font allusion à son père et à l'accusation portée contre les Juifs : "Il devait voir chaque jour des jeunes hommes en bonne santé abandonnés dans les camps mourir de la manière la plus terrible. Ils étaient parqués comme du bétail dans un immense camp, sans protection contre les intempéries, sans nourriture, ni même eau. La famine massive de ces Allemands était un plan délibéré. Les Juifs voulaient exterminer autant d'Allemands que possible. Leur intention de faire exactement cela est bien documentée par eux-mêmes dans des publications telles que *L'Allemagne doit périr*, écrite par le Juif Thedodor Kaufmann. Mon père, qui a été décoré de l'Ordre du Canada en 1976, doit sa vie à un gardien de camp qui l'a aidé à s'échapper...".

S'il était clair qu'Alfred Schaefer accumulait les "crimes" et serait jugé à Munich avec sa sœur Monika pour incitation à la haine, il avait auparavant été jugé par le tribunal de district de Dresde, où il a été jugé en avril 2018 pour avoir participé à un rassemblement avec Gerd Ittner le 11 février 2017 à Zwingerteich, une ville où quelque 200 personnes s'étaient réunies pour commémorer le 72e anniversaire du bombardement de Dresde. Selon l'acte d'accusation, Schaefer avait affirmé que Dresde n'était pas une cible militaire pour les Alliés et qu'il n'y avait que des femmes, des enfants et des réfugiés des territoires de l'Est dans la ville. Devant le tribunal, Schaefer a déclaré qu'il était reconnaissant de l'acte d'accusation parce qu'il lui permettait d'exposer la vérité. Il a notamment dénoncé devant les juges la criminalisation du peuple allemand et le pouvoir des banquiers internationaux. Il nie également les crimes attribués au national-socialisme. Le tribunal l'a condamné pour "incitation" à une amende de 5000 euros. En mai, le verdict a été rendu public, arguant que, bien que l'accusé n'ait pas mentionné l'Holocauste, il avait minimisé les crimes des nazis. Gerd Ittner et un troisième orateur de Zwingerteich ont également été inculpés.

Les arrestations d'Alfred Schaefer se poursuivent, mais il est libéré sous sa propre responsabilité et ne quitte pas l'Allemagne, bien qu'il doive se présenter au poste de police deux fois par semaine. Le 6 juillet, alors que le procès contre lui et sa sœur Monika, au cours duquel Alfred avait réussi à projeter une série de vidéos, avait déjà commencé, cinq policiers armés sont arrivés à son domicile à 14 heures. Ils le menottent devant son épouse et Lady Michèle Renouf, qui les accompagne, et le placent en garde à vue. Le procès à Munich a finalement commencé le 2 juillet 2018. Les accusations portaient sur des vidéos que les deux frères avaient produites et publiées sur l'internet, dans lesquelles ils niaient l'existence de l'Holocauste. Monika, citoyenne canadienne de 59 ans, a été inculpée de six chefs d'accusation pour "incitation à la haine", tandis que son frère Alfred, 63 ans, a été inculpé de 14 chefs d'accusation pour "incitation à la haine".

Lady Renouf était à Munich pour accompagner et encourager les frères Schaefer. Dans une chronique du premier jour du procès, elle explique elle-même que son avocat Wolfram Nahrath, qui défendait également Monika Schaefer ce jour-là, lui a conseillé de ne pas entrer dans le bâtiment du tribunal, et encore moins dans la salle d'audience, car elle craignait que la même stratégie utilisée pour arrêter Monika ne soit utilisée contre elle. En février 2018, Lady Renouf avait assisté à la commémoration des bombardements génocidaires de 1945 à Dresde et faisait l'objet d'une enquête en Allemagne pour son discours, en vue d'être accusée d'"incitation du peuple" (Volksverhetzung). Lady Renouf, qui a obtenu les informations suivantes de l'avocat de Sylvia Stolz, rapporte qu'Alfred a réussi à étreindre sa sœur lorsqu'elle est apparue menottée dans la salle d'audience. Elle a agité le bras à la romaine et adopté une attitude de défi. Les juges Hofmann et Federl ont considéré qu'il s'agissait d'une infraction et d'un outrage au tribunal, mais il leur a dit qu'il les considérait, ainsi que la République fédérale d'Allemagne, comme illégitimes. Les juges l'ont alors averti qu'il serait condamné à une amende sévère s'il persistait dans son attitude offensante. Lorsque Alfred Schaefer a commencé son exposé introductif, le juge Hofmann lui a demandé de le résumer, ce qui a amené les avocats de la défense à demander une interruption de deux heures pour rédiger le rejet des juges, estimant que les droits du prévenu étaient clairement violés en tentant d'empêcher son droit à la défense,. Les avocats d'Alfred et Monika Schaefer ont demandé que le juge Hofmann, qui présidait le tribunal, soit écarté du procès en raison de ses préjugés à l'égard d'Alfred Schaefer. Le président du tribunal lui-même a décidé que le procès se poursuivrait sous son autorité jusqu'au 4 juillet, date à laquelle l'affaire serait examinée. Naturellement, la demande est rejetée.

Lors de la séance de l'après-midi, le juge s'est plaint de l'ampleur des thèmes qu'Alfred Schaefer entendait aborder dans son mémoire et a supprimé douze pages. Malgré cela, la lecture a duré quatre heures. Alfred Schaefer s'est appuyé sur des accusations historiques et actuelles pour plaider en faveur d'un non-lieu pour lui et sa sœur. À peine a-t-il terminé que le juge annonce que l'accusé doit rester en garde à vue pendant deux jours en raison de son mépris pour l'autorité du tribunal. L'audience était déjà terminée lorsque Sylvia Stolz, qui se trouvait dans le public, s'est écriée : "C'est de la terreur ! Le juge lui a demandé ce qu'elle entendait par "terreur" lorsqu'elle qualifiait les règles de la Cour. Elle a répondu : "Je suis ruinée par les mots". L'avocat Wolfram Nahrath avait déjà retiré sa robe, car la séance était terminée. Malgré cela, le juge, au lieu de comprendre que la protestation avait été faite après la fin de l'audience publique, a insisté sur le fait que Sylvia Stolz avait interrompu la procédure judiciaire et, au lieu d'imposer l'amende habituelle, a ordonné qu'elle soit placée en cellule pendant deux jours pour outrage au tribunal.

L'essai a duré tout au long de l'été 2018 et s'est achevé à l'automne, à la fin du mois d'octobre. Les lecteurs intéressés à suivre les séances du procès plus en détail sont renvoyés à la Newsletter de l'Institut Adélaïde où ils trouveront une mine d'informations. Nous ne soulignerons que quelques idées significatives des discours de plaidoirie finale que les frères Schaefer ont prononcés devant le tribunal de Munich, de sorte que nous sommes déjà dans les derniers jours, lorsque le verdict a été rendu.

Comme l'a dénoncé l'avocat W. Nahrath dans son dernier discours le 22 octobre, Alfred Schaefer a été traité par le procureur comme un "ennemi de l'humanité". Alfred intervient le 25 octobre. Il réaffirme immédiatement ses convictions. Il estime qu'il serait indigne de renoncer à exprimer ses opinions lorsqu'on est moralement certain d'avoir raison. Il énumère ensuite les charges qui pèsent sur lui, ce qui lui vaut d'être interrompu par le juge pour l'avertir qu'il n'a pas le droit de commettre d'autres affronts dans sa déposition. En tout état de cause, la possibilité de commettre d'autres infractions pour ses propos était en suspens, comme par exemple lorsqu'il a fait référence aux *Protocoles des Sages de Sion*, un sujet tabou qui a incité le juge à s'empresser de prendre des notes emphatiques.

Néanmoins, dans son discours de quatre heures, Alfred Schaefer ne s'est pas privé d'accuser certains juifs d'avoir organisé le 11 septembre 2001, dont les conséquences ont été les attaques contre l'Afghanistan, l'Irak et la soi-disant "guerre contre le terrorisme". Il regrette que le *rapport Leuchter*, présenté lors du procès, ait été tourné en dérision. Il a fait allusion au célèbre discours de Benjamin Friedman, *A jewish Defector Warns America*, qui a également été présenté au tribunal. Il a affirmé que tout cela était basé sur des mensonges qui s'imposaient inexorablement comme des vérités. Il a également pris un moment pour se souvenir d'Ursula Haverbeck et a demandé à la Cour comment une femme de 89 ans pouvait être emprisonnée. "Tout cela se passe, a-t-il dit ironiquement, au nom de l'organisation de défense des droits de l'homme B'nai Brith. Lorsqu'il a tenté de plaider la question de l'immigration, le juge l'a de nouveau averti que ses propos pourraient être accablants. La séance a été ajournée peu après, de sorte qu'Alfred Schaefer a terminé sa présentation le 26 au matin. Il a immédiatement fait part de sa déception et de celle de sa sœur face à la figure de Noam Chomsky, qui avait d'abord été une icône pour eux. Vers la fin de son discours, il s'est dit prêt à piquer comme une abeille et à mourir pour son peuple. Il a dit qu'il était prêt à aller en prison pour ce qu'il avait dit et qu'il n'avait pas peur de défendre la vérité. À ce moment-là, Alfred a regardé vers les sièges de la salle où était assise sa femme et l'émotion était évidente, à tel point que pendant un moment, il a semblé essayer de retenir ses larmes. Il conclut en appelant à des solutions aux problèmes du monde et en exprimant son désir de paix. Son dernier appel a été : "Pensons aux générations futures".

Le 26 octobre à 12h35, c'est au tour de Monika Schaefer, qui souhaite faire son discours de plaidoirie debout. Elle rappelle son arrestation dans le même bâtiment et les mots que lui a adressés le procureur. Elle a ensuite évoqué son passé. Il a rappelé qu'en 2011, alors qu'il était membre du Parti Vert, il avait envoyé un rapport au Parlement canadien avec ses recherches sur le 11 septembre 2001, qui a été ignoré. Il a souligné que les Verts avaient exigé en 2014 qu'il retire une lettre sur l'attaque sioniste contre la bande de Gaza, qui a fait des milliers de morts et de blessés, et qu'ils lui avaient également demandé de s'excuser publiquement. Elle a déclaré au tribunal que cela "était impossible" car elle "ne pouvait être guidée que par la vérité". Après cette déception, elle a expliqué au tribunal qu'elle avait compris pourquoi le parti vert défendait le sionisme. Elle a également réalisé que les personnes auprès desquelles elle devait s'excuser étaient ses parents, et a donc décidé d'enregistrer "Sorry Mom...". Il a alors fait l'expérience, dit-il, de la diffamation et de l'exclusion dont souffrent "les gens qui brisent le tabou". Elle a fait allusion à sa passion pour le violon, son grand compagnon pendant les mois d'incarcération, et s'est souvenue avoir joué et enseigné dans des écoles, lors de mariages et, volontairement, dans des maisons de retraite. Monika a déclaré au tribunal que c'était précisément parce qu'elle était si connue qu'elle devait être socialement détruite. Elle dénonce la campagne de haine dont elle fait l'objet et donne de nombreux exemples : elle a été battue dans la rue, on a crevé les pneus de sa voiture, on lui a jeté du gravier, des jeunes lui ont craché dessus dans la rue, elle a été exclue de l'Alberta Fiddlers' Union... Après ces faits, elle demande à la Cour : "Qui incite à la haine contre qui ?" Monika déplore le fait que le gouvernement canadien ait interdit au consul d'assister au procès pour savoir ce qui arrive à une citoyenne canadienne. Elle a terminé en assurant qu'elle n'avait plus honte de ses origines allemandes, qu'elle était fière de ses parents et de ses ancêtres. Au lieu d'un monde basé sur le mensonge, conclut-elle, nous avons besoin d'une éducation éclairante.

Après une suspension d'audience, à 17h30 l'après-midi du même jour, le juge a prononcé le verdict, dans lequel il est dit que les deux frères ont répandu la haine. Ils sont considérés comme ayant commis le crime de sédition contre les personnes de religion juive et contre les étrangers. Alfred et Monika Schaefer sont reconnus coupables. Alfred a été condamné à trois ans et deux mois de prison pour onze délits d'"incitation à la haine". Monika a été condamnée à dix mois de prison pour quatre délits d'"incitation à la haine". Le magistrat a conclu : "les vidéos ont été réalisées avec une intention criminelle, sachant que les preuves pseudo-scientifiques sont susceptibles de troubler la paix juridique et d'inciter à la haine contre les minorités". Quant aux discours de plaidoirie des accusés, ils ont été jugés sans rapport avec les faits. Chez l'accusé Alfred Schaefer", dit la sentence, "la haine doit avoir déjà dévoré l'âme. Il peut prétendre s'intéresser à l'histoire de l'Allemagne, mais cela ne doit pas dégénérer en une telle haine". Le juge a laissé entendre qu'Alfred Schaefer pourrait faire l'objet d'un nouveau procès, étant donné que certaines des choses qu'il avait dites ou faites (le salut romain) pourraient être punissables en vertu du code pénal.

Alors que Monika Schaefer avait déjà été emprisonnée pendant dix mois, elle a pu retrouver sa liberté et enfin rentrer au Canada, où son quotidien ne sera plus le même. En janvier 2019, par exemple, dans un magasin de photocopies où elle était une cliente régulière, le propriétaire a refusé de la servir, lui a montré la porte et lui a demandé de quitter le magasin. Après une brève discussion au cours de laquelle Monika a demandé des explications, la femme lui a dit qu'elle ne voulait pas servir une personne qu'elle détestait. Quant à son frère Alfred, incarcéré dans une prison munichoise, aux dernières nouvelles avant de conclure ces lignes, il devait faire l'objet d'un nouveau procès le 28 janvier 2019 pour des charges supplémentaires retenues contre lui.

Reinhold Elstner, le révisionniste qui s'est immolé par le feu

En République fédérale d'Allemagne, environ deux mille personnes sont arrêtées chaque année pour délit d'opinion et personne ne s'en préoccupe parce qu'il ne s'agit que de "néonazis". Nous pourrions continuer sur avec d'autres révisionnistes honnêtes qui, pour le seul crime de penser librement, ont fini derrière les barreaux, comme Dirk Zimmermann qui, en 2007, a envoyé des copies de *Lectures on the Holocaust* à trois personnalités locales : le maire de Heilbronn, un pasteur luthérien et un pasteur catholique. Après avoir envoyé les livres, il a intenté un procès contre lui-même et a été condamné en 2009 à neuf mois de prison. Un autre cas est celui de Gerhard Ittner, condamné en 2015 par un tribunal de Munich. Il avait déjà été condamné à deux ans et neuf mois de prison en 2005, ce qui l'avait conduit à fuir au Portugal, où il avait été arrêté en avril 2012 et extradé en septembre. Trois ans plus tard, en novembre 2015, le tribunal de Nürnberg-Fürth l'a de nouveau condamné à dix-huit mois pour les délits d'habitude. Au moment de la condamnation, il avait déjà été placé en détention provisoire pendant un an et a été libéré. En février 2017, il a participé, avec Alfred Schaefer, à l'anniversaire du bombardement génocidaire de Dresde, ce qui lui a valu une nouvelle enquête pour "incitation". Le 12 mai 2018, jour de son 60e anniversaire, trois policiers l'arrêtent à Bretzenheim sans mandat et sans l'identifier. Quelques jours plus tard, il a été placé en détention provisoire à la prison de Nuremberg, où il a passé six mois sans être présenté à un tribunal. Le 10 novembre de la même année, il est libéré. Tout indique que la persécution de Gerd Ittner va se poursuivre. Ces quelques lignes, écrites pour *Thought Criminals*, sont un hommage à son courage.

Donner plus d'exemples allongerait inutilement notre travail. Nous terminerons donc par un cas extrême, généralement méconnu, celui de Reinhold Elstner, auquel nous avons réservé la dernière place comme point culminant de la persécution des révisionnistes en Allemagne. Le 25 avril 1995, ce chimiste retraité, ingénieur et vétéran de la Wehrmacht, âgé de 75 ans, s'est rendu dans les escaliers de la "Feldhermhalle" (salle des héros) de Munich, s'est aspergé d'un liquide inflammable et s'est immolé par le feu. Les personnes qui l'ont vu ont tenté de le secourir pour lui sauver la vie, mais douze heures plus tard, Elstner était mort. Les raisons d'un tel acte malheureux sont expliquées dans un texte écrit avant son suicide, dans lequel il explique son sacrifice. Nous le reproduisons in memoriam.

"Allemands d'Allemagne, d'Autriche, de Suisse et du monde entier, réveillez-vous !

Cinquante ans de diffamation sans fin, de mensonges haineux continus, de diabolisation de tout un peuple, c'est assez.

Cinquante ans d'insultes invraisemblables à l'égard des soldats allemands, de chantage permanent qui coûte des milliards, de haine "démocratique", c'est plus qu'on ne peut en supporter.

50 ans de vengeance judiciaire sioniste, ça suffit.

Cinquante ans d'efforts pour créer un fossé entre les générations d'Allemands en criminalisant les parents et les grands-parents, c'est trop long.

Il est incroyable qu'en cette année anniversaire, nous soyons inondés d'un flot de mensonges et de calomnies. Comme j'ai déjà 75 ans, je ne peux plus faire grand-chose, mais je peux encore me suicider en m'immolant, une dernière action qui peut servir de signal aux Allemands pour qu'ils reviennent à la raison. Si, par mon acte, un seul Allemand se réveille et trouve le chemin de la vérité, alors mon sacrifice n'aura pas été vain.

J'ai estimé que je n'avais pas le choix après avoir réalisé qu'aujourd'hui, après 50 ans, il y a peu d'espoir que la raison l'emporte. Ayant été expulsé de chez lui après la guerre, j'ai toujours eu un espoir, le même que celui qui a été accordé aux Israéliens après 2000 ans, à savoir que les Allemands expulsés auraient le droit de rentrer chez eux. Qu'est-il advenu du droit à l'autodétermination promulgué en 1919, lorsque des millions d'Allemands ont été contraints de vivre sous une domination étrangère ? Aujourd'hui encore, nous devons souffrir de ces erreurs, et je peux affirmer que les Allemands ne peuvent en être tenus pour responsables.

Je suis un Suédois allemand, j'ai une grand-mère tchèque et des parents tchèques et juifs, dont certains ont été emprisonnés dans des camps de concentration tels que Buchenwald, Dora et Theresienstadt. Je n'ai jamais appartenu au parti nazi ni à aucun autre groupe lié de près ou de loin au national-socialisme. Nous avons toujours eu les meilleures relations avec nos parents non allemands et, lorsque c'était nécessaire, nous nous sommes entraidés. Pendant la guerre, notre épicerie avec boulangerie était responsable de la distribution de nourriture aux prisonniers de guerre français et aux travailleurs de l'Est vivant dans la ville. Tout a été fait correctement et cela a permis qu'à la fin de la guerre, notre commerce n'ait pas été pillé car les prisonniers de guerre français l'ont gardé jusqu'à leur rapatriement. Les membres de notre famille qui avaient été détenus dans les camps de concentration sont rentrés chez eux dès le 10 mai 1945 (deux jours après la fin des hostilités) et nous ont offert leur soutien. Notre oncle juif de Prague, qui avait assisté au bain de sang des derniers Allemands dans la capitale tchèque provoqué par les partisans, nous a particulièrement aidés. L'horreur de ces meurtres de sang-froid se lisait encore dans l'expression de ses yeux. Une horreur que lui-même, en tant qu'ancien prisonnier du Reich, n'avait pas connue durant sa détention.

J'ai été soldat dans la Wehrmacht du grand Reich allemand, combattant dès le premier jour sur le front de l'Est. À cela s'ajoutent quelques années de travail forcé en URSS en tant que prisonnier de guerre.

Je me souviens très bien de la Nuit de Cristal en 1938, car ce jour-là, j'ai trouvé une jeune fille juive en pleurs, une jeune fille avec laquelle j'avais étudié. Mais j'ai été bien plus choquée lorsque j'ai vu en Russie comment toutes les églises avaient été profanées, comment elles étaient utilisées comme des écuries et des armureries ; j'ai vu des porcs grogner, des moutons bêler et le cliquetis des fusils dans les lieux saints. Le pire pour moi a été de voir les églises transformées en musées de l'athéisme. Et tout cela s'est produit avec la connivence active des Juifs, cette petite minorité dont tant de membres étaient des criminels de Staline. Les plus éminents d'entre eux appartenaient au clan Kaganovitch, sept frères et sœurs, qui étaient de tels criminels de masse que les prétendus assassins SS peuvent être considérés comme inoffensifs en comparaison.

Après le retour des camps de prisonniers russes dans ma "patrie" (quelle dérision de parler de "patrie" à un prisonnier qui a été expulsé de la terre de ses ancêtres !), j'ai entendu parler pour la première fois des brutalités des camps de concentration, mais au début, je n'ai rien entendu sur les chambres à gaz ou le meurtre d'êtres humains par l'utilisation de gaz toxiques. Au contraire, on m'a dit que dans des camps de concentration comme Theresienstadt et Buchenwald (Dora), il y avait même des bordels pour les détenus dans l'enceinte du camp. Ensuite, à l'occasion des "procès d'Auschwitz", M. Broszat, de l'Institut d'histoire contemporaine, a déclaré que le fameux chiffre de six millions n'était qu'un chiffre symbolique. Bien que M. Broszat ait également déclaré qu'il n'y avait pas de chambres à gaz pour l'assassinat d'êtres humains dans les camps installés sur le sol allemand, pendant des années, les prétendues chambres ont été montrées aux visiteurs à Buchenwald, Dachau, Mauthausen et d'autres. Des mensonges, toujours des mensonges.

Tout est devenu très clair pour moi lorsque j'ai lu des dizaines de livres écrits par des Juifs et des soi-disant antifascistes. En outre, je pouvais m'appuyer sur ma propre expérience en Russie. J'ai vécu pendant deux ans dans la ville hospitalière de Porchov, où dès le premier hiver, le danger d'une épidémie de typhus est apparu et où tous les hôpitaux et centres de soins primaires ont été épouillés avec ce que l'on appelait à l'époque le "gaz K.Z.", plus précisément le "Zyklon-B". plus précisément le "Zyklon-B". C'est là que j'ai appris à quel point il était dangereux de manipuler ce gaz toxique, même si je ne faisais pas partie des équipes chargées de la fumigation des bâtiments. Quoi qu'il en soit, depuis lors, je n'ai eu d'autre choix que d'étudier tous les ouvrages sur les camps de concentration qui racontent des histoires fabuleuses sur les chambres à gaz. Ce doit être la véritable raison pour laquelle tous les rapports des victimes sur les camps de concentration sont considérés comme la vérité par les tribunaux et n'ont pas besoin d'être prouvés.

En 1988, la télévision allemande a diffusé un reportage sur Babi Yar (un ravin près de Kiev) où l'on apprenait que les SS avaient lapidé 36 000 Juifs à mort. Trois ans plus tard, une femme nommée Kayser a écrit un rapport pour le journal munichois *TZ* dans lequel elle affirme que ces Juifs ont été fusillés et leurs corps brûlés dans des ravins profonds. Interrogée à ce sujet, Mme Kayser a indiqué une librairie de Constance qui vend le livre "*La Shoah à Babi Yar*". Le jour où le livre est arrivé chez moi, la télévision allemande a diffusé un reportage de Kiev sur les conclusions d'une commission ukrainienne : à Babi Yar se trouvaient les corps de 180 000 êtres humains, tous assassinés sur ordre de Staline (avant 1941). Les Allemands n'étaient pas du tout responsables. Cependant, on trouve partout dans le monde des monuments commémoratifs de Babi Yar accusant les Allemands des massacres (Clinton a visité Babi Yar le 10 mai 1995 et, devant une Menorah, a fait allusion aux Allemands en tant que massacreurs).

Car, comme l'a dit M. Broszat, nous avons été trompés sur ce qui s'est passé dans des dizaines de camps de concentration. Je ne suis pas prêt à croire les histoires que l'on raconte sur ce qui se serait passé dans les camps en Pologne. Je ne crois pas non plus aux accusations d'après-guerre qui dépeignent les Allemands comme particulièrement agressifs. Après tout, c'est l'Allemagne qui a maintenu la paix de 1871 à 1914, tandis que l'Angleterre et la France, les principales démocraties, conquéraient la majeure partie de l'Afrique et étendaient leurs colonies en Asie. Dans le même temps, les États-Unis ont combattu l'Espagne au Mexique et la Russie a fait la guerre à la Turquie et au Japon. À cet égard, je considère le gouvernement américain comme particulièrement cynique, puisque c'est lui qui, à deux reprises au cours de ce siècle, a traversé l'océan pour attaquer l'Allemagne et nous amener à la "démocratie". Il faut tenir compte du fait qu'il s'agit d'un gouvernement dont la nation a exterminé les premiers habitants et qui, à ce jour, traite sa population de couleur comme des citoyens de seconde zone.

Au cours de ces années, j'ai trouvé des Juifs bienveillants et serviables non seulement parmi mes proches, mais aussi parmi les prisonniers de guerre en Russie. À Gorki, un professeur juif m'a aidé à retrouver la santé alors que je souffrais d'une pleurésie et de graves problèmes oculaires, mais j'ai aussi entendu beaucoup de mal de cette petite minorité. Mais j'ai aussi entendu beaucoup de choses négatives sur cette petite minorité : Churchill n'a-t-il pas écrit ce qui suit dans le *Sunday Herald de Londres* (8 février 1920) ?

Depuis le Spartakus Weishaupt jusqu'à Marx, Trotsky, Bela Kun, Rosa Luxemburg et Emma Goldmann, il existe une conspiration mondiale qui s'emploie à détruire notre civilisation et à changer notre société par des événements d'une effroyable cupidité et par la mise en œuvre du rêve impossible de l'égalité de tous. Cette conspiration, en sapant sans relâche toutes les institutions existantes, a pu employer une bande de gens sans scrupules issus des bas-fonds des grandes villes d'Europe et d'Amérique pour s'emparer du pouvoir en Russie et se rendre maîtres de ce vaste empire. Il ne faut pas surestimer le rôle que ces Juifs athées ont joué dans l'établissement du bolchevisme".

Je crois avoir le droit de citer le lauréat du prestigieux prix Karls. Au XVIIIe siècle, Samuel Johnson écrivait : "Je ne sais pas ce que nous devons craindre le plus, une rue pleine de soldats prêts à piller ou une pièce pleine d'écrivains habitués à mentir".

Compte tenu de notre expérience après 1918 et après 1945, nous, Allemands, savons qui nous devons craindre le plus !

Munich, 25 avril 1995

Reinhold Elstner".

2) Principales victimes de persécutions en France

François Duprat, assassiné par des terroristes juifs

La loi qui interdit le révisionnisme de la Shoah en France est la loi Gayssot, dite aussi loi Fabius-Gayssot, votée le 13 juillet 1990. Deux juifs, le député communiste Jean Claude Gayssot et le richissime socialiste Laurent Fabius, sont les pères de l'invention qui permet depuis lors de poursuivre ceux qui contestent l'existence de certains crimes contre l'humanité, notamment ceux définis dans la Charte de Londres, qui a servi de base à la condamnation des dirigeants nazis lors du tristement célèbre procès de Nuremberg. Comme d'habitude, le lobby juif, sous couvert de défense des droits de l'homme, a réussi à faire en sorte qu'en France, comme en Allemagne, les enquêteurs soient harcelés pour délit d'opinion et privés de liberté d'expression. Avant l'existence de cette loi, les révisionnistes avaient déjà fait l'objet de mesures coercitives. On a dit (L'*Histoire Proscrite*) que Paul Rassinier, l'un des pères du révisionnisme historique, a dû subir, depuis la publication du *Mensonge d'Ulysse* jusqu'à sa mort en 1967, toutes sortes de calomnies et d'exclusions, ainsi que plusieurs poursuites judiciaires.

Un autre précurseur du révisionnisme historique en France est François Duprat, qui publie en juin 1967 dans *Défense de l'Occident* un article intitulé "Le mystère des chambres à gaz". Plus tard, Duprat lit *Did Six Million Really Die*, le livre de Richard Harwood dont la publication causera tant d'ennuis à Ernst Zündel, et s'implique dans sa publication et sa diffusion en France. François Duprat, né à Ajaccio en 1941, est considéré comme l'un des idéologues du nationalisme français et de la création du Front national. L'un de ses mentors est Maurice Bardèche, propagateur du révisionnisme de la Shoah aux côtés de Paul Rassinier. Influencé par Bardèche, Duprat propose la dissolution de l'État sioniste et soutient le Front populaire de libération de la Palestine. Duprat a favorisé la traduction et la publication de textes révisionnistes fondamentaux sur l'Holocauste. Grâce à lui, *Die Auschwitz Lüge* (*Le mensonge d'Auschwitz*) de Thies

Christophersen et *The Hoax of the Twentieth Century (Le canular du vingtième siècle) d'*Arthur Robert Butz ont été diffusés en France.

Le 18 mars 1978 à 8h40, une bombe a tué François Duprat, qui, à l'âge de 37 ans, est devenu la première personne à être assassinée pour son soutien au révisionnisme de l'Holocauste. Sa femme Jeanine, qui l'accompagnait, a été grièvement blessée et, bien qu'elle ait pu sauver sa vie, elle a perdu ses jambes et est restée paralysée. Duprat conduisait sa femme à l'école de Caudebe-en-Caux, où elle enseignait. La voiture s'est arrêtée à une station-service pour acheter des journaux et les criminels en ont profité pour placer une bombe dans le soubassement de la voiture. Lorsqu'ils ont repris la route, la voiture a explosé. L'enquête a montré que l'engin utilisé était sophistiqué et ne pouvait être que l'œuvre d'experts qualifiés. Deux groupes ont revendiqué l'attentat pour refuser le "négationnisme de la Shoah" : le Commando de la mémoire, qui s'est autoproclamé, et le Groupe révolutionnaire juif ; cependant, les organisations sionistes de France ont condamné l'assassinat devant l'opinion publique et une campagne d'intoxication a été diffusée pour attribuer le crime à des groupes d'ultra-gauche et/ou à des groupes nationalistes rivaux. Les funérailles de Duprat en l'église Saint-Nicolas-du Chardonnet à Paris ont été un événement massif.

Personne n'a été arrêté et le crime est resté impuni. Aujourd'hui, il ne fait guère de doute que l'assassinat de Duprat est l'œuvre du Mossad. Grâce à la publication en 1990 de *By Way of Deception*, livre de l'ancien agent Victor Ostrovsky, l'opinion publique internationale a eu accès à des détails révélateurs sur la manière dont les services secrets israéliens forment et arment les soi-disant "groupes de défense juifs" dans différents pays. Ostrovsky explique dans son livre controversé que des jeunes d'autres pays sont amenés en Israël pour y suivre diverses formations liées au renseignement. En Europe, le "Tagar", une branche du mouvement sioniste Betar, est le groupe terroriste le plus important. Tagar/Betar, dont le siège est à Paris, a des liens étroits avec le gouvernement israélien et est donc utilisé dans les opérations secrètes du Mossad. Il est plus que probable que ce Tagar soit lié à l'assassinat de Duprat, car il a été crédité de nombreuses attaques criminelles contre des personnes considérées comme des "ennemis", y compris des révisionnistes de l'Holocauste.

Roger Garaudy, le philosophe mis au pilori pour avoir dénoncé Israël

En commençant à écrire ces lignes sur le philosophe Roger Garaudy, nous sommes en proie à quelques doutes. Sa vie, exemple paradigmatique de l'éclectisme, a été si riche et variée que l'on est tenté d'en expliquer quelque chose à ceux qui ne connaissent pas ce savant, qui a écrit sans cesse pendant sa longue vie de près de cent ans. Nos limites, bien sûr, sont imposées par le contenu que nous avons abordé. Ce qui nous intéresse essentiellement dans son œuvre étendue de plus de cinquante essais, c'est ce qui concerne le révisionnisme historique. Pour cette raison, nous nous concentrerons principalement sur le livre qui a provoqué ce que l'on appelle l'"Affaire Garaudy", *Les Mythes fondateurs de la politique israélienne*[6]. Cet essai, publié en décembre 1995, est probablement né d'une nécessité morale, d'un compromis, puisque Garaudy était marié à la Palestinienne Salma Farouqui et s'était converti à l'islam en 1982. Contraints par l'espace, nous écrirons néanmoins quelques paragraphes sur sa trajectoire de vie. Cela nous permettra de comprendre comment Garaudy en est venu à dénoncer la perversion de l'Etat sioniste.

Au printemps 2013, nous avons visité le Musée des Trois Cultures dans la Tour de la Calahorra à Cordoue, une forteresse musulmane dont l'usage a été cédé par la Mairie à la Fondation Roger Garaudy en 1987. Dix ans plus tard, en septembre 1997, le site Torre de la Calahorra, situé en face de la mosquée, de l'autre côté du pont romain sur le Guadalquivir, a été inscrit au registre des musées de la Communauté autonome. C'est là que nous avons eu l'occasion d'acquérir plusieurs œuvres de Garaudy traduites en espagnol, dont les mémoires qu'il a commencé à écrire à l'âge de 75 ans, *Mi vuelta al siglo en solitario*. Nous utiliserons donc sa propre voix pour esquisser quelques moments de la transformation intellectuelle, éthique et religieuse de ce penseur synthétique et conciliant. Ses métamorphoses l'ont amené à passer du communisme militant à

---

[6] *Les Mythes fondateurs de la politique israélienne*, Omnia Veritas Limited, www.omnia-veritas.com.

l'islam, en passant par le catholicisme, et donc d'un prétendu athéisme marxiste à une profonde foi en Dieu.

Garaudy est né à Marseille en 1913. Sa grand-mère maternelle était espagnole, minorquine exilée à Alger en 1848. Dans l'avant-propos de ses mémoires, il déclare : "La grande quête de ma vie a été précisément d'en trouver le sens. Et aussi à l'histoire". Dans sa vingtaine, il cherche ce sens dans le marxisme et adhère au Parti communiste français en 1933. Après avoir été prisonnier de la France de Vichy en Algérie, il vit la libération de Paris en 1945. Il a écrit quelques mots éclairants sur la situation en France : "Dans un pays où l'immense majorité a accepté l'occupation et le régime de Vichy, on crée aujourd'hui l'illusion d'une résistance unanime et héroïque. En 1945, il y avait en France plus de résistants que d'habitants". Le Parti communiste ayant été prédominant dans la résistance intérieure, son prestige se transforme en pouvoir. Garaudy est élu en 1945 député à la première Assemblée constituante. Il entame alors une carrière de député PCF, suivie de "quatorze années perdues au Parlement", selon ses propres termes. Fin octobre 1956, après la nationalisation du canal de Suez par Nasser, Garaudy assiste en tant que vice-président de l'Assemblée à l'atmosphère d'avant-guerre et aux préparatifs de l'intervention anglo-française en Égypte.

C'est au cours de ces années que commencent ses doutes et qu'il formule la dichotomie significative entre "communistes responsables et communistes responsables", qui lui vaudra d'être exclu du parti en 1970. De plus en plus favorable à l'établissement d'un dialogue entre chrétiens et marxistes, il se réclame de la figure du Père Teilhard de Chardin, paléontologue et philosophe, comme point de rencontre. Dans les années 1960, ses prises de position contre l'athéisme et ses rencontres constantes avec des théologiens et des philosophes chrétiens ont souvent provoqué des réactions négatives de la part de nombreux camarades. Aucun créateur, écrivait-il, ne peut nier Dieu. Il est conscient de sa présence. Même s'il ne le dit pas..." On peut dire que Garaudy a été le grand animateur en Europe et en Amérique des dialogues chrétiens-marxistes. En 1969, en réponse à la question "Qui est le Christ pour vous ?", il écrit de belles paroles sur Jésus et sur les chrétiens :

"... Un feu a été allumé : c'est la preuve de l'étincelle ou de la première flamme qui l'a fait naître. Ce bûcher fut avant tout un soulèvement des indigents, sans lequel, de Néron à Dioclétien, l'"establishment" ne les aurait pas persécutés si durement. Pour ces hommes (les chrétiens), l'amour devient militant, subversif ; sans cela, Lui (le Christ), le premier, n'aurait pas été crucifié. Jusqu'à ce moment, toutes les sagesses méditaient sur le destin et sur la folie confondue avec la raison. Lui, le contraire du destin, en a montré la folie. Lui, la liberté, la création, la vie. C'est lui qui a défatalisé l'histoire".

Un an avant qu'il n'écrive ces mots, ce qu'il considère comme "le tournant des rêves" a déjà eu lieu dans sa vie : après le fiasco de mai 1968, les troupes du Pacte de Varsovie dirigées par l'URSS envahissent la Tchécoslovaquie le 20 août et font avorter ce que l'on appelle le "Printemps de Prague". Garaudy condamne sans réserve l'intervention, mais le parti dénonce son "indiscipline". Le 6 février 1970, il est exclu du PCF.

La nouvelle étape de Roger Garaudy est marquée par ses voyages à travers le monde. Désireux d'approfondir la question de l'existence de Dieu, il a besoin de voir comment Dieu est conçu dans la vie quotidienne et les manifestations artistiques d'autres cultures et civilisations. Pour ce faire, il se rend en Inde, en Chine et au Japon. En 1979, il publie *Appel aux vivants,* l'un de ses livres les plus appréciés, traduit du français en sept langues, dont l'arabe, l'espagnol et le catalan, et. Les droits d'auteur lui rapportent de substantiels bénéfices et lui donnent l'occasion de créer l'association "Appel aux vivants", qui vise à susciter un mouvement de "résistance" non violente contre "l'occupation des institutions et des esprits par l'idéologie de la croissance et l'anesthésie des âmes".

Le 17 juin 1982, un texte de Garaudy paraît dans *Le Monde* qui va marquer un tournant dans sa vie. Comme il le dénonce dans *Mon seul début de siècle*, l'article a servi "à me jeter dans les oubliettes de l'oubli". Jacques Fauvet, directeur du journal avec lequel Garaudy entretient de bonnes relations, accepte de publier une page payante dans laquelle, avec le père Michel Lelong et le pasteur Mathiot, il critique vertement les massacres d'Israël au Liban et en explique le sens : "Nous avons montré qu'il ne s'agissait pas d'un oubli, mais de la logique interne du sionisme politique sur lequel est fondé l'Etat d'Israël". Garaudy explique dans ses mémoires les conséquences du texte et dénonce : "Par lettres anonymes et par téléphone, j'ai reçu jusqu'à neuf menaces de mort". La LICRA (Ligue internationale contre le racisme et l'antisémitisme) porte plainte afin de provoquer un procès pour "antisémitisme et provocation à la discrimination raciale". L'avocat de Jacques Fauvet insiste sur le fait que l'Etat d'Israël ne peut être confondu avec la communauté juive, mais l'avocat de la LICRA tente de prouver que Garaudy est un antisémite.

Heureusement, ce n'était qu'un prologue à ce qui allait devenir, des années plus tard, l'"Affaire Garaudy". Le 24 mars 1983, la Cour d'appel de Paris juge qu'il s'agit d'une "critique licite de la politique d'un Etat et de l'idéologie qui l'inspire et non d'une provocation raciale". En conséquence, l'action en justice du puissant lobby juif français est rejetée et la LICRA doit payer les frais de justice. Au lieu de se désister, elle fait appel, mais le jugement de la Chambre Haute du Tribunal de Paris donne à nouveau raison à Garaudy et aux deux ecclésiastiques cosignataires de l'article. Le 11 janvier 1984, un arrêt confirme le jugement précédent et condamne à nouveau la LICRA aux dépens de, qui se pourvoit à nouveau en cassation. Cela a duré près de quatre ans. Finalement, le 4 novembre 1987, les sionistes ont perdu la bataille juridique. La Cour rejette le pourvoi en cassation et condamne les plaignants aux dépens. La défaite du lobby juif est systématiquement ignorée. Même *Le Monde*, dont l'ancien rédacteur en chef Fauvet est impliqué dans l'affaire, se contente d'un commentaire insignifiant. À côté du harcèlement judiciaire, un autre, bien plus pitoyable, se met en place pour le philosophe :

"Mais à partir de ce moment-là, les médias ont commencé à m'étouffer : mon accès à la télévision a été bloqué et tous mes articles ont été rejetés. Jusqu'alors, j'avais publié quarante livres dans toutes les grandes maisons d'édition, de Gallimard à Seuil, de Plon à Grasset et Laffont. Ils avaient été traduits en vingt-sept langues. À partir de ce moment-là, toutes les portes se sont fermées : un de mes meilleurs éditeurs s'est entendu dire par le conseil d'administration : "Si vous publiez un livre de Garaudy, vous n'aurez pas le droit de traduire une œuvre américaine". M'accepter aurait été ruiner la maison. À propos d'un autre ouvrage, un autre "grand" (éditeur) a dit à son directeur littéraire, qui, passionné par le livre, avait travaillé pendant trois mois pour m'aider à le peaufiner : "Je ne veux pas de Garaudy dans cette maison". C'est l'histoire de l'enfermement d'un homme".

Garaudy parle de la période 1982-1988 comme de "mes six années d'errance dans le désert". La tentative de l'enterrer littérairement reflète parfaitement les plans esquissés précédemment par Adam Weishaupt et dans *les Protocoles des Sages de Sion*. Les premiers, dès la fin du XVIIIe siècle, écrivaient qu'ils devaient ruiner les écrivains qui leur étaient hostiles : "Quand nous aurons entre les mains tout le commerce du livre, nous ferons en sorte qu'ils (les écrivains hostiles) n'aient plus ni éditeurs ni lecteurs." Dans le douzième protocole, qui traite du contrôle de l'opinion publique par le biais des agences de presse, de la presse et des publications en général, on peut lire : "Nous vaincrons sûrement nos adversaires parce que, grâce à nos mesures, ils n'auront plus de journaux à leur disposition pour donner libre cours à leur opinion".

En 1982, Roger Garaudy épouse la Palestinienne Salma Farouqui et quinze jours après la publication dans *Le Monde* de la page payée qui a déclenché la tempête, le 2 juillet, "en pleine conscience et en pleine responsabilité", il fait sa profession de foi musulmane à Genève devant l'imam Buzuzu : "Dieu seul est Dieu et Mahomet est son prophète". La nouvelle de sa conversion réjouit les communautés musulmanes d'Occident, qui lui envoient des invitations les unes après les autres. Dans une conférence à Belfort intitulée "Jésus, prophète de l'islam", où, comme il l'avoue dans ses mémoires, "le cœur parle avec plus de ferveur de Jésus que de Mahomet", il cite les sourates du Coran qui reconnaissent la virginité de Marie et Jésus comme prophète de Dieu : "Le Messie, Jésus, fils de Marie, est l'apôtre de Dieu. Il est Sa Parole déposée par Dieu en Marie. Il est l'esprit qui émane de Lui". Garaudy note que si Dieu a dit à Mahomet : "Repens-toi de tes péchés, passés et présents", le Coran considère Jésus et sa mère la Vierge Marie comme les seuls êtres humains à n'avoir jamais commis de péché.

Presque inévitablement, il a vu en Espagne l'exemple historique du dialogue des civilisations qu'il prêchait et, par conséquent, il s'est retrouvé à Cordoue, où se trouve la plus grande mosquée du monde. Une ville, rappelle le philosophe, "qui, pendant la période musulmane de l'histoire espagnole, était la plus grande ville d'Europe, alors que Paris et Londres n'étaient que de petites villes. Elle s'est imposée comme un centre d'irradiation culturelle". En 1987, la mairie de Cordoue lui concède la tour de Calahorra pour une durée de quarante-neuf ans afin d'y exposer l'évocation de l'apogée de Cordoue : "Ce fut pour moi, écrit Garaudy, le début de la merveilleuse aventure de la réalisation d'un rêve".

Malheureusement, les rêves donnent parfois lieu à de terribles cauchemars, comme celui qu'a connu Garaudy en 1996 à la suite de la publication en France de l'ouvrage *Les mythes fondateurs de la politique israélienne* à la fin de l'année 1995. Cet ouvrage, publié en Espagne sous le titre *Los mitos fundacionales del Estado de Israel*[7], a déclenché une tempête sans précédent en France, car même les livres de révisionnistes comme Paul Rassinier, Arthur R. Butz ou Robert Faurisson n'ont pas fait autant de bruit dans les médias et dans l'"intelligentsia". Au cours du premier semestre 1996, la polémique n'a pas cessé et l'affaire est entrée dans l'histoire sous le nom d'"Affaire Garaudy". Auparavant, Garaudy avait vu deux de ses livres sur la question palestinienne officieusement censurés par les moyens habituels des groupes de pression juifs : l'intimidation et le chantage. De plus en plus conscient du rôle de l'Holocauste comme argument pour faire taire les critiques à l'égard d'Israël, Garaudy répond à l'offre de Pierre Guillaume, qui a relancé en 1980 la librairie "La Vielle Taupe" comme maison d'édition spécialisée dans les livres révisionnistes.

Robert Faurisson, maintes fois agressé et menacé de mort, et qui connaît la violence de ces tempêtes médiatiques, écrit le 1er novembre 1996 un long article intitulé "Bilan de l'affaire Garaudy-abbé Pierre (janvier-octobre 1996)". Le professeur Faurisson explique que Pierre Guillaume, pour éviter "les rayons de la loi Fabius-Gayssot", a vendu le livre de Garaudy hors commerce comme "un bulletin confidentiel réservé aux amis de la Vieille Taupe". Faurisson affirme qu'au-delà des considérations religieuses et politiques, les pages qui ont déclenché la colère des organisations juives de France et d'une grande partie du monde occidental sont les pages d'inspiration révisionniste au cœur du livre. Dans ces pages, au goût d'un révisionniste méticuleux et précis comme Faurisson, Nuremberg, la solution finale, les prétendues chambres à gaz et, enfin, l'Holocauste ont été passés en revue à la hâte. Dans un extrait de l'article, Faurisson déclare :

"Mais tel qu'il était, avec toutes ses insuffisances, le livre de Garaudy ne pouvait qu'inquiéter les organisations juives, qui avaient déjà une tendance exagérée à voir des révisionnistes surgir de partout et qui découvraient maintenant un homme dont les opinions politiques - il avait été un apparatchik stalinien des plus orthodoxes - ne pouvaient en aucun

---

[7] *Les mythes fondateurs de l'État d'Israël*, Omnia Veritas Limited, www.omnia-veritas.com.

cas être qualifiées de fascistes. R. Garaudy a également été protestant, puis catholique, avant de devenir musulman dans les années 1980. Dans ses différents ouvrages, il s'était montré hostile à tout racisme".

Les premiers médias à crier au scandale sont *Le Canard enchaîné* et *Le Monde*. Puis les organisations antiracistes, LICRA en tête, le dénoncent. Le 11 mars 1996, Pierre Guillaume tente d'imprimer une édition publique comme il l'avait annoncé dans le bulletin Vieille Taupe, mais son imprimeur habituel refuse et Garaudy décide alors de publier lui-même clandestinement l'ouvrage remodelé. Le 15 avril, Henri Grouès, dit l'abbé Pierre, écrit une longue lettre de soutien à son ami Garaudy. Le 18 avril, Garaudy, accompagné de son avocat Jacques Vergès, donne une conférence de presse au cours de laquelle il cite les noms de quelques personnalités qui lui ont témoigné leur solidarité, parmi lesquelles, outre l'abbé Pierre, l'abbé Michel Lelong et l'essayiste suisse Jean Ziegler.

Face à la virulence des attaques, tous, y compris Garaudy, ont rapidement cherché à s'excuser par des arguments visant à nuancer leurs positions, ce que regrette Faurisson : "Il est regrettable que Roger Garaudy et l'abbé Pierre n'aient pas fait preuve de plus de courage. Depuis que la tempête médiatique a éclaté en France, ils ont commencé à battre en retraite". Pourtant, le professeur Faurisson et Henri Roques, habitués à se lever, ont immédiatement accepté publiquement la proposition du grand rabbin Joseph Sitruk qui, le 27 avril, a suggéré un débat sur la Shoah. Le lendemain, le rabbin retire sa proposition.

Le 29 avril, le journal *Libération* titre : "L'abbé Pierre refuse de condamner les thèses négationnistes de Garaudy". C'est le début d'une offensive générale : la hiérarchie catholique déclare ne pas vouloir être entraînée dans la polémique. La Conférence épiscopale déplore l'attitude de l'abbé Pierre, réaffirme que l'extermination des Juifs est un fait incontestable et dénonce le scandale de la remise en cause de la Shoah. Les attaques se multiplient tout au long du mois de mai. Ainsi, le 9 mai, Jean-Luc Allouche, l'un des journalistes vedettes de *Libération*, associe Garaudy et l'abbé Pierre à Robert Faurisson, ce que l'un et l'autre ont cherché à éviter, et les accuse de ne chercher qu'à délégitimer l'Etat d'Israël. Aux Etats-Unis, le même jour, le 9 mai, un certain Joseph Sobran accuse l'abbé Pierre d'avoir "nié la divinité du Christ" dans *The Wanderer*, un hebdomadaire catholique de l'Ohio.

De son côté, Roger Garaudy cherche et trouve des appuis. Le 11 mai, *Tribune Juive* annonce que Garaudy envisage de publier le livre aux Etats-Unis et que le rabbin Elmer Berger a écrit pour lui un texte qu'il compte utiliser comme préface. Le 23 mai, *Libération* rapporte un éditorial d'*Al-Ahram*, journal considéré comme la voix officieuse du régime égyptien. Le journal se déclare fier d'avoir accueilli dans ses pages l'auteur d'un livre persécuté en France et dénonce la campagne médiatique menée contre lui. L'éditorial reproche à *Libération* d'être au service de la propagande sioniste et lui rappelle qu'il a, en revanche, défendu le droit de Salman Rushdie d'attaquer l'Islam. Enfin, le 29 mai, la presse annonce le retrait de la scène de l'abbé Pierre, qui a décidé de se retirer dans un monastère italien, où il a reçu la visite de Garaudy. L'abbé Pierre déclare au *Corriere della Sera* que l'Eglise de France est intervenue "pour le faire taire sous la pression de la presse, inspirée par un lobby sioniste international". Ces propos ont provoqué un scandale mondial.

En juin dernier, Garaudy a publié une brochure intitulée *Derecho de respuesta. Réponse au lynchage médiatique de l'abbé Pierre et de Roger Garaudy*. Il y cherche à clarifier et à nuancer son point de vue sur le révisionnisme. Sur les chambres à gaz, il insiste sur le fait qu'aucun tribunal n'a cherché à examiner l'arme du crime et rappelle l'existence du *rapport Leuchter*. Reconnaissant la persécution des Juifs, il dénie aux sionistes le droit de monopoliser les crimes d'Hitler et rappelle que seize millions de Slaves sont morts pendant la Seconde Guerre mondiale.. Evoquant les attaques de la presse, il écrit : "Que les journalistes sachent une chose : l'immense majorité des déportés dans les camps nazis n'étaient pas des Juifs, même si tous les médias ont accrédité la thèse selon laquelle seuls les Juifs ont été déportés et exterminés.

Quant à l'abbé Pierre, il quitte l'Italie en juin et s'installe en Suisse, d'où il envoie, le 18 juin, un fax de douze pages intitulé "Vive la vérité" à un journaliste du *Monde*. Deux jours plus tard, le 20 juin, Monseigneur Daniel Lustiger, cardinal-archevêque juif de Paris, déclare dans l'hebdomadaire *Tribune Juive* avoir "vécu la polémique comme un immense désastre". L'archevêque adresse un blâme public à l'abbé Pierre et exonère l'Eglise de toute responsabilité. Quelques mois plus tard, le 26 septembre, à l'occasion d'un débat à la Sorbonne sur l'Holocauste (la Shoah), l'archevêque déclare que "le négationnisme est le même type de mensonge que celui de l'homme qui tue son frère pour échapper à la vérité". Son ami Elie Wiesel s'est fait l'écho de cette déclaration et a déclaré : "Les négationnistes n'ont peut-être pas d'âme".

Enfin, l'offensive s'est poursuivie tout au long de l'été 1996. Le 16 juillet, la modeste "Librairie du Savoir" du Quartier latin, tenue par Georges Piscoci-Danesco, un réfugié politique roumain qui vendait des ouvrages révisionnistes, dont ceux de Garaudy, est attaquée. Il est blessé par des membres du Bétar et la librairie est rasée, quelque deux mille volumes sont endommagés. Les dégâts s'élèvent à 250.000 francs. Comme d'habitude, les terroristes du Bétar sont restés impunis, car, bénéficiant de la protection prurigineuse du ministère de l'Intérieur, la police n'a même pas pris la peine de rechercher les criminels. En fait, plus d'une cinquantaine d'actes criminels perpétrés par des organisations juives sont restés impunis en France. Toujours en juillet, l'abbé Pierre se rétracte enfin dans un texte publié le 23 juillet dans *La Croix* : "J'ai décidé de retirer mes paroles, en m'appuyant à nouveau entièrement sur les avis des experts de l'Eglise, et je m'excuse auprès de tous ceux que j'ai pu blesser. Je veux laisser à Dieu le seul juge de l'intégrité des intentions de chacun".

La chasse aux sorcières menée par les médias en général a fait de multiples victimes, notamment des personnes soupçonnées d'avoir commis le sacrilège d'être révisionnistes ou négationnistes. À propos des deux principales victimes. Robert Faurisson a écrit ce qui suit :

"Deux octogénaires, qui croyaient connaître la vie et les hommes, ont soudain découvert, à leur surprise enfantine, qu'en réalité leur existence passée avait été, somme toute, facile. Tous deux, en l'espace de quelques jours, ont dû affronter une épreuve exceptionnelle : celle que les organisations juives ont l'habitude d'infliger aux individus qui ont le malheur de provoquer leur colère. Il n'y a pas de complot ou de conspiration de la part de ces organisations, mais une sorte de réaction ancestrale. Les médias, qui travaillent pour elles avec dévouement, car aller à leur encontre pourrait leur coûter très cher, savent se mobiliser contre les "antisémites", c'est-à-dire contre les personnes qui, à quelques exceptions près, ne haïssent pas les juifs, mais sont haïes par les juifs. La haine de l'Ancien Testament est l'une des plus redoutables qui soient : nerveuse, fiévreuse, frénétique, illimitée, elle étouffe ses victimes par la soudaineté et la durée de sa violence. C'est une haine inextinguible parce que ceux qui la subissent ne peuvent se permettre d'en révéler le véritable motif et d'atténuer ainsi, au moins en partie, leur fureur. Par exemple, depuis des mois, on s'en prend à Faurisson pour son estimation "minimisante" du nombre de juifs tués pendant la guerre mondiale. Mais ce n'est qu'un artifice, le vrai motif est ailleurs, il est dans le sacrilège de mettre en doute l'existence des chambres à gaz. Or, révéler ce doute, c'est prendre le risque de créer ou d'accroître le doute dans l'opinion publique. D'où la nécessité de parler d'autre chose...".

Les plaintes déposées par la LICRA et le MRAP (Mouvement contre le Racisme et l'Amitié entre les Peuples) ont amené l'Etat français à poursuivre Roger Garaudy pour infraction à la loi Gayssot. Le procès s'est ouvert en janvier 1998. Il a été suivi avec impatience dans le monde arabe et musulman, sans doute en raison du fait qu'un intellectuel musulman était jugé. Du Golfe Persique au Nil, des centaines, voire des milliers d'écrivains, de journalistes, d'avocats et d'hommes politiques ont publiquement exprimé leur solidarité et leurs protestations contre l'action de la justice française. Bien entendu, le Premier ministre israélien Benjamin Netanyahu et les habituels groupes sionistes américains se sont empressés de souligner que des livres comme ceux de Garaudy constituaient "la principale menace pour Israël". Le 27 février dernier, le tribunal de Paris a rendu son verdict et déclaré le philosophe coupable de "négation de crime contre l'humanité" et de "diffamation raciale". Les juges ont précisé que c'est "l'antisémitisme" et non "l'antisionisme" de l'écrivain qui a été jugé, et le verdict affirme que "s'il se réfugie dans une critique politique d'Israël, c'est en fait l'ensemble des Juifs qu'il met en cause". Le tribunal a condamné le prévenu à une amende de 240 000 francs et à une peine de six mois d'emprisonnement, qu'il n'a pas purgée. Il est à noter qu'en 1998, Roger Garaudy était déjà âgé de 85 ans. Il aurait donc été scandaleux qu'un intellectuel octogénaire prestigieux soit envoyé en prison en France, comme en Allemagne, pour des délits de pensée. Le 13 juin 2012, Garaudy est décédé à l'âge de 99 ans à son domicile de la banlieue parisienne.

Robert Faurisson, l'incontournable alma mater du révisionnisme

Robert Faurisson est l'un des trois principaux piliers du révisionnisme historique, les deux autres étant Ernst Zündel et Germar Rudolf. La quantité et la qualité des travaux du professeur Faurisson le placent en tête des écrivains révisionnistes. Il n'y a pas de sujet sur lequel il n'ait pas écrit, car il les connaît tous sans exception. Par ailleurs, son engagement militant dans le défi intellectuel et politique qu'exige le révisionnisme l'a conduit à intervenir d'une manière ou d'une autre dans de nombreuses procédures judiciaires pour défendre d'autres chercheurs harcelés par la "justice" dans différents pays : sa contribution aux deux procès contre Ernst Zündel au Canada a été particulièrement importante. Son œuvre complète est rassemblée en quatre volumes totalisant plus de 2200 pages sous le titre *Écrits révisionnistes*. En application de la loi Fabius-Gayssot du 13 juillet 1990, cet ouvrage ne peut être diffusé et a fait l'objet d'une édition privée en dehors des circuits commerciaux. Son contenu est donc interdit par la loi car l'Holocauste (la Shoah) ne peut être remis en cause en France. Les lecteurs intéressés qui peuvent lire le français peuvent y accéder sur Internet. Nous avons traduit, à partir de l'introduction du premier volume, la conception du révisionnisme historique du professeur Faurisson :

> "Le révisionnisme est une question de méthode et non une idéologie
>
> Elle préconise, pour toute recherche, retour au point de départ, l'examen suivi du réexamen, la relecture et la réécriture, l'évaluation suivie de la réévaluation, la réorientation examen suivi d'un réexamen, d'une relecture et d'une réécriture, d'une évaluation suivie d'une réévaluation, d'une réorientation, d'une révision, d'une refonte ; elle est, dans l'esprit, le contraire de l'idéologie. Elle ne nie pas, mais vise à mieux affirmer. Les révisionnistes ne sont pas des "négationnistes" ou des "négateurs" ; ils s'efforcent de chercher et de trouver là où, semble-t-il, il n'y avait rien à chercher et à trouver.
>
> Le révisionnisme peut s'exercer dans des centaines d'activités de la vie quotidienne et dans des centaines de domaines de la recherche historique, scientifique ou littéraire. Il ne nécessite pas nécessairement la remise en cause des idées acquises, mais conduit souvent à les nuancer. Elle cherche à démêler le vrai du faux. L'histoire est par essence révisionniste ; l'idéologie est son ennemie. Comme l'idéologie n'est jamais aussi forte qu'en temps de guerre ou de conflit, et qu'elle fabrique alors du faux en abondance pour les besoins de sa propagande, l'historien devra, dans cette circonstance, redoubler de vigilance : en passant au crible de l'analyse l'examen de ce qu'on lui a asséné comme "vérités". Il s'apercevra sans doute que, partout où la guerre a fait des dizaines de millions de victimes, la première des victimes aura été la vérité vérifiable : une vérité qu'il s'efforcera de rechercher et de rétablir.
>
> L'histoire officielle de la Seconde Guerre mondiale contient un peu de vérité combinée à beaucoup de mensonges".

La rigueur méthodologique et l'honnêteté intellectuelle caractérisent tous les écrits révisionnistes de Faurisson, ce qui est la conséquence de sa formation académique et de son extraordinaire capacité de travail. Né le 25 janvier 1929 à Shepperton (Angleterre) d'une mère écossaise et d'un père français, après avoir passé quelques années à Singapour et au Japon, il a terminé sa jeunesse en France, où il a obtenu en 1972 un doctorat en lettres et sciences humaines de la Sorbonne, où il a enseigné de 1969 à 1974. De 1974 à 1990, Faurisson est professeur de littérature française à l'université de Lyon. Auteur de quatre ouvrages sur la littérature, il est également un spécialiste reconnu de l'analyse des textes et des documents, ce qui lui permet d'accéder aux écrits historiques avec une compétence professionnelle incontestable.

Le professeur Faurisson a été le premier à publier d'importants documents révisionnistes sur Auschwitz. Dans les archives du Musée d'Etat d'Auschwitz, il a découvert les dessins techniques et architecturaux des morgues, crématoires et autres installations. Conscient de la valeur de sa découverte, il décide de l'exposer. En 1978, Faurisson avait déjà écrit plusieurs articles exprimant sa vision critique de l'histoire de l'extermination des Juifs. Le 16 novembre 1978, le journal *Le Matin de Paris* publie un article sur un professeur inconnu de l'université de Lyon, Robert Faurisson, et sur ses opinions concernant Auschwitz et l'Holocauste. Le fait que la presse se soit emparée de ses opinions révisionnistes l'a propulsé sous les feux de la rampe et a donné naissance à l'"Affaire Faurisson", qui s'est poursuivie indéfiniment. Dès le début, écrira-t-il des années plus tard, "je ne me suis jamais fait d'illusions : je serais traîné devant les tribunaux, je serais condamné, il y aurait des agressions physiques, des campagnes de presse, des turbulences dans ma vie personnelle, familiale et professionnelle".

Tout ce qu'il avait imaginé va bientôt se réaliser, car le 20 novembre 1978, quatre jours après avoir fait la une du *Matin de Paris*, Faurisson subit la première agression, saluée par Bernard Schalscha, un journaliste juif de *Libération* de Lyon qui avait signalé le jour, le lieu et l'heure où Faurisson donnait ses cours. Des membres de l'Union des étudiants juifs, venus en train de Paris à Lyon, attaquent le professeur à l'université en présence du docteur Marc Aron, cardiologue et président du Comité de liaison des institutions et organisations juives de Lyon. Non seulement Faurisson refuse de se laisser intimider, mais il se met en avant : en décembre 1978 et janvier 1979, *Le Monde* publie deux articles de lui dans lesquels il montre son scepticisme à l'égard des chambres à gaz d'Auschwitz. La réponse à une telle audace est une nouvelle attaque le jour où il tente de reprendre ses cours. Marc Aron était à nouveau à l'Université ce jour-là.

En avril 1979, il participe à un impressionnant débat à la télévision suisse, au cours duquel il réfute les arguments d'illustres défenseurs des thèses exterminationnistes. La voie était tracée et Robert Faurisson était déterminé à la suivre sans s'en écarter. C'est également au cours de ces années qu'il commence à collaborer au *Journal of Historical Review*, organe de l'Institute for Historical Review (IHR) en Californie, où il donne en septembre 1983 une conférence intitulée "Revisionism on Trial : Events in France, 1979-1983", dans laquelle il explique les actions des organisations juives pour faire taire les révisionnistes par le biais de procès et d'actes d'intimidation.

Le professeur Faurisson a fait l'objet d'une campagne concertée visant à le réduire au silence au cours de ces années et a été contraint de se défendre devant les tribunaux français en raison de ses déclarations et de ses écrits. Son compte bancaire a été gelé et des fonctionnaires de justice se sont rendus à plusieurs reprises à son domicile pour le menacer, ainsi que son épouse, de saisir leurs biens afin de faire face aux charges financières imposées par ses commentaires. Cette campagne a perturbé sa vie familiale et détérioré sa santé. En décembre 1980, lors d'une interview pour la station de radio "Europe 1", Robert Faurisson prononce la fameuse phrase résumant le résultat de ses recherches en 60 mots en français. Déjà citée en début de chapitre (Chapitre XII *Histoire interdite*), rappelons les 57 mots de notre traduction anglaise : "Les prétendues chambres à gaz hitlériennes et le prétendu génocide des Juifs forment un seul et même mensonge historique, qui a permis une gigantesque escroquerie politico-financière, dont les principaux bénéficiaires sont l'Etat d'Israël et le sionisme et dont les principales victimes sont le peuple allemand - mais pas ses dirigeants - et le peuple palestinien dans son intégralité". Trente-six ans plus tard, le professeur estime que la phrase ne nécessite pas le moindre changement.

Pour ces propos insupportables, Faurisson est poursuivi pénalement pour diffamation raciale et incitation à la haine. Reconnu coupable, il est condamné en juillet 1981 à une peine de trois mois de prison, assortie du sursis. Outre une amende de plusieurs milliers de francs, il est condamné à payer 3,6 millions de francs de frais pour la publication du verdict à la télévision et dans la presse écrite. En appel, en juin 1982, un tribunal abandonne l'accusation d'incitation à la haine raciale et supprime les 3,6 millions de francs. À partir de ce moment, Faurisson est lié à un enchaînement de procédures judiciaires aux effets ruineux, puisqu'il se trouve lui-même dans l'obligation d'intenter des actions en justice contre des attaques diffamatoires outrageusement mensongères. Il se rend vite compte que s'il persiste à se défendre de la sorte, il se retrouvera démuni, car s'il gagne, il ne recevra qu'un franc de dommages et intérêts, tandis que s'il perd, il devra payer à la partie adverse des sommes considérables.

Le 25 avril 1983, poursuivi par des organisations juives qui espéraient une condamnation exemplaire, il obtient un verdict relativement favorable puisque les juges de la Cour d'appel de Paris déclarent : "Faurisson est un chercheur sérieux ; nous ne voyons dans ses écrits sur les chambres à gaz ni frivolité, ni négligence, ni omission volontaire, ni mensonge, mais il est peut-être malveillant et il est certainement dangereux. Nous le condamnons pour cette malveillance probable et le danger qu'elle entraîne, mais nous ne le condamnons pas pour son travail sur les chambres à gaz, qui est sérieux. Au contraire, puisque ces travaux sont sérieux, nous garantissons à chaque Français le droit de dire, s'il le pense, que les chambres à gaz n'ont pas existé". De tels verdicts expliquent pourquoi le sioniste Laurent Fabius et le communiste juif Jean-Claude Gayssot ont parrainé la loi Fabius-Gayssot en 1990. Le verdict, rendu le 26 avril 1983, peut donc être considéré comme un succès politique, mais au détriment du professeur Faurisson, condamné à payer les frais de publication de l'intégralité du verdict, estimés par les juges à un minimum de 60.000 francs.

La LICRA a publié le verdict dans la revue *History*, mais le texte a été tellement falsifié que Faurisson a intenté un procès au lobby juif. Le résultat de ce procès fut que le professeur reçut un franc de dommages et intérêts, mais dut payer 20.000 francs, bien que la LICRA n'ait jamais publié le texte correct du verdict. Un autre procès intenté par le professeur Faurisson l'a été contre Jean Pierre Bloch, président de la LICRA et auteur d'un livre dans lequel il le dépeint comme un nazi et un falsificateur condamné par la justice. Un troisième procès a été intenté contre le journal communiste *L'Humanité*. Il perd les procès et les appels. Les juges reconnaissent qu'il a été diffamé, mais ajoutent que ses adversaires l'ont fait de "bonne foi". En conséquence, les défendeurs sont acquittés et il doit payer tous les frais de justice. En février 1985, le *Droit de Vivre*, publication de la LICRA, se réjouit en titrant dans l'une de ses pages : "Traiter Faurisson de faussaire, c'est le diffamer, mais "de bonne foi"". C'était une invitation à le considérer comme un faussaire, ce qui était désormais le cas, toujours "de bonne foi".

Le rôle de Robert Faurisson dans les procès de 1985 et 1988 d'Ernst Zündel à Toronto a été de premier ordre. Outre son témoignage en tant que témoin de la défense, son travail en tant qu'expert fictif aux côtés du légendaire Doug Christie, l'avocat principal de Zündel, a été extrêmement important. Ce point a déjà été abordé dans les pages consacrées à la "dynamo révisionniste", mais il est temps maintenant de développer sa contribution, en ces jours historiques, à la renaissance internationale du révisionnisme. En juin 1984, le professeur Faurisson s'est rendu au Canada pour aider celui qui allait devenir l'un de ses grands amis. En janvier 1985, il retourne à Toronto pour passer les sept semaines du procès avec l'équipe de Zündel, qu'il considère depuis comme "une personne exceptionnelle". Dans ses *Écrits révisionnistes*, Faurisson a laissé à la postérité une grande partie de son expérience de ces procès.

Le tribunal était présidé par le juge Hugh Locke ; le procureur était Peter Griffiths. L'avocat Douglas Christie était assisté par Keltie Zubko, la mère de ses deux enfants[8]. Le jury était composé de douze

---

[8] Douglas H. Christie, surnommé "The Battling Barrister" par ses amis, est décédé à l'âge de 66 ans en 2013. La grande presse a profité de son décès pour rappeler qu'il avait défendu un certain nombre de "crapules", de "néo-nazis", etc. etc. etc. ; cependant, il y a eu une bonne surprise : au moins un journal au Canada, le *Times Colonist* de Victoria, en Colombie-Britannique, où Douglas avait vécu, a rappelé à ses lecteurs que Douglas Christie était un avocat extraordinaire qui avait toujours défendu la liberté d'expression. Lucien Larre, le prêtre qui a célébré la messe d'enterrement, a prononcé un discours d'adieu plein d'émotion et l'a décrit comme un guerrier de la liberté d'expression qui s'est battu pour la vérité. "Il ne

personnes. Les frais ont été pris en charge par l'État, c'est-à-dire les contribuables, et non par Sabina Citron, de l'Association pour la mémoire de l'Holocauste, qui avait porté l'affaire devant les tribunaux. Faurisson a passé des centaines d'heures, parfois jusque tard dans la nuit, avec Douglas Christie, qu'il a informé et conseillé sur toutes les questions, car il n'y avait pas de plus grand expert dans ce domaine à l'époque. Ensemble, ils ont préparé les interrogatoires dévastateurs de Raul Hilberg et Rudolf Vrba, les deux principaux témoins de l'accusation. Nous donnons maintenant la parole au professeur Faurisson :

"En Douglas Christie, Zündel a pu trouver un avocat qui, en plus d'être courageux, était héroïque. C'est pour cette raison que j'ai accepté de soutenir Doug Christie, jour après jour, dans la préparation et le développement de son travail. J'ajouterai que sans l'aide de son amie Keltie Zubko, nous n'aurions pas pu réussir le procès de 1985, une épreuve épuisante qui, rétrospectivement, ressemble à un cauchemar. L'atmosphère qui régnait au tribunal était insupportable, notamment en raison de l'attitude du juge Hugh Locke. J'ai assisté à de nombreux procès dans ma vie, y compris en France à l'époque de l'épuration, la purge d'après-guerre des "collaborateurs". Je n'ai jamais rencontré un juge aussi partial, autocratique et violent que le juge Hugh Locke. Le droit anglo-saxon offre beaucoup plus de garanties que le droit français, mais il suffit d'un seul homme pour pervertir le meilleur des systèmes : le juge Locke était cet homme. Je me souviens de Locke criant dans ma direction : "Tais-toi !" alors que, de loin, sans dire un mot, il poussait un document dans la direction de Doug Christie".

Il serait intéressant de consacrer quelques pages aux interrogatoires de Hilberg et de Vrba, car ils étaient absolument démasqués et leur crédibilité était en lambeaux. Comme ce n'est pas possible, car il faut donner la priorité à la poursuite de Faurisson, nous nous contenterons d'en donner quelques extraits. Raul Hilberg, auréolé de prestige, arrive à Toronto sans livres, sans notes, sans documents, apparemment sûr de lui et fort de son expérience dans

---

s'est pas soucié des menaces qui pesaient sur sa vie ou du nombre de fois où les vitres de son bureau ont été brisées. Il se tenait debout". Sa femme Keltie Zubko a préféré le définir avec les mots de sa fille : "Je pense que c'est ma fille qui l'a le mieux dit : tout le monde parle de son héritage en tant qu'avocat, en tant qu'orateur, en tant qu'orateur inspirant - une personne qui a aidé beaucoup de gens qui étaient sans abri et ne pouvaient pas payer - mais elle a dit que son véritable héritage était celui d'un père".

d'autres procès où il a témoigné contre des criminels de guerre présumés. "Il a témoigné, écrit Faurisson, pendant plusieurs jours, probablement à raison de 150 dollars de l'heure. Aux questions du procureur, il donne les réponses habituelles, à savoir Hitler a donné l'ordre d'exterminer les Juifs, les Allemands ont suivi un plan, ils ont utilisé les chambres à gaz.... Hilberg se définit lui-même en ces termes : "Je me décrirais comme un empiriste qui étudie les matériaux".

Tout change lorsque commence le contre-interrogatoire de Doug Christie qui, parfaitement conseillé par le professeur Faurisson, accule le célèbre historien juif, dont l'œuvre est considérée comme l'une des bibles de l'Holocauste. Faurisson lui-même raconte l'histoire :

> "Pour la première fois de sa vie, il a eu affaire à un accusé qui avait décidé de se défendre et qui était capable de le faire : Doug Christie, à côté duquel j'étais assis, a interrogé Hilberg durement, impitoyablement, pendant plusieurs jours. Ses questions étaient incisives, précises, implacables. Jusqu'alors, j'avais un certain respect pour Hilberg en raison de la quantité, et non de la qualité, de son travail ; en tout état de cause, il dépassait de loin les Poliakov, Weller, Klarsfeld et autres. Comme il l'a témoigné, mon estime a été remplacée par un sentiment d'irritation et de pitié : irritation parce que Hilberg était constamment engagé dans des manoeuvres d'évitement, et pitié parce que Christie finissait par marquer un but presque à chaque fois. Sur chaque question, s'il fallait conclure sur quoi que ce soit, il deviendrait clair que Hilberg n'était en aucun cas "un empirique qui regarde les matériaux". C'était exactement le contraire ; c'était un homme perdu dans les nuages de ses idées, une sorte de théologien qui s'était construit un univers mental dans lequel les aspects physiques des faits n'avaient pas leur place."

Doug Christie a annoncé à "l'empiriste qui regarde les matériaux" qu'il allait lui lire une liste de camps de concentration. Lorsqu'il eut terminé, il lui demanda quels étaient ceux qu'il avait examinés et combien de fois il l'avait fait. Hilberg avoua qu'il n'en avait examiné aucun, ni avant la publication de la première édition de *La destruction des Juifs d'Europe* en 1961, ni même pour la publication de l'édition définitive en 1985. En d'autres termes, l'historien qui avait commencé ses recherches sur l'histoire de l'Holocauste en 1948 et qui était considéré comme la principale autorité en la matière n'avait pas examiné un seul camp et n'avait visité Auschwitz qu'une seule fois et Treblinka qu'une seule fois.

Lorsque l'avocat Christie lui a demandé s'il connaissait un rapport d'autopsie du corps d'un prisonnier établissant qu'il avait été tué par des gaz toxiques, Hilberg a répondu : "Non". La transcription des pages 828-858, explique le professeur Faurisson, reflète le long interrogatoire de Doug Christie sur les deux prétendus ordres d'extermination des Juifs émis par Hitler, selon Hilberg. On a demandé à l'historien juif où ils se trouvaient, c'est-à-dire où il les avait vus. Il a dû admettre qu'il n'y en avait "aucune trace". L'avocat lui rappelle alors une déclaration qu'il avait faite en février 1983 à l'Avery Fisher Hall de New York, où Hilberg développait une thèse qui n'avait rien à voir avec l'existence d'un ordre d'extermination. Il a dit textuellement ce qui suit :

> "Ce qui a commencé en 1941 est un processus de destruction qui n'a pas été planifié à l'avance et qui n'a pas été organisé de manière centralisée par une quelconque agence. Il n'y avait ni plan ni budget pour les mesures de destruction. Elles ont été prises petit à petit, étape par étape. Ainsi, ce qui a été réalisé n'était pas tant l'exécution d'un plan qu'un incroyable accord mental, un consensus - la télépathie d'une vaste bureaucratie".

Cette explication hallucinatoire relèverait plutôt de la parapsychologie, puisqu'elle prétend que l'extermination de six millions de Juifs - une opération gigantesque - n'a résulté d'aucun plan, d'aucun ordre centralisé, d'aucun projet, d'aucun budget, mais du consensus mental d'une bureaucratie qui communiquait par télépathie.

Faurisson explique qu'il a préparé avec l'avocat Christie l'interrogatoire de Rudolf Vrba, auteur de *Je ne peux pas pardonner* et germe théorique du rapport du War Refugee Board (WRB) sur Auschwitz. Le livre d'Arthur R. Butz a été une source fondamentale qui leur a fourni des éléments très utiles pour démasquer l'imposteur. Les mensonges sur les chambres à gaz et sur la visite de Himmler à Auschwitz en janvier 1943 pour inaugurer un crématorium et assister au gazage de 3000 personnes ont été démasqués. Vrba s'est révélé être un imposteur qui n'a jamais mis les pieds ni dans les crématoires ni dans les "chambres à gaz". Des documents prouvent que Himmler était à Auschwitz en juillet 1942 et non en janvier 1943. L'impossibilité pour lui d'ouvrir des crématoires a également été prouvée, puisque le premier des nouveaux crématoires n'a pas été ouvert en janvier, mais bien plus tard. Dans *Je ne peux pas pardonner*, Vrba décrit en détail la visite de Himmler et rapporte même ses réflexions et ses conversations. Vrba, un paquet de nerfs, est dépeint pour ce qu'il était, un charlatan menteur qui a même scandalisé le procureur Griffiths avec son verbiage inepte.

Après avoir apporté une contribution essentielle à la défense de Zündel lors du premier procès, Faurisson rentre en France, où la chasse aux sorcières contre les révisionnistes se poursuit. En 1985, sortait *Shoah* de Claude Lanzmann. Faurisson lui consacre une critique, dénonçant la fonction propagandiste du film. Pierre Guillaume, l'éditeur révisionniste, avait publié le texte du professeur et avait choisi comme titre un slogan de mai 68 : "Ouvrez les yeux, cassez votre poste de télévision ! Lanzmann s'adresse à France-Presse (AFP) et parvient à faire publier par l'agence d'Etat française un long communiqué dans lequel il s'indigne des critiques révisionnistes à l'encontre du film. Bien entendu, la liberté d'expression, sans cesse revendiquée lorsqu'il s'agit d'attaquer sans merci tout et n'importe qui, n'a pas pu s'exercer dans ce cas. En conséquence, le 1er juillet 1987, France-Presse demande aux autorités judiciaires d'agir pour "mettre fin immédiatement aux agissements des révisionnistes", au nom du "respect de la liberté d'investigation et des droits de l'homme". La Fédération des journalistes a dénoncé l'analyse de la *Shoah* comme inqualifiable. Parmi d'autres exemples de son respect particulier de la liberté d'expression, elle a déclaré : "La Fédération estime que des individus comme Robert Faurisson ne devraient pas pouvoir écrire en toute impunité.... Ternir un film comme *Shoah*, qui ne peut être vu qu'avec une effroyable stupeur et une infinie compassion, est une atteinte aux Droits de l'Homme".

En l'absence de la loi Fabius-Gayssot, les insultes et les menaces ont donné lieu à deux nouveaux attentats. La première est le fait d'un certain Nicolas Ullmann, le 12 juin 1987. Cet individu a violemment frappé Faurisson au Sporting-Club de Vichy. Deux mois plus tard, le 12 septembre précisément, un groupe de militants juifs s'en prend au professeur à la Sorbonne. Il est attaqué, mais aussi les personnes qui l'accompagnent, dont l'éditeur Pierre Guillaume. Tous sont blessés à des degrés divers, mais c'est le professeur Henry Chauveau qui est le plus gravement atteint. À cette occasion, les gardes de la Sorbonne ont réussi à arrêter l'un des agresseurs, mais un policier en civil a ordonné sa libération et a également expulsé le professeur Faurisson de la Sorbonne, où il avait enseigné.

En janvier 1988, Faurisson est de retour à Toronto pour assister son ami Ernst Zündel. Comme on le sait, c'est lui qui a eu l'idée d'engager Fred Leuchter pour qu'il se rende en Pologne afin de mener des recherches à Auschwitz. Il s'agit en effet d'une contribution capitale, car l'expertise technique de Leuchter deviendra le *rapport Leuchter*, qui fera date dans l'histoire du mouvement révisionniste. Faurisson estime que les Etats-Unis sont l'endroit idéal pour chercher un expert en chambres à gaz, puisque c'est là que se déroulent régulièrement des exécutions au gaz. Les avocats de Zündel ont contacté William M. Armontrout, directeur du pénitencier d'État du Missouri, qui, dans une lettre, a recommandé Fred A. Leuchter comme l'expert le plus qualifié. Je vous suggère," dit-il dans la lettre, "de contacter M. Fred A. Leuchter.... M. Leuchter est un ingénieur spécialisé dans les chambres à gaz et les exécutions. Il connaît bien tous les domaines et est le seul consultant aux États-Unis que je connaisse". Le lecteur désireux d'en savoir plus sur la contribution de Robert Faurisson au second procès Zündel est invité à se reporter au livre de Barbara Kulaszka intitulé *Did Six Million Really Die : Report of the Evidence in the Canadian "False News" Trial of Ernst Zündel* (Toronto, 1992).

Entre le 20 novembre 1978 et le 31 mai 1993, Robert Faurisson a été victime de dix agressions violentes. La plus grave s'est produite le 16 septembre 1989, alors qu'il était déjà âgé d'une soixantaine d'années. Alors qu'il promène son chien dans un parc proche de son domicile à Vichy, trois hommes lui tendent un piège. Après lui avoir aspergé le visage d'un gaz urticant qui l'a momentanément aveuglé, les agresseurs l'ont jeté à terre et ont commencé à lui donner des coups de poing au visage et des coups de pied dans la poitrine. Il semble évident que les criminels, trois voyous juifs membres du groupe "fils de la mémoire juive", avaient l'intention de le tuer. Heureusement, une personne ayant assisté à la scène est intervenue et a pu sauver l'enseignant, qui a été grièvement blessé. Il a été transporté à l'hôpital et a subi une longue opération chirurgicale aux urgences, car il avait la mâchoire et une côte cassées, ainsi que de graves blessures à la tête. Le groupe juif qui a revendiqué l'attentat a déclaré dans un communiqué : "Le professeur Faurisson est le premier, mais il ne sera pas le dernier. Nous laissons prévenus ceux qui nient la Shoah". Faurisson déclarera plus tard que la veille de l'attentat, il avait remarqué avec surprise la présence dans le parc de Nicolas Ullmann qui, deux ans plus tôt, l'avait déjà battu dans un club sportif de Vichy.

Comme d'habitude, aucune arrestation n'a eu lieu et les agresseurs sont restés impunis.

Le mérite de Robert Faurisson est singulier en ce sens que, comme pour Ernst Zündel, nous voyons un homme seul qui ne recule pas, un intellectuel de grande envergure, presque sans équivalent, qui a été et reste capable de tout endurer plutôt que de renoncer à ses convictions. En avril 1991, à la suite d'une interview parue en septembre 1990 dans *Le Choc du Mois*, la 17e chambre du tribunal correctionnel de Paris, présidée par Claude Grellier, condamne Faurisson à une amende de 250.000 francs et le directeur de la publication à une autre amende de 180.000 francs. La même année, le lobby juif réussit à le faire exclure de l'université sur la base de la loi Fabius-Gayssot. Le professeur a fait appel auprès de l'ICCPRHRC (International Covenant on Civil and Political Rights and Human Rights Committee) au motif que la loi Fabius-Gayssot violait le droit international ; cependant, l'ICCPRHRC a rejeté l'appel et a déclaré que la loi Fabius-Gayssot était nécessaire pour contrer "l'antisémitisme possible". Le 17 mars 1992, Faurisson lance un défi depuis Stockholm : il demande une représentation graphique de l'arme du crime et de son mode opératoire. Il demande que quelqu'un lui montre ou lui dessine une chambre à gaz nazie. La réponse fut une nouvelle agression. Un an plus tard, le 22 mai 1993, il est agressé physiquement pour la deuxième fois à Stockholm. À chaque fois, la presse suédoise a longuement relaté les agressions subies par le professeur français.

Des années plus tard, alors qu'en avril 1996 l'"Affaire Garaudy" commence à polariser l'attention en France, Robert Faurisson fait une déclaration dans laquelle il exprime sa solidarité avec Roger Garaudy et confirme "l'imposture des chambres à gaz". À la suite de ces propos, des organisations juives lui intentent un énième procès le 25 septembre 1997. Lors du procès, Faurisson déclare au tribunal : "Nous sommes à trois ans de l'an 2000 et on demande à des millions de gens de croire à quelque chose qu'ils n'ont jamais vu et dont ils ne savent même pas comment cela a fonctionné". Le procureur a demandé que Faurisson soit emprisonné s'il ne payait pas l'amende appropriée, ce à quoi le professeur a répondu : "Je n'achèterai ni ne paierai ma liberté. Personne ne m'a jamais acheté et personne ne m'achètera jamais". Finalement, le 23 octobre 1997, le tribunal le déclare "coupable" et lui demande de payer 120 600 francs répartis en trois parties : 50 000 francs d'amende, 20 600 francs pour l'accusateur juif et 50 000 francs pour la publication de la sentence dans deux journaux.

Trois mois plus tard seulement, en décembre 1997, les Juifs ont de nouveau intenté un procès. Faurisson est assigné par le tribunal de Paris en raison d'un article publié sur un site Internet le 16 janvier 1997 : "Les visions cornues de l'"Holocauste", dans lequel il commence par affirmer que "l'Holocauste des Juifs est une fiction". Le professeur répond à la convocation par une lettre annonçant son refus de continuer à collaborer avec la justice et la police françaises dans leur répression du révisionnisme. Le harcèlement continue : trois mois plus tard, le 16 mars 1998, il doit comparaître devant le tribunal de Paris pour être jugé pour une définition du "révisionnisme" parue à tort dans un journal.

Et ainsi de suite. Le 8 avril 1998, ce sont les juifs hollandais qui s'en prennent à Faurisson. Sept ans plus tôt, en 1991, en collaboration avec le révisionniste belge Siegfried Verbeke, il avait publié en néerlandais *Het "Dagboek" van Anne Frank. Een Kritische benadering* (*Le "journal" d'Anne Frank. Une évaluation critique*), une brochure qui concluait que le "journal" était un faux, l'écriture du manuscrit original ne pouvant être celle d'un enfant. Le livre a été interdit aux Pays-Bas, mais le Musée Anne Frank d'Amsterdam et le Fonds Anne Frank de Bâle n'ont pas été satisfaits de la censure du livre et ont intenté une action en justice conjointe. Le musée s'est plaint que l'ouvrage de Faurisson l'avait contraint à fournir une "instruction spéciale" aux guides et que les critiques du professeur pouvaient réduire le nombre de visiteurs du musée et, par conséquent, ses bénéfices.

L'annulation du congrès "Révisionnisme historique et sionisme", qui devait se tenir à Beyrouth du 31 mars au 3 avril 2001, a constitué un revers majeur pour les révisionnistes du monde entier qui s'étaient réunis dans la capitale libanaise. Le gouvernement libanais, victime d'attaques israéliennes incessantes, a cédé aux pressions des plus importantes organisations sionistes, soutenues par les Etats-Unis. Robert Faurisson a ensuite expliqué que Rafic Hariri, premier ministre du Liban, était tellement prisonnier de la dette de son pays, qui s'élève à 24.000.000.000 de dollars pour quatre millions d'habitants, que n'a eu d'autre choix que de céder au chantage et d'interdire le congrès. Dès lors, la tenue d'une conférence internationale révisionniste est remise en cause. Lorsque Mahmoud Ahmadinejad est devenu président de la République islamique d'Iran en 2005, Téhéran a proposé d'accueillir des révisionnistes du monde entier. Cent trente chercheurs de trente pays ont convergé vers la capitale iranienne, où s'est finalement tenue, les 11 et 12 décembre 2006, la Conférence internationale de Téhéran sur l'Holocauste, qui a été accueillie en Occident avec toutes sortes de disqualifications et de réactions négatives.

Le 11 décembre 2006, le professeur Faurisson a prononcé un discours basé sur un document intitulé *Les victoires du révisionnisme*, qui a depuis été traduit en plusieurs langues, dont l'espagnol, et publié dans de nombreux pays. Dans ce texte, dédié au professeur Mahmoud Ahmadinejad et à Ernst Zündel, Germar Rudolf et Horst Mahler, que Faurisson appelle "nos prisonniers de conscience", sont présentées en détail jusqu'à vingt réalités historiques clarifiées par la recherche révisionniste, qui ont dû être reconnues explicitement ou implicitement par les exterminationnistes. 1. il n'y a pas eu de chambres à gaz dans les camps en Allemagne. 2. il n'y a pas eu d'ordre d'Hitler. 2) Hitler n'a pas donné l'ordre d'exterminer les Juifs. 3. à la conférence de Wannsee, l'extermination des Juifs n'a pas été décidée, puisque l'expression "solution finale" signifiait la déportation à l'Est. 4) La formule dans laquelle le système concentrationnaire allemand a été présenté est vouée à l'échec. 5) La chambre à gaz d'Auschwitz visitée par des millions de touristes est un faux. 6. aucun document, trace ou autre preuve matérielle de l'existence des chambres à gaz n'a été trouvé. Le 11 décembre 2006, Robert Faurisson a accordé une vaste interview à la télévision iranienne, au cours de laquelle il a déclaré à des millions de téléspectateurs iraniens que l'Holocauste était un mensonge. Cela ne manquera pas d'avoir des conséquences, car en France, on l'attendait comme d'habitude.

À peine le congrès révisionniste terminé, le Président de la République de l'époque, Jacques Chirac, condamne la participation de Faurisson à la conférence de Téhéran le 13 décembre 2006 et demande personnellement l'ouverture d'une enquête. Suivant les instructions de la plus haute autorité de l'Etat, le ministre de la Justice charge un procureur de Paris d'ouvrir une enquête. Le 16 avril 2007, le lieutenant de police Séverine Besse et un autre collègue se rendent à Vichy pour interroger le professeur. Obstiné, Faurisson refuse de répondre aux questions et écrit dans le procès-verbal : "Je refuse de collaborer avec la police et la justice à la répression du révisionnisme historique".

Le magistrat Marc Sommerer, chargé de l'affaire, convoque Faurisson neuf mois plus tard. Le 24 janvier 2008 à 9 heures, le professeur se présente au commissariat local. Dès son entrée, trois officiers de police judiciaire envoyés la veille de Paris, dont Séverine Besse elle-même, lui notifient qu'il est en garde à vue et que son domicile sera perquisitionné pendant la durée de la garde à vue. Lui, un vieil homme qui aurait eu 79 ans le lendemain, 25 janvier, a subi une fouille au corps et s'est vu confisquer portefeuille, porte-monnaie, stylo, montre, ceinture, etc. Il s'agissait peut-être d'intimider le vieux professeur qui déclara que sa femme était malade à la maison, ce que les policiers savaient, et que, pour des raisons médicales graves, elle avait besoin de sa présence constante. Une fois de plus, Faurisson s'entête et ne répond à aucune question. On lui annonce alors qu'il fait l'objet de trois procédures pénales pour lesquelles des mandats d'amener ont été délivrés par le juge Sommerer. Les deux premières qui lui sont mentionnées concernent sa participation à la Conférence de Téhéran. Dans l'une, il était poursuivi au titre de la loi Fabius-Gayssot par le parquet et une foule d'"organisations pieuses" pour "contestation de crimes contre l'humanité". Dans un autre, la LICRA l'a poursuivi pour "diffamation". Le troisième procès avait été intenté par le quotidien *Libération* pour des raisons tortueuses dont nous vous épargnerons l'explication. Faurisson a ensuite été conduit à son domicile, où la perquisition s'est poursuivie pendant six heures. Enfin, le 25 juillet 2012, un juge de Paris lui a notifié le jugement des trois plaintes pénales.

La persécution de Robert Faurisson pour délit d'opinion dure depuis quarante ans. Dans la nuit du 19 novembre 2014, deux policiers de la ville voisine de Clermont-Ferrand, dont un major, se sont présentés à son domicile de Vichy avec un mandat de perquisition : ils voulaient saisir un ordinateur et certains documents. Ils ne trouvent ni l'un ni l'autre. Une fois de plus, la LICRA avait demandé au procureur de la République d'agir contre l'apparition d'un "Blog" officieux du professeur. Il ne fait aucun doute que Faurisson possédait une force intérieure d'une nature supérieure. Face à l'ampleur des attaques et à l'ampleur du combat contre des ennemis aussi puissants, toute personne normale aurait baissé les bras, mais Faurisson, qui a eu une crise cardiaque en 2014, n'a ni flanché ni fléchi. Le 29 janvier 2016, jour de son 87e anniversaire, il tenait encore bon avec sa femme de 83 ans, qui a pu rester aux côtés du professeur malgré le fait qu'elle souffre elle aussi d'une maladie cardiaque. Faurisson s'était récemment plaint de recevoir constamment des menaces, tant par téléphone que par écrit, et avait demandé en vain à la police de les protéger, alors que son épouse était chaque jour davantage harcelée et souffrait de plus en plus de sa maladie.

Robert Faurisson, l'alma mater du révisionnisme dont l'héritage est essentiel pour les générations futures, a courageusement persisté dans la bataille jusqu'au dernier moment. Il est décédé vers 19 heures le 21 octobre 2018. Il avait 89 ans. Alors qu'il franchissait le seuil de son domicile à Vichy, le professeur a été victime d'une crise cardiaque massive. Il revenait de Shepperton, sa ville natale en Angleterre, où la veille, à l'invitation de Lady Renouf, il avait donné une dernière conférence en anglais. Jean Faurisson, annonçant la mort de son frère Robert, explique qu'à Shepperton, il avait rencontré des amis et rapporté qu'à deux reprises, il avait été violemment harcelé par un groupe de bigots "anti-haine". Les attaques et les agressions ont été une constante dans la vie du professeur Faurisson, qui n'a jamais été intimidé. Jean Faurisson a fait allusion à l'effet traumatisant que le harcèlement aurait pu avoir sur la santé déjà fragile de son frère, qui aurait eu 90 ans en janvier 2019.

Vincent Reynouard, "Les cœurs se soulèvent !"

Le cas du jeune révisionniste Vincent Reynouard est un autre exemple de la volonté de résistance : face à une adversité sans fin, il a fait preuve d'un courage louable et digne de respect. Né en 1969, il s'est marié en 1991 et est aujourd'hui père de huit enfants. Catholique traditionaliste, national-socialiste convaincu et révisionniste, Reynouard a tout risqué pour ne pas céder un pouce dans sa dénonciation de la fausseté de l'histoire officielle. À l'âge de vingt-trois ans, il connaît un premier échec avec la loi Fabius-Gayssot. Le 8 octobre 1992, le tribunal de Caen le condamne à un mois de prison avec sursis et 5000 francs d'amende pour avoir remis anonymement à vingt-quatre de ses étudiants des textes mettant en cause les meurtres dans les chambres à gaz. Ingénieur chimiste diplômé de l'ISMRA (Institut des matériaux et des rayonnements), il a travaillé comme professeur de mathématiques dans un lycée et comme historien indépendant spécialisé dans la Seconde Guerre mondiale. En 1997, suite à la découverte de textes révisionnistes sur le disque dur de l'ordinateur qu'il utilisait à l'école, il est révoqué de l'enseignement secondaire par le ministre de l'éducation François Bayrou. Depuis, il vit de ses écrits, de ses vidéos et de son travail de chercheur.

Auteur d'une douzaine d'essais et de brochures sur des sujets historiques. Reynouard a travaillé avec Siegfried Verbeke sur *Vrij Historisch Onderzook, VHO* (*Free Historical Research*), un site web qui est devenu le plus grand site d'édition révisionniste en Europe. Il a lui-même édité la publication *Sans Concession*. Son livre le plus célèbre est le résultat d'une enquête sur le massacre d'Oradour-sur-Glane. Le 10 juin 1944, à 14 heures, peu après le débarquement de Normandie, la Waffen SS pénètre dans ce petit village tranquille du Limousin, où s'abritent des résistants. Six heures plus tard, à 20 heures, les Waffen SS quittent le village. Derrière eux, une place en ruine jonchée de cadavres, dont cinq cents femmes et enfants carbonisés. L'historiographie académique attribue le massacre aux Allemands. Officiellement, ils se sont repliés dans le village et ont mis le feu à l'église où s'étaient réfugiés femmes et enfants. C'est exactement ce que Reynouard remet en cause dans son livre de 450 pages, publié en Belgique en 1997. En France, le livre paraît en juin 1997, après que Reynouard a été exclu de l'enseignement pour ses positions révisionnistes. Trois mois plus tard, en septembre, le ministre de l'intérieur Jean-Pierre Chevènement ordonne la saisie du livre et en interdit la distribution et la diffusion sur l'ensemble du territoire français.

Entre 1998 et 1999, une équipe de collaborateurs de Reynouard a produit une cassette vidéo résumant le livre et encourageant les gens à l'acheter. Le film est sorti en 2000 et la distribution a commencé en janvier 2001. Le 8 février 2001, le préfet de la Haute-Vienne, département du centre de la France, prend un arrêté interdisant la cassette dans tout le département. Le 27 septembre 2001, quatre ans après l'interdiction du livre, le ministère de l'Intérieur interdit la vidéo sur l'ensemble du territoire français. La procédure engagée contre Vincent Reynouard a donné lieu à un procès qui s'est déroulé en première instance le 18 novembre 2003. Reynouard a été condamné pour "apologie de crime de guerre" à un an de prison, 10 000 euros d'amende et à la confiscation de tous ses dossiers saisis. Le procès en appel a eu lieu le 14 avril 2004. Reynouard est condamné à deux ans, dont six mois d'emprisonnement effectif et le reste à titre de mise à l'épreuve, mais l'amende de 10.000 euros est remplacée par 3.000 euros. En outre, il doit indemniser les trois parties civiles qui se sont constituées dans l'affaire, dont l'incontournable LICRA.

Néanmoins, Reynouard a poursuivi ses idées révisionnistes et a rédigé en 2005 un pamphlet de seize pages intitulé *Holocauste ? Voici ce qu'on nous cache,* dans lequel il remet ouvertement en cause l'histoire officielle et présente un point de vue totalement opposé. La justice française n'a pas tardé à s'emparer de lui. Le nouveau procès a eu lieu le 8 novembre 2007 à Saverne, où le tribunal l'a condamné à un an de prison et à une amende de 10 000 euros pour "contestation de crimes contre l'humanité" par le biais de la brochure susmentionnée. Il a également été condamné à verser 3000 euros à la LICRA. Ce jugement a fait l'objet d'un appel, mais le 25 juin 2008, la Cour d'appel de Colmar l'a confirmé et a également prononcé une nouvelle amende de 60 000 euros. Simultanément, le 19 juin 2008, soit six jours plus tôt, la Cour d'appel de Bruxelles avait condamné Reynouard et Siegfried Verbeke à un an de prison et à une amende de 25 000 euros pour avoir écrit et publié des textes négationnistes et mettant en cause des crimes contre l'humanité.

De plus, Reynouard résidant en Belgique, les autorités françaises ont émis un mandat d'arrêt européen afin que les Belges l'extradent, car, conformément à la ratification de la peine par la cour d'appel de Colmar, Reynouard devait également purger une peine d'un an de prison en France. Le 9 juillet 2010, il est incarcéré à la prison de Forest (Bruxelles). Le 23 juillet 2010, le juge Chambers à Bruxelles a déclaré que le mandat d'arrêt émis par la France à l'encontre de Reynouard était valide. Le 19 août 2010, il a donc été extradé et incarcéré à la prison de Valenciennes. Dans l'attente de son extradition, il déclare : "Quand on n'a pas d'autre argument que la prison pour se libérer d'un adversaire dialectique, c'est qu'on manque d'arguments".

Paul-Éric Blanrue, historien fondateur du Cercle Zététique et auteur du livre *Sarkozy, Israël et les juifs,* a publié un communiqué de presse dénonçant la loi Gayssot, appelant à la solidarité avec Vincent Reynouard et lançant une campagne de collecte de signatures pour la défense de la liberté d'expression et la libération de Reynouard. Blanrue, en plus de dénoncer le silence suspect des médias français et internationaux, a relevé l'anormalité du fait qu'aucune ONG n'ait dit un mot pour défendre la liberté d'expression et la liberté de pensée de Reynouard,.

Tôt dans la matinée du mardi 5 avril 2011, le révisionniste de 42 ans a quitté la prison de Valenciennes. Sa femme Marina, son fils Pierre et un groupe d'amis, dont Siegfried Verbeke, sa femme Edna et un groupe de révisionnistes belges et allemands, l'attendaient devant la grille. Les sept autres enfants de Reynouard attendent dans un café proche de la prison, faisant des dessins pour les offrir à leur père. Après avoir mangé ensemble dans une ambiance joyeuse, la famille Reynouard a dû se séparer à nouveau, car Marina et les enfants devaient retourner à Bruxelles. Vincent ne pouvait pas les accompagner, car il était sous contrôle judiciaire et n'avait pas le droit de quitter la France. En effet, le lendemain, 6 avril, il était convoqué par un juge d'instruction à Amiens pour une autre affaire : il était soupçonné d'avoir envoyé des CD révisionnistes à 120 lycées en France en 2009.

Le jour de sa libération, Reynouard accorde une interview à un journaliste du magazine *Rivarol*. Ses premiers mots sont pour sa femme qu'il remercie pour son attitude et qu'il félicite pour son héroïsme. Ensuite, il remercie Paul-Éric Blanrue pour son courage et tous ceux qui l'ont aidé financièrement et lui ont écrit. Il a exprimé son intention d'écrire un livre de témoignage et de reprendre la publication de la revue *San Concessions*, interrompue depuis son arrestation, tous ses collaborateurs étant restés fidèles à leur poste. Les derniers mots de l'entretien ont été des mots d'encouragement : "Malgré toutes les vicissitudes et tous les pièges, le combat continue. Laissez vos cœurs s'envoler !

En février 2015, le tribunal de première instance de Coutances, en Basse-Normandie, a de nouveau condamné Vincent Reynouard à deux ans de prison pour avoir publié une vidéo dans laquelle il dénonçait la manipulation politique et le lavage de cerveau infligés à la jeunesse de son pays et réfutait la théorie de l'extermination systématique des Juifs d'Europe pendant la Seconde Guerre mondiale. Il a également été condamné à une amende de 35 000 euros. Face à la sévérité de la peine, la loi Gayssot prévoyant un maximum d'un an de prison pour "négationnisme", le procureur a lui-même fait appel à la cour d'appel de Caen, la capitale régionale. Dans une vidéo postée sur Internet, Reynouard avait annoncé qu'il n'avait pas l'intention de payer un seul centime. Le 17 juin 2015, compte tenu des éléments indiquant que la peine prononcée par le tribunal de Coutances était "illégale", la cour de Caen l'a réduite à un an et a annulé la sanction pécuniaire. Reynouard ne s'est pas présenté devant le tribunal de Caen, deux mois plus tôt, le 25 avril 2015, il avait annoncé dans une vidéo qu'il entrait dans la clandestinité pour fuir les persécutions politiques qu'il subissait en France : "Alors, dit-il dans la vidéo, on peut dire que je suis en fuite. Cette fois, j'ai tout perdu, ou presque. Me voilà sans maison, avec mon sac à dos. Je n'ai pu sauver que quelques fragments de fichiers pour tenter de réaliser les vidéos promises". À l'heure où nous écrivons ces lignes, nous ne savons pas ce qu'il est advenu de Reynouard, car nous n'avons pas réussi à obtenir de nouvelles informations à son sujet.

3) Principales victimes de persécutions en Autriche

Gerd Honsik, victime de la capitulation du PSOE face au sionisme

Hans Strobl, président de la Fédération culturelle du Burgenland, a écrit en 1988 dans l'épilogue de "*Une solution pour Hitler ?*" que la police autrichienne avait menacé Gerd Honsik en 1978 de le faire interner dans une clinique psychiatrique. Il n'explique cependant pas pourquoi Honsik a été si sérieusement intimidé et qu'au lieu d'être envoyé dans un asile d'aliénés, il s'est retrouvé en prison. En prison, il a écrit deux recueils de poèmes. Le premier, *Lüge, wo ist dein Sieg* (*Mensonge, où est ta victoire ?*), a été publié en 1981 ; le second, *Fürchtet euch nicht* (*N'aie pas peur !*), en 1983. Les deux manuscrits ont été sortis clandestinement de prison avec l'aide de gardiens sympathisants du poète, à qui l'on avait interdit d'écrire. Le premier livre, composé en vers classiques, a finalement été confisqué et a coûté à Honsik une amende de 41 000 shillings (monnaie autrichienne de l'époque). Le président de la Cour suprême, apparemment expert en critique littéraire, a jugé qu'il ne s'agissait "pas d'art". Quant à la dernière, elle a également été poursuivie et interdite.

En 1986, pour des raisons politiques, Honsik a été licencié de son emploi, qu'il occupait depuis quinze ans. Les persécutions touchent ses enfants d'âge scolaire, qui subissent des pressions, y compris de la part de certains enseignants. Entre 1987 et 1988, Honsik a dû se rendre dix-huit fois au tribunal : il a dû dépenser 140 000 shillings en frais de justice et en honoraires d'avocat. Le pire survient en 1988 avec la publication de *Freispruch für Hitler ?* (*Solution pour Hitler ?*), un livre qui se veut un livre de réconciliation. Gerd Honsik a consulté un curé catholique, Robert Viktor Knirsch,, pour savoir si le prêtre comprenait qu'il y avait des obstacles moraux. Le curé lui a écrit une lettre dans laquelle, en tant que prêtre catholique romain, il l'encourageait à poursuivre le livre :

"La vérité fait partie de la suite du bien. Quiconque cherche la vérité a le droit de douter, d'enquêter et de peser. Et là où l'on exige des gens qu'ils croient aveuglément, il y a un orgueil, avec tant de blasphèmes, que cela donne à réfléchir. Si maintenant ceux dont vous contestez les thèses ont la raison pour eux, ils accepteront toutes les questions avec calme, ils donneront leurs réponses avec patience. Et ils ne dissimuleront plus leurs preuves et leurs archives. Mais s'ils mentent, ils le crieront au juge. C'est ainsi qu'ils seront connus. La vérité est toujours calme, mais le mensonge est toujours en lutte pour un procès terrestre !

Avec mes compliments, je vous adresse mes meilleures salutations.

Prêtre Robert Viktor Knirsch

Kahlenbergerdorf, 2/6/1988".

Après avoir écrit ces mots à Honsik, que le poète a reproduits dans son œuvre, le curé a été admis dans une clinique psychiatrique, où il est rapidement tombé malade. Il est décédé le lundi 26 juin 1989. Avant sa mort, il a exprimé le souhait que l'hymne allemand soit joué lors de son enterrement. Le 30 juin, à 9h30, une messe d'enterrement est célébrée à Kahlenbergerdorf, puis le corps de Knirsch est enterré dans le cimetière paroissial. Environ sept cents personnes assistent aux funérailles, dont l'archevêque Krätztl et le prévôt Koberger, mais aussi de nombreux agents secrets et une unité cynophile. Lorsque, à la fin de la cérémonie, Gerd Honsik a demandé que les dernières volontés du prêtre soient respectées, la police est intervenue et a commencé à demander aux personnes présentes de s'identifier. Gerd Honsik a été momentanément arrêté et on lui a reproché d'avoir demandé que l'hymne allemand soit joué dans des circonstances où il était interdit de le faire.

Quant aux conséquences de la publication du livre, la procédure a traîné pendant des années et a même conduit à la création d'une loi qui s'appliquait exclusivement à l'affaire. En janvier 1992, Honsik a quitté le pays après avoir été publiquement diffamé à la télévision, où le Dr. Neugebauer, directeur des archives documentaires de la Résistance autrichienne, l'a accusé, en présence du ministre de l'intérieur, de préparer un coup d'État. Lorsqu'il a été prouvé qu'il s'agissait de calomnies et de mensonges, Honsik est revenu en Autriche pour assister au procès, qui a duré plusieurs semaines. Gerd Honsik a été condamné le 5 mai 1992 à dix-huit mois de prison pour "revitalisation des activités nationales-socialistes". La Cour suprême autrichienne a rejeté son appel. Pour éviter une nouvelle incarcération, il s'est réfugié en Espagne, où il avait déjà vécu pendant un an alors qu'il était âgé de huit ans. En 1949, il traverse les Pyrénées dans un train spécial avec un millier d'enfants autrichiens gravement sous-alimentés, fuyant le nettoyage ethnique perpétré en Europe contre le peuple allemand entre 1945 et 1948, génocide parfaitement documenté et occulté.

En 1993, Honsik publie un autre livre pour lequel il sera également poursuivi, *Schelm und Scheusal* (*Voyou et monstre*), dans lequel il dénonce Simon Wisenthal, qui s'était félicité de la lettre piégée envoyée d'Autriche à l'ancien SS Alois Brunner, qui a perdu un œil et huit doigts. Proche d'Adolf Eichmann, Brunner vivait à Damas, où des assassins sionistes avaient tenté de le tuer à plusieurs reprises. Wiesenthal était parfaitement au courant des détails de l'attentat et a qualifié la victime de "meurtrier de Juifs le plus recherché". Cependant, en août 1988, Gerd Honsik lui rendit visite dans la capitale syrienne et à la question "Quand avez-vous appris l'existence des chambres à gaz ?", Brunner répondit : "Après la guerre, dans les journaux".

Le 7 octobre 1993, le premier ministre espagnol, Felipe González, se rend à Vienne. Le chancelier de la République d'Autriche, Franz Vranitzky, en profite pour lui demander d'extrader Honsik. Ceci révèle clairement l'étendue du pouvoir des lobbies juifs, qui sont capables d'amener un haut dirigeant européen à demander à un autre de livrer un réfugié politique à cause de la publication d'un livre. Ayant appris cette circonstance,, Gerd Honsik a adressé une lettre ouverte au Parlement espagnol pour demander un refuge politique en Espagne. Dans ce texte, il rappelle que l'Espagne l'a accueilli enfant dans la période d'après-guerre et qu'il avait déjà appris l'espagnol. La lettre se terminait par ces mots : "Je m'adresse aux parlementaires espagnols, de droite comme de gauche, et au peuple espagnol, en les suppliant de rester fermes face aux pressions internationales qui réclament mon extradition. En Espagne, j'ai trouvé refuge contre la faim. En Espagne, aujourd'hui, je cherche un refuge contre la prison". Les autorités autrichiennes ont demandé au gouvernement espagnol de l'extrader, mais le 7 novembre 1995, l'Audiencia Nacional a refusé. Le ministère public s'y oppose et considère, comme le souligne la défense, qu'il s'agit d'un "crime politique et, par conséquent, exclu de l'extradition". Le raisonnement de l'Audiencia Nacional a considéré qu'"il n'était pas possible de qualifier un tel comportement de provocation au crime de génocide, car celui-ci requiert l'objectif de détruire, totalement ou partiellement, un groupe religieux", objectif qui ne pouvait être affirmé "à partir des faits (écriture et publication d'*Une solution pour Hitler ?*) pour lesquels l'accusé a été condamné...". Le juge et le procureur de l'Audience ont tous deux convenu que le livre de Honsik n'enfreignait pas la loi espagnole. Par conséquent, sans aucun harcèlement de la part des autorités espagnoles, Gerd Honsik a vécu à Malaga pendant une quinzaine d'années.

Enfin, un mandat d'arrêt européen émis par le tribunal de Vienne a été signifié par les autorités espagnoles : le 23 août 2007, la police a arrêté Honsik à Malaga. En septembre 2007, le président de la communauté religieuse juive d'Autriche, le magnat Ariel Muzicant, Israélien né à Haïfa, a déclaré au journal *Die Gemeinde* (*La Communauté*) que la communauté juive œuvrait en faveur d'une législation européenne uniforme contre les néonazis et les révisionnistes de l'Holocauste. Commentant l'arrestation de Honsik en Espagne, il a déclaré :

"Gerd Honsik a été arrêté après avoir passé quinze ans en Espagne et sera extradé vers l'Autriche. Personnellement, je m'en réjouis car cela montre une fois de plus que les entretiens que j'ai eus avec le Premier ministre espagnol, le ministre des affaires étrangères et le ministre de la justice en janvier dernier ont permis d'amener le gouvernement espagnol à adopter une position correspondante"

Au contraire, sans la moindre dissimulation, Muzicant s'est vanté sans vergogne de son pouvoir et s'est attribué le mérite d'avoir amené le gouvernement socialiste espagnol à faire ce qu'il fallait, c'est-à-dire ce que voulait le sionisme. En janvier 2007, l'Espagne avait un gouvernement PSOE dirigé par José Luis Rodríguez Zapatero. Le ministre des affaires étrangères était l'ineffable Miguel Ángel Moratinos et le ministre de la justice Juan Fernando López Aguilar. Le juge qui a autorisé l'extradition est Baltasar Garzón, qui, quatre ans plus tard, sera condamné à onze ans de déchéance et expulsé de la magistrature par une décision unanime des membres de la chambre pénale de la Cour suprême. Ce juge sans scrupules, malheureusement défendu par de nombreux sectateurs de la gauche espagnole, s'est mis au service des sionistes sans tenir compte du fait que l'Espagne avait refusé à deux reprises l'extradition et que l'Audiencia Nacional avait jugé dans une décision de 1995 que le crime de Honsik était "un crime politique et donc exclu de l'extradition". La remise de Gerd Honsik à l'Autriche a eu lieu le 4 octobre 2007. La ministre autrichienne de la justice, la socialiste Maria Berger, a publiquement remercié le juge Baltasar Garzón dans un communiqué de presse publié par le ministère de la justice le 5 octobre.

Quatre ans plus tard, le 26 janvier 2012, Göran Holming, commandant de l'armée suédoise à la retraite et membre de l'Action européenne, un mouvement pour une Europe libre, a déposé une plainte pénale contre Baltasar Garzón, le Premier ministre Rodríguez Zapatero et les ministres susmentionnés auprès de l'Audiencia Nacional. La lettre dénonce la réunion avec Ariel Muzicant et les accords politiques conclus lors de la réunion de janvier 2007. Elle argumente longuement sur les faux prétextes invoqués pour accorder l'extradition et accuse spécifiquement le juge Garzón de prévarication et de violation de la loi et de la Constitution espagnole, qui interdit l'extradition pour des crimes politiques à moins qu'il n'y ait des "actes terroristes". Voici le texte de la demande :

"Je demande au procureur général de vérifier si l'ancien Premier ministre José Luis Rodríguez Zapatero et ses anciens ministres de la Justice et des Affaires étrangères, en collaboration avec le juge Baltasar Garzón, doivent répondre de l'extradition du poète et écrivain autrichien Gerd Honsik, favorisée par une conspiration avec l'étranger Ariel Muzicant et Mme Maria Berger, et réalisée dans le but de mener une persécution politique inhumaine et injuste en Autriche, et si les personnes susmentionnées ont cumulativement commis : - un crime contre l'humanité ; - un crime contre l'humanité ; - un crime contre l'humanité ; - un crime contre l'humanité ; - un crime contre l'humanité. Les personnes susmentionnées ont-elles cumulativement commis des actes de persécution politique inhumaine et injuste en Autriche, et ont-elles cumulativement commis des actes de persécution politique inhumaine et injuste en Autriche ?

I) Un crime contre l'humanité,

II) le délit d'abus de pouvoir,

III) pour falsification du mandat d'arrêt de l'UE,

IV) de conspiration dans le cadre d'un accord contre la Constitution espagnole.

Je demande que les personnes susmentionnées soient traduites devant le tribunal compétent pour les infractions susmentionnées.

Je vous prie d'agréer, Monsieur le Président, l'expression de mes sentiments distingués.

Göran Holming, commandant à la retraite de l'armée suédoise".

Revenons maintenant au cas de G. Honsik. Le 3 décembre 2007, l'audience d'appel, qui avait été annulée en 1992 en raison de la "non-comparution de l'intéressé", s'est tenue à Vienne. L'appel a été rejeté et la peine de dix-huit mois d'emprisonnement sans sursis a été confirmée. En mai 2008, le parquet de Vienne a porté de nouvelles accusations contre Honsik pour "revitalisation d'activités nationales-socialistes". Le 20 avril 2009, le procès s'est ouvert devant le tribunal régional de Vienne et, le 27 avril, Honsik a été condamné à cinq ans d'emprisonnement en raison de ses opinions sur l'existence des chambres à gaz dans les camps de travail nationaux-socialistes. Le verdict a été confirmé par la Cour suprême, mais le 1er mars 2010, la peine a été réduite à quatre ans par la Cour d'appel de Vienne.

Toujours le 20 juillet 2010, un nouveau procès a été organisé contre Honsik pour la publication de deux livres, l'un intitulé *Schelm und Scheusal* et l'autre *Rassismus Legal* ? Il s'agissait d'un "procès 3g", c'est-à-dire un procès en vertu de l'article 3g de la loi autrichienne sur l'interdiction (Verbotgesetz) de 1947, qui réprime sévèrement le "réveil des sentiments nationaux-socialistes". Le juge Andreas Böhm, qui avait condamné Honsik à cinq ans lors du procès d'avril 2009, avait demandé au procureur Stefan Apostol d'exclure les livres incriminés afin d'ouvrir ultérieurement un nouveau procès qui permettrait d'alourdir la peine. Lors du procès, les livres ont été examinés séparément. Honsik, malgré sa peine de prison, ou peut-être à cause d'elle, ne s'est pas laissé décourager et s'en est pris à Simon Wiesenthal. Les informations dont nous disposons sur les séances du procès proviennent de la presse autrichienne, servile comme elle l'est à l'égard des lobbies juifs qui la contrôlent, et nous vous épargnerons donc les citations. En résumé, Honsik a répété qu'il était admis qu'il n'y avait pas une seule chambre à gaz sur le sol allemand ou autrichien et que le menteur n'était pas lui, mais Wiesenthal. Le juge a tenté d'amener l'avocat de Honsik, le Dr Herbert Schaller, à nier l'existence des chambres à gaz. Il lui a demandé à plusieurs reprises s'il affirmait lui aussi qu'il n'y avait pas de chambres à gaz, mais l'avocat a toujours évité de répondre aux questions qui, en Allemagne, sont posées pour incriminer les avocats des accusés.

Théoriquement, Honsik ne devait pas être libéré avant 2013, mais un appel devant le tribunal de Vienne a finalement permis d'obtenir une sentence favorable, qui a réduit la durée de sa peine de dix-huit mois. Son âge avancé (70 ans) et son "intégration sociale réussie" en Espagne, où il est retourné après sa libération fin 2011 pour s'installer à nouveau à Malaga, où il avait été arrêté en 2007, auraient été pris en compte. Tout au long de sa vie, Gerd Honsik a été emprisonné pendant près de six ans pour avoir exprimé des idées considérées comme des délits d'opinion.

David Irving, condamné à trois ans de prison à Vienne

Le second procès d'Ernst Zündel à Toronto a marqué une étape importante dans l'évolution de la pensée révisionniste de David Irving qui, avec Robert Faurisson, a été le conseiller de l'avocat Doug Christie et a témoigné au procès en tant que témoin de la défense. Il semble que ce soit Irving qui ait contacté Bill Armontrout, et lorsque celui-ci lui a recommandé Fred Leuchter, il s'est rendu à Boston en compagnie de Faurisson pour rencontrer l'expert en chambres à gaz et le convaincre de fournir l'expertise technique. *Le rapport Leuchter* a dissipé tous les doutes d'Irving sur la prétendue extermination des Juifs d'Europe, s'il en avait encore. À son retour à Londres après le procès, Irving a publié le rapport de l'ingénieur américain au Royaume-Uni sous le titre *Auschwitz the End of the Line : The Leuchter Report* et en a rédigé l'avant-propos. Le 20 juin 1989, Irving et Leuchter ont été condamnés dans une proposition déposée à la Chambre des Communes. Elle décrit David Irving comme "un propagandiste nazi et un apologiste d'Hitler". Quant au texte publié, il est considéré comme une "publication fasciste". Irving publie un communiqué de presse cinglant en réponse à la motion de la Chambre des Communes. Le 23 juin 1989, Irving publie un texte dans lequel il affirme sans équivoque que les chambres à gaz d'Auschwitz sont une "fable".

Le 6 novembre 1989, David Irving donne au Park Hotel de Vienne une conférence qui, seize ans plus tard, lui vaudra une condamnation à trois ans de prison. Des organisations juives et divers groupes communistes et d'extrême gauche ont fait descendre cinq mille manifestants dans les rues pour tenter d'empêcher l'événement. Environ cinq cents policiers anti-émeutes ont dû former un cordon de protection pour empêcher les plus exaltés de prendre d'assaut le bâtiment. En raison du contenu des deux conférences données en Autriche, le gouvernement a lancé un mandat d'arrêt contre Irving et lui a interdit l'entrée dans le pays.

En janvier 1990, David Irving a donné une conférence à Moers, en Allemagne, où il a fait allusion à la terreur aérienne des Alliés et a affirmé qu'autant de personnes étaient mortes à Auschwitz entre 1940 et 1945 qu'au cours de n'importe quel bombardement criminel sur les villes allemandes. Le 21 avril 1990, Irving a répété le même discours à Munich, ce qui a incité un tribunal de la capitale bavaroise à le condamner, le 11 juillet 1991, à une amende de 7000 DM pour négation de l'Holocauste. Irving a fait appel et, lors de l'audience du 5 mai 1992, il a les personnes présentes dans la salle d'audience de Munich à se battre pour que le peuple allemand "mette fin au mensonge sanglant de l'Holocauste qui a été tissé contre le pays pendant cinquante ans". Irving a qualifié Auschwitz d'"attraction touristique". Outre une amende de 10 000 marks, il est désormais interdit d'entrée en Allemagne.

D'autres pays ont suivi l'exemple et le veto contre Irving a commencé à se généraliser. Au Canada, il a été arrêté en novembre 1992 et expulsé vers le Royaume-Uni. L'Italie et l'Australie lui refusent également l'entrée sur leur territoire. Le 27 avril 1993, il est cité à comparaître devant un tribunal français pour des accusations liées à la loi Gayssot. Cette loi ne prévoyant pas d'extradition, l'historien a refusé de se rendre en France et n'a pas comparu. En 1994, il est condamné au Royaume-Uni à trois mois de prison pour outrage à magistrat dans le cadre d'un litige sur les droits d'édition. Il est finalement enfermé pendant dix jours à la prison de Pentonville à Londres.

La confrontation judiciaire entre David Irving et l'historienne juive Deborah Lipstadt, bien connue dans les milieux révisionnistes, a été un tournant qui a marqué l'historien britannique. Il s'agit d'un long procès au Royaume-Uni, dont nous ne retiendrons que les faits essentiels, car Irving apparaît dans ces pages comme une victime de persécutions en Autriche, et nous ne devons pas dévier de notre objectif. Pour les lecteurs peu familiers de la question, la controverse entre Deborah Lipstadt, professeur de judaïsme moderne et d'études sur l'Holocauste à l'université Emory (États-Unis), et David Irving a commencé en 1993, lorsque Lipstadt a disqualifié Irving dans

Denying the Holocaust : The Growing Assault on Truth and Memory (Nier l'Holocauste : l'assaut grandissant contre la vérité et la mémoire). Dans ce livre, Lipstadt qualifie l'historien britannique d'"antisémite qui falsifie des documents pour des raisons idéologiques" et conclut qu'il est "un dangereux porte-parole négationniste". En 1996, Irving a décidé de poursuivre Lipstadt et son éditeur britannique Penguin Books Ltd. pour diffamation, estimant que sa réputation d'historien avait été entachée. Le procès s'est ouvert le 11 janvier 2000 et s'est terminé le 11 avril par une décision du juge Charles Gray en faveur de Lipstadt et de Penguin Books. Le juge Gray a estimé qu'Irving "pour ses propres raisons idéologiques, avait constamment et délibérément déformé et manipulé les preuves historiques". Bien que, comme l'a révélé Germar Rudolf, David Irving ait des origines juives, le juge Gray a affirmé dans son verdict qu'Irving était un "négateur actif de l'Holocauste", qu'il était "antisémite et raciste" et qu'il s'était "associé à des radicaux d'extrême droite pour promouvoir le néo-nazisme". Le procès et le verdict ont fait le tour du monde.

Le 11 novembre 2005, David Irving est devenu la victime la plus médiatisée de la persécution des révisionnistes en Autriche. Il a lui-même raconté toute l'histoire dans un article publié par l'*American Free Press*. Selon son récit, il s'était rendu dans le pays pour s'adresser à une association d'étudiants, la fraternité étudiante "Olympia". Le sujet de la conférence, abordé précédemment dans cet ouvrage (*Outlawed History*), était la négociation de Joel Brand en Hongrie avec Adolf Eichmann pour libérer des Juifs hongrois en échange de camions. Irving avait prévu d'expliquer que les services secrets britanniques avaient déchiffré les codes de communication et étaient au courant des discussions entre les sionistes et les nazis. Un mandat d'arrêt ayant été lancé contre lui par le tribunal régional de Vienne pour négationnisme depuis novembre 1989, Irving n'a pas voulu prendre le risque d'entrer en Autriche par un vol direct et a opté pour un voyage en voiture à partir de Zurich. Après avoir roulé toute la nuit, il est arrivé à Vienne à 8 heures du matin, après avoir parcouru 900 kilomètres.

Une fois reposé, il appelle l'étudiant qui l'a invité, Christopher V., depuis une gare : "Rendez-vous A", dit Irving sans s'identifier, "dans une heure". Sécurité oblige, tout avait été prévu six mois à l'avance. Christopher, un jeune homme d'une vingtaine d'années, est venu le chercher dans le hall de la gare et l'a conduit à l'endroit où plus de deux cents étudiants étaient censés l'attendre. L'événement devait commencer à 18h00. Une fois la voiture garée, ils se sont approchés à pied du bâtiment. En s'appuyant contre le mur, ils ont vu "trois videurs costauds". Dès qu'il a compris qu'il s'agissait de la "Stapo" (police d'État), le jeune homme a remis les clés de la voiture à Irving et ils se sont séparés. En retournant vers la Ford Focus, Irving raconte : "l'un des videurs me suivait à environ 80 mètres, les deux autres poursuivaient Christopher". Par habitude, il entre dans la voiture par la droite, comme s'il s'agissait d'un véhicule anglais, mais le volant est de l'autre côté. L'homme se met à courir. Lorsqu'il démarre enfin, le policier n'est plus qu'à une dizaine de mètres. Dans le rétroviseur, il le voit noter les coordonnées de la voiture sur un bloc-notes. Le plan était d'essayer de rejoindre Bâle, où il devait prendre un avion le lendemain. À environ 250 kilomètres de Vienne, deux voitures de police l'obligent à s'arrêter : "Huit policiers en uniforme en sont soudain sortis et ont couru vers moi en poussant des cris hystériques". Tel est le résumé succinct de la façon dont Irving a vécu son arrestation.

Le porte-parole du ministère autrichien de l'intérieur, Rudolf Gollia, a indiqué que l'historien britannique avait été arrêté le 11 novembre par des agents de la police autoroutière près de la ville de Johann in der Heide, en Styrie. La presse internationale a rapporté qu'il avait été arrêté pour avoir nié l'existence de l'Holocauste 16 ans plus tôt, lors d'une conférence donnée en 1989. Un porte-parole du ministère public a été cité dans les médias comme ayant déclaré que s'il était jugé et reconnu coupable, il pourrait être condamné à une peine allant de un à dix ans de prison.

Après trois mois de détention, il a été condamné à trois ans de prison par le tribunal régional de Vienne le 20 février 2006. Dans l'acte d'accusation, le procureur a précisé que dans les deux discours publics de 1989, Irving avait déclaré que "Hitler a en fait maintenu sa main protectrice sur les Juifs" et avait nié l'existence des chambres à gaz. Selon le procureur, Irving avait également soutenu en 1989 que la "Nuit de Cristal" n'avait pas été perpétrée par les nazis, mais par des individus déguisés en nazis.

En toute justice, il faut dire que les concessions d'Irving devant le tribunal viennois ont profondément déçu certains révisionnistes, qui auraient souhaité une attitude plus digne, plus stoïque. Irving a déclaré qu'il avait changé d'avis sur l'Holocauste parce que, lors d'un voyage en Argentine, il avait trouvé de nouveaux documents sur Adolf Eichmann. Il a accepté de revenir sur certaines de ses affirmations et a même admis l'existence des chambres à gaz, se reconnaissant ainsi coupable d'avoir falsifié l'histoire. Il semble qu'avec cette stratégie, il espérait un acquittement. Il était tellement confiant qu'il avait même acheté à l'avance un billet d'avion pour Londres. Cependant, les huit membres du jury ont été unanimes et, dans son verdict, le juge Peter Liebetreu a déclaré : "L'aveu précédent ne nous a pas semblé être un acte de repentir et n'a donc pas été pris en compte dans la pondération de la peine". Le juge lui a demandé s'il avait compris la sentence. "Je n'en suis pas sûr", répond-il, abasourdi. En sortant de la salle d'audience, il s'est déclaré choqué par la sévérité de la peine.

La Cour d'appel, présidée par le juge Ernest Maurer, a accepté l'appel. Le 20 décembre 2006, le juge Maurer a accepté de réduire la peine initiale à un an d'emprisonnement et deux ans de mise à l'épreuve. Irving ayant déjà passé treize mois en prison, il peut être libéré. Toutefois, il lui est toujours interdit de revenir en Autriche. Ce verdict a suscité la colère de la communauté juive de Vienne et du Centre de documentation historique de la Résistance. Brigitte Bailer, directrice du centre, a exprimé son indignation. Le verdict, a-t-elle déclaré, "est inquiétant parce qu'il est le signe qu'il existe des secteurs dans le système judiciaire autrichien qui minimisent le crime de négationnisme". Mme Bailer a accusé le juge Maurer d'être un sympathisant du parti d'extrême droite FPÖ. Dès son arrivée en Angleterre, Irving a réaffirmé ses positions révisionnistes sur le site et a déclaré qu'"il n'était plus nécessaire de montrer des remords".

Ainsi, David Irving reprend ses activités et donne des conférences révisionnistes en Europe et en Amérique. En décembre 2007, le gouvernement catalan a tenté d'interdire l'un des événements prévus en Espagne. Les Mossos d'Esquadra (police régionale catalane), en plus de fouiller et de filmer les participants afin de les intimider, ont procédé à la saisie de livres. L'orateur a été prévenu qu'il serait arrêté s'il y avait le moindre indice de délit d'opinion. Compte tenu de la situation, il a été décidé de suspendre la conférence et David Irving a tenu une conférence de presse avec sa liberté d'expression comme alibi.

Nous continuons en Espagne. À l'occasion du soixante-dixième anniversaire du déclenchement de la Seconde Guerre mondiale, le journal *El Mundo* a préparé une édition spéciale en 2009 avec des interviews de spécialistes de différentes tendances, dont Irving. L'ambassadeur d'Israël en Espagne, Raphael Schutz, a envoyé une lettre de protestation au journal pour demander la censure des contributions d'Irving. M. Schutz, avec son habituelle attitude de victime, a affirmé qu'il ne suffisait pas d'invoquer le droit à la "liberté d'expression". Le journal a qualifié l'ambassadeur d'"intransigeant" et a répondu que le journal *El Mundo* ne niait pas l'Holocauste, bien au contraire.

Terminons par une anecdote. En mars 2013, l'interdiction d'entrée en Allemagne de David Irving, qui devait durer jusqu'en 2022, a été levée. En juillet de la même année, il tente de réserver une chambre à Berlin car une conférence est prévue dans la capitale allemande le 10 septembre et les participants doivent payer 119 dollars pour y entrer. Volker Beck, du parti des Verts, a contacté l'association des hôteliers allemands pour qu'ils boycottent Irving. Il a ainsi obtenu que les plus grands hôtels de Berlin refusent d'accueillir le révisionniste britannique, qui aurait dû trouver un autre logement.

Wolfgang Fröhlich, le "canari" qui chante encore dans sa cage

Wolfgang Fröhlich est en passe de battre tous les records, ayant déjà passé neuf ans de sa vie en prison et en purgeant actuellement cinq autres, ce qui revient à quatorze ans d'emprisonnement pour des crimes de pensée. Dans un article publié dans *Smith's Report* en octobre 2015, Roberto Hernández a assimilé Fröhlich à ce canari auquel le professeur Faurisson faisait allusion dans sa phrase bien connue : "Mettre un canari en cage ne peut pas l'empêcher de chanter ses chansons." Wolfgang Fröhlich est un ingénieur chimiste autrichien convaincu que la thèse de l'extermination des déportés dans les chambres à gaz est scientifiquement absurde. Fröhlich, notre canari en cage, est un spécialiste des procédés de désinfection et de la construction de chambres à gaz pour la lutte contre les parasites et l'élimination des microbes.

Il a déjà été dit que la liberté d'expression et la liberté dans son ensemble sont entravées en Autriche par une loi de 1947, la "Verbotsgesetz" (loi d'interdiction), qui visait à l'origine à empêcher l'existence de tout ce qui pouvait être lié au national-socialisme. En 1992, cette loi a été modifiée afin de punir la négation de l'Holocauste et toute tentative de minimiser les atrocités nazies. Malgré la nouvelle application de la loi d'interdiction, Fröhlich a envoyé, au cours des années 1990, des centaines de textes à des avocats, des juges, des parlementaires, des journalistes, etc. dénonçant les prétendues chambres à gaz nazies comme un mensonge. En 1998, il a participé en tant qu'expert pour la défense au procès en Suisse contre Jürgen Graf et son éditeur Gerhard Förster, sur lesquels nous reviendrons plus tard. Il faut dire que son témoignage sur l'impossibilité technique des gazages de masse n'a pas du tout plu au tribunal, si bien que le procureur Dominik Aufdenblatten a menacé de l'inculper. Le passage de l'interrogatoire est le suivant :

"Aufdenblatten : Selon vous, les gazages massifs au Zyklon B étaient-ils techniquement possibles ?

Fröhlich : Non.

Aufdenblatten : Pourquoi pas ?

Fröhlich : Le pesticide Zyklon B est de l'acide cyanhydrique sous forme de granulés. Il est libéré au contact de l'air. Le point d'ébullition de l'acide cyanhydrique est de 25,7 degrés (Celsius). Plus la température est élevée, plus le taux d'évaporation est rapide. Les chambres d'épouillage dans lesquelles le Zyklon B était utilisé dans les camps et ailleurs étaient chauffées à trente degrés et même plus, de sorte que l'acide cyanhydrique se libérait rapidement de ses granules. En revanche, dans les morgues semi-enterrées des crématoires d'Auschwitz-Birkenau, où, selon des témoins, des exterminations massives au Zyklon B ont été réalisées, les températures étaient beaucoup plus basses. Si l'on admet que les pièces étaient chauffées par les corps des prisonniers, la température n'aurait pas dépassé 15 degrés Celsius, même en été. Par conséquent, il aurait fallu de nombreuses heures pour que l'acide cyanhydrique s'évapore. Selon les témoignages, les victimes sont mortes rapidement. Les témoins mentionnent des périodes allant de "instantané" à "15 minutes". Pour tuer les prisonniers en si peu de temps, les Allemands auraient dû utiliser d'énormes quantités de Zyklon B - j'estime qu'il y en avait entre 40 et 50 kilos par gazage. Cela aurait rendu tout travail dans la chambre à gaz totalement impossible. Le détachement spécial (Sonderkomando) qui, selon les témoins, vidait les chambres des corps, se serait immédiatement effondré en entrant, même en portant des masques à gaz. D'énormes quantités d'acide cyanhydrique se seraient écoulées et tout le camp aurait été empoisonné".

La déclaration de Fröhlich a été accueillie par des applaudissements, mais le procureur Aufdenblatten a réagi avec indignation et a déclaré : "Pour cette déclaration, je demande au tribunal de vous accuser de discrimination raciale conformément à l'article 261, sinon je le ferai moi-même. En entendant ces mots, l'avocat de Förster, Jürg Stehrenberger, s'est levé et a informé le tribunal qu'en raison de l'intimidation intolérable du témoin, il se retirait de l'affaire. En compagnie de l'avocat de Graf, il a quitté la salle d'audience pendant quelques minutes. Lorsqu'ils sont revenus, ils ont tous deux exprimé leur véhémente opposition au comportement du procureur, mais ont annoncé qu'en dépit de tout, ils continueraient à assumer leurs fonctions d'avocats de la défense.

En 2001, Wolfgang Fröhlich a publié *Die Gaskammer Lüge* *(Le mensonge de la chambre à gaz)*, un livre de près de 400 pages qui lui a valu un mandat d'arrêt et l'a contraint à se cacher quelque part en Autriche pour éviter d'être capturé. C'est dans la clandestinité qu'il conçoit le projet d'envoyer des CD intitulés *Gaskammerschwiendel* *(La fraude de la chambre à gaz)*, dans lesquels il détaille les résultats de ses recherches et qualifie la fraude de "terrorisme psychologique". Le 30 mai 2003, il a écrit dans une lettre qu'il se portait bien et qu'il poursuivait avec enthousiasme son projet d'envoi de CD à des personnes issues de l'ensemble de la société autrichienne. À ce jour, il a envoyé quelque 800 CD dans l'espoir que son action hâtera la fin de "l'histoire de l'Holocauste selon laquelle des millions de Juifs ont été gazés". Fröhlich y voyait une tromperie historique sans précédent de tout un peuple ("Volksbetrug"). Finalement, le samedi 21 juin 2003, Fröhlich a été arrêté et emprisonné à Vienne. Début 2004, il a été jugé et condamné à trois ans de prison pour violation de la loi sur l'interdiction ("Verbotsgesetz"), dont deux ans de mise à l'épreuve. À sa sortie de prison, le 9 juin 2004, il se retrouve sans emploi et sans ressources.

En juin 2005, alors qu'il était en liberté conditionnelle, une nouvelle accusation a été portée contre lui pour avoir émis les 800 CD prouvant l'impossibilité absolue des gazages. Il a dû retourner en prison, où il a attendu son nouveau procès. Le 29 août 2005, la juge Claudia Bandion-Ortner a condamné Frölich à deux ans de prison et a annulé le sursis de la peine précédente, ce qui signifie que Frölich a été emprisonné pendant quatre ans au total. Heureusement, son recours devant la Cour suprême a été couronné de succès, de sorte que sa peine a été réduite de 29 mois et qu'il a de nouveau bénéficié d'une libération provisoire. En décembre 2006, à peine sorti de prison, Wolfgang Fröhlich a assisté à la Conférence internationale sur l'Holocauste à Téhéran, mais n'a pas pris la parole, de sorte que, malgré les allégations de et les pressions exercées sur les autorités autrichiennes, il n'a pas été inculpé pour s'être rendu en Iran.

Alors qu'il était en liberté conditionnelle, l'infatigable Wolfgang Fröhlich a demandé à un membre du parlement et aux gouverneurs des provinces d'abolir la loi sur la prohibition. C'est pourquoi il a été arrêté à nouveau fin juillet/début août 2007 et renvoyé en prison, où il est resté jusqu'à la tenue d'un nouveau procès. Le 14 janvier 2008, la juge Martina Spreitzer-Kropiunik du tribunal régional de Vienne a rendu un verdict de culpabilité et l'a condamné à quatre ans d'emprisonnement, qui s'ajoutent aux 29 mois révoqués par la Cour suprême. Il a donc été condamné à un total de six ans et quatre mois d'emprisonnement pour simple délit d'opinion.

Incarcéré en tant que prisonnier politique, Fröhlich, le "canari" qui ne peut s'arrêter de chanter, a écrit à Barbara Prammer du Conseil national du SPÖ (Parti social-démocrate d'Autriche), au cardinal Christoph Schönborn et à d'autres pour expliquer sa thèse selon laquelle l'extermination de millions de Juifs dans les chambres à gaz est techniquement impossible et que la mort de six millions de Juifs est "le mensonge le plus atroce de l'histoire de l'humanité". Le chant irrépressible de Wolfgang Fröhlich a donné lieu à une nouvelle inculpation : le 4 octobre 2010, il a été condamné à deux ans de prison supplémentaires. Et ainsi de suite. Une demi-année avant sa libération, le 9 juillet 2015, le tribunal de district de Krems, présidé par le juge Gerhard Wittmann, le condamne à une nouvelle peine de trois ans d'emprisonnement. Cette fois, la procureure Elisabeth Sebek l'avait inculpé pour avoir envoyé des lettres au chancelier autrichien Werner Faymann, un social-démocrate catholique, au magazine d'information *Profil* et à d'autres personnes influentes. Dans ces lettres, il exprimait à nouveau son point de vue sur l'Holocauste.

Le 25 novembre 2015, Wolfgang Fröhlich a envoyé une lettre de mise en demeure au Comité des droits de l'homme des Nations unies et à la Convention européenne des droits de l'homme, selon les dernières informations dont nous disposons. Comme Robert Faurisson et Ernst Zündel se sont tous deux adressés sans succès aux instances internationales, le premier pour dénoncer la loi Gayssot et le second pour dénoncer la violation de ses droits, il est peu probable que Fröhlich obtienne une quelconque protection. La tyrannie cachée du pouvoir mondial n'admet pas la moindre concession face aux révisionnistes qui cherchent à démasquer l'imposture. Quoi qu'il en soit, nous enregistrerons ce texte en hommage à cet honnête ingénieur autrichien qui a tout essayé et tout perdu :

"Mesdames, Messieurs,

Je formule ici une EXIGENCE

pour que ma plainte pour violation des droits de l'homme n° 56264/09 contre la République autrichienne, qui, en criminalisant mes opinions, porte atteinte à mes droits fondamentaux, en particulier ceux relatifs à la liberté de la recherche scientifique, soit réexaminée et que justice soit faite !

J'avais déjà saisi la CEDH en tant que plaignant contre plusieurs condamnations prononcées par le tribunal pénal de Vienne au seul motif que j'avais fait usage de ma liberté d'expression. Par lettre du 15 mai 2012 (GZ ECHR LGer11.2R), cette plainte a été rejetée comme irrecevable !

J'ai récemment appris par la presse que la CEDH avait entre-temps modifié sa position juridique concernant les garanties des droits de l'homme en matière de liberté d'expression. En octobre 2015, un politicien turc qui avait été condamné en Suisse pour avoir exprimé son opinion en public a finalement été blanchi par la CEDH et la Suisse condamnée pour violation des droits de l'homme. Je fais référence à cette affaire dans ma lettre du 13 juillet 2015 au Conseil des ministres de la République autrichienne, que vous trouverez en pièce jointe n° 1.

Pour résumer ma question : je suis emprisonné en Autriche pour un seul et même "crime" depuis plus de dix ans ! Le 9 juillet 2015, j'ai été condamné par le tribunal de Krems à trois ans de prison supplémentaires, parce que je persiste à défendre le droit fondamental de m'exprimer librement ! J'évoque cette affaire dans une lettre adressée le 13 juillet 2015 au ministre autrichien de la Justice, M. Wolfgang Brandstetter, que vous trouverez dans le document n°2 ci-joint.

Comme la République autrichienne est liée par les mêmes normes juridiques (CCPR et CEDH) que la Suisse en ce qui concerne les droits de l'homme, je demande que ma demande n° 56264/09 soit examinée.

Avec mes plus sincères salutations,

Wolfgang Fröhlich".

4. Principales victimes de persécutions en Suisse

Jürgen Graf et Gerhard Förster, condamnés pour avoir écrit et publié des livres

Né en 1951, Jürgen Graf, qui a d'abord sympathisé avec la cause palestinienne et rejeté par conséquent le sionisme pour ses crimes, n'a pas douté jusqu'en 1991 que les nazis avaient exterminé les Juifs au moyen de chambres à gaz. Il rencontre alors Arthur Vogt (1917-2003), considéré comme le premier révisionniste suisse, qui lui fournit une série de livres qui lui ouvrent les yeux et lui éclaircissent l'esprit. Dès lors, "j'ai décidé de consacrer ma vie", confesse Graf, "à la lutte contre l'escroquerie la plus monstrueuse jamais conçue par des esprits humains". L'impact de la lecture des textes révisionnistes est si profond qu'en mars 1992, il rend visite au professeur Robert Faurisson à Vichy, qui corrige son livre *Der Holocaust auf dem Prüfstand*, publié au début de l'année 1993.

Jürgen Graf, qui a étudié la philologie française, anglaise et scandinave, parle plus de dix langues. À la suite de sa première publication révisionniste, il est licencié en mars 1993 de son poste de professeur de latin et de français, langues qu'il enseignait dans un lycée de Therwill, une ville proche de Bâle. Un mois plus tard, il rencontre l'éditeur Gerhard Förster, dont le père, originaire de Silésie, est mort lors de l'épuration ethnique brutale de millions d'Allemands d'Europe de l'Est. Incapable de s'arrêter, Graf rendit visite à Carlo Mattogno, vivant près de Rome, en septembre 1993, qui lui fournit de précieux documents écrits en polonais, qu'il étudiait et recherchait depuis une dizaine d'années. Dès cette première visite, les deux hommes ont entamé une étroite collaboration et une profonde amitié, Graf devenant le traducteur de nombreux écrits du révisionniste italien. Par la suite, ils ont effectué ensemble une demi-douzaine de voyages de recherche (Pologne, Russie, Lituanie, Belgique, Pays-Bas), à partir desquels ils ont produit plusieurs livres qu'ils ont finalement coécrits. En septembre 1994, Graf s'envole pour la Californie afin d'assister à une conférence révisionniste organisée par l'Institute for Historical Review. Il y rencontre Mark Weber, directeur de l'IHR, Ernst Zündel, Bradley Smith et d'autres révisionnistes. En octobre 1994, il obtient un nouvel emploi de professeur d'allemand à Bâle ; mais il est licencié en 1998, après le procès de Baden qui, après cette rapide introduction, sera traité dans les lignes qui suivent.

Comme nous avons cité Jürgen Graf comme source tout au long de ce travail (*L'Histoire Proscrite*), son nom devrait nous être familier. La collaboration avec le révisionniste italien Carlo Mattogno a donné lieu, comme nous l'avons mentionné plus haut, à d'importants travaux sur les camps de transit de l'est de la Pologne, transformés en camps d'extermination par la propagande. *Treblinka : Extermination Camp or Transit Camp ?* a été l'une de nos principales sources pour l'étude des camps de la soi-disant "Aktion Reinhard". Cependant, lorsque Graf a été condamné en 1998, c'était pour ses premiers ouvrages, dont nous avons utilisé *El Holocausto bajo la Lupa*, une édition anglaise de *Der Holocaust auf dem Prüfstand*, l'un des quatre livres qui ont conduit à sa condamnation. Le tribunal, composé de cinq membres, était présidé par le juge Andrea Staubli, qui, pour justifier le verdict, a rejeté les arguments des accusés concernant le contenu académique des livres, que le tribunal a considéré comme "cynique et inhumain".

Par l'importance de ses travaux et recherches et le nombre de livres qu'il a publiés, Jürgen Graf est le plus important révisionniste condamné en Suisse. Lui et son éditeur Gerhard Förster ont été condamnés le 21 juillet 1998 à quinze et douze mois de prison respectivement pour avoir écrit l'un et publié l'autre des livres prétendument antijuifs incitant à la "discrimination raciale". La "loi contre le racisme" qui a permis les poursuites avait été promulguée le 1er janvier 1995 à la demande de la communauté juive de Suisse. Elle interdit des crimes non spécifiés tels que "la négation ou la banalisation de génocides ou d'autres crimes contre l'humanité". Gerhard Förster a été reconnu coupable d'avoir publié les écrits de Graf et de deux autres auteurs. Jürgen Graf a également été reconnu coupable d'avoir envoyé des CD "racistes" en Suède pour Ahmed Rami et au Canada pour Ernst Zündel, qui les a distribués via Internet. Outre l'emprisonnement, le tribunal de Baden, dans le nord de la Suisse, a condamné chacun d'eux à une amende de 8 000 francs suisses et leur a ordonné de restituer les 55 000 francs suisses qu'ils avaient gagnés grâce à la vente des livres, dont 45 000 francs suisses pour Förster et 10 000 francs suisses pour Graf.

Le Journal of Hisorical Review a publié dans son numéro de juillet/août 1998 un résumé détaillé du procès, qui a débuté le 16 juillet. Selon cette source, les soixante sièges de la salle d'audience étaient occupés par des sympathisants de Graf et de Förster. D'emblée, le tribunal a refusé de faire témoigner Robert Faurisson, dont l'érudition était déjà redoutée partout. À la place, il a accepté le témoignage du moins connu Wolfgang Fröhlich, dont un extrait a été reproduit ci-dessus. Le témoignage de Jürgen Graf a duré environ deux heures et s'est caractérisé par une défense vigoureuse des points de vue et des arguments contenus dans ses livres. Il est intéressant de citer quelques questions et réponses du contre-interrogatoire. À la question du juge Staubli de savoir s'il y a eu ou non un Holocauste, Jürgen Graf a répondu :

"C'est une question de définition. Si l'on entend par Holocauste une persécution brutale des Juifs, des déportations massives dans des camps et la mort de nombreux Juifs par maladie, épuisement et malnutrition, alors il s'agit bien sûr d'un fait historique. Mais le terme grec "holocauste" signifie "brûlé à mort" ou "sacrifié par le feu" et est utilisé par les historiens orthodoxes pour désigner le prétendu gazage massif des Juifs dans les "camps d'extermination". Il s'agit d'un mythe".

La juge a ensuite tenté d'interroger Graf sur le fait qu'il n'était pas un historien qualifié. Elle lui a ensuite reproché de ne pas se soucier d'offenser les Juifs avec ses livres. Dans sa réplique, Graf a cité des exemples d'infractions commises à l'encontre des Suisses sans que personne ne s'en préoccupe. "Pourquoi, a-t-il demandé à Staubli, ne tient-on compte des sentiments des Juifs que sur le site et jamais de ceux des non-Juifs ? Le juge lui rappelle que la loi antiraciste a été adoptée à l'issue d'un référendum démocratique. "Ne devriez-vous pas respecter cela ? Réponse :

"À l'époque, on a fait croire que la loi servait à protéger les étrangers contre les violences racistes. En réalité, elle sert exclusivement à protéger les Juifs contre toute critique. La brochure "Abschied von Rechtsstaat" (Adieu à l'État de droit), à laquelle j'ai contribué par deux courts essais, le prouve de manière irréfutable. Jusqu'à présent, aucun citoyen suisse n'a été accusé d'avoir critiqué un Noir, un Arabe ou un Turc. Seules des personnes ayant critiqué des Juifs ont été inculpées et condamnées".

Le ministère public, représenté par le procureur Aufdenblatten, a été très sévère dans ses conclusions et a utilisé des expressions telles que "pseudo-scientifique", "incitation à l'antisémitisme" et "propagande raciste" pour désigner les "livres criminels". Il a conclu que les écrits de Graf attisaient les flammes de l'antisémitisme et de la haine, et qu'ils ne cherchaient pas la vérité, mais la déformaient. Le procureur a souligné que Graf ne montrait aucun remords, qu'il réaffirmait ses opinions révisionnistes et qu'il était peu probable qu'il les modifie. Il a donc demandé au tribunal de ne pas envisager de peine avec sursis, ni pour Graf, ni pour Förster, qu'il a qualifié d'aussi déraisonnable que son collègue. Quant au mauvais état de santé du publiciste, il n'est pas un motif d'indulgence, car ce n'est pas à la Cour de déterminer s'il est trop malade pour aller en prison, mais aux médecins. Gerhard Förster est décédé en septembre 1998, neuf semaines après le procès.

Après les dernières interventions de Jürg Stehrenberger et Urs Oswald, les avocats de Förster et Graf, le juge Staubli a accordé à Graf dix minutes pour faire une dernière déclaration, à condition qu'elle se limite aux questions pertinentes liées au procès. Après l'avoir remerciée pour son geste, Jürgen Graf a insisté sur le fait que les révisionnistes recherchaient la vérité : "Nous essayons de nous rapprocher le plus possible de la vérité historique. Ce que nous voulons, c'est que nos erreurs nous soient signalées. Il y a effectivement des erreurs dans mes livres, mais savez-vous qui me les a montrées ? D'autres révisionnistes ! De l'autre côté, la seule réaction a été des insultes, des calomnies, des menaces, des actions en justice et des procès". Quant à son éventuelle condamnation, il a informé le tribunal que depuis le début du 19ème siècle, personne n'a été emprisonné en Suisse pour avoir exprimé son opinion de manière non violente.

Voulez-vous, mesdames et messieurs de la Cour", a-t-il lancé aux juges, "rompre cette tradition à l'aube du XXIe siècle ? Et si vous tenez à emprisonner l'un d'entre nous, regardez-moi et non M. Förster, qui est mortellement malade ! En me mettant en prison, vous ne m'humilierez pas. Si vous le faites, c'est tout le pays, la Suisse, que vous humilierez. Une Suisse où la liberté d'expression a été abolie. Une Suisse où une minorité de 0,6% de la population est autorisée à décider de ce qui peut être écrit, lu, dit ou pensé est une Suisse morte".

Le fait que certains des livres pour lesquels Graf et Förster ont été inculpés aient été publiés avant la promulgation de la loi de 1995 n'a pas été considéré comme une circonstance atténuante. Urs Oswald, l'avocat de Graf, a bien entendu fait appel de ce verdict. Le 23 juin 1999, le tribunal du canton d'Argovie a confirmé le verdict, après quoi un appel a été interjeté auprès d'une instance supérieure, le tribunal fédéral de Lausanne. L'organisation suisse "Verité et Justice", dirigée par René-Louis Berclaz, Philippe Brennenstuhl et Graf lui-même, qui œuvre pour le rétablissement de la liberté intellectuelle en Suisse, a publié la documentation du procès sous le titre *Un procès politique à Escaner. Le cas de Jürgen Graf*, un rapport qui a été traduit en plusieurs langues. En avril 2000, Jürgen Graf apprend que son appel a été rejeté et qu'il sera incarcéré le 2 octobre.

À l'époque, il était déjà fiancé à Olga Stepanova, une historienne biélorusse de Minsk. Tous deux ont décidé de ne pas rester séparés aussi longtemps et Graf a opté pour l'exil. Le 15 août 2000, jour de son 49e anniversaire, il émigre en Iran, où il vit jusqu'en avril 2001. Pour un polyglotte comme lui, l'étude du farsi pendant les mois que a passés à Téhéran a été un divertissement. De là, il s'est finalement rendu en Russie, où il s'est installé après avoir épousé Olga. Depuis 2002, Graf et sa femme vivent en Russie, où il gagne sa vie en traduisant en allemand des textes rédigés en anglais, en russe et dans d'autres langues européennes. Outre, bien sûr, ses efforts pour dénoncer la religion de l'Holocauste, ce mensonge qui empoisonne le monde, il continue à publier des livres : *Sobibor. Holocaust Propaganda and Reality*, publié par Castle Hill Publisher, la maison d'édition de Germar Rudolf, et *White World Awake !* sont peut-être les deux derniers.

Gaston-Armand Amaudruz, un an de prison pour un octogénaire

Né à Lausanne, Gaston-Armand Amaudruz a fondé et publié en 1946 le *Courrier du Continent*, un bulletin d'information rédigé en français. Amaudruz n'a que 28 ans lorsqu'il conteste dans son livre *Ubu Justicier au Premier Procés de Nuremberg* (1949) les affirmations sur les chambres à gaz meurtrières. On peut donc dire qu'il est l'un des premiers révisionnistes. Amaudruz écrit que "le procès de Nuremberg lui avait fait comprendre que la victoire des Alliés était la victoire de la décadence". Amaudruz, qui a créé en 1951 le "Nouvel ordre européen", une organisation nationaliste, anticapitaliste et anticommuniste en Suisse, avait de la sympathie pour des Suisses éminents tels que le Lausannois François Genoud, le financier suisse qui avait été un national-socialiste convaincu toute sa vie. Fervent défenseur de la cause palestinienne et grand mécène de l'OLP, Genoud a fondé l'Arab Commercial Bank à Genève en 1958. Ce n'est pas pour rien qu'il était connu sous le nom de "Sheik François" parmi les Arabes[9]. Genoud a décrit Gaston Armand Amaudruz comme "un homme intègre, raciste, désintéressé, un homme du passé".

C'est précisément à cause de deux articles publiés en 1995 dans le *Courrier du Continent* que Gaston-Armand Amaudruz a été dénoncé. Dans l'un d'eux, il avait écrit : "Pour ma part, je maintiens ma position. Je ne crois pas aux chambres à gaz. Que les exterminationnistes en fassent la preuve et j'y croirai. Mais comme j'attends cette preuve depuis des décennies, je ne pense pas la voir de sitôt." Le procès contre lui a suivi celui de Jürgen Graf, qui avait une amitié personnelle avec Amaudruz et qui a utilisé les dix minutes que lui a accordées le juge Staubli pour défendre, à la fin de son discours, la figure de son ami devant le tribunal de Baden :

"Je voudrais terminer mon propos en citant un ami romand, Gaston-Armand Amaudruz, contre lequel se prépare à Lausanne un procès semblable à celui qui nous oppose, Förster et moi. Dans le numéro 371 de son bulletin *Courrier du Continent*, Amaudruz écrit : "Comme dans les temps historiques anciens, vouloir imposer un dogme par la force est un signe de faiblesse. Les exterminationnistes peuvent gagner des procès

[9] Il existe peu de personnes aussi extraordinaires et aussi peu reconnues que François Genoud. Les biographies qui ont été écrites à son sujet ne le présentent pas de manière adéquate parce que leurs auteurs font preuve de peu de courage et/ou d'un trop grand souci du politiquement correct. Genoud, en plus d'être banquier et publiciste, fut un éminent stratège international qui s'opposa de toutes ses forces au Nouvel Ordre Mondial. Après la guerre, il a joué un rôle essentiel dans le sauvetage des réfugiés anticommunistes et nationalistes fuyant la vengeance des judéo-communistes qui s'étaient emparés de la moitié de l'Europe. Dès 1936, François Genoud se lie d'une amitié durable avec le Grand Mufti de Jérusalem, chef spirituel des musulmans de Palestine. En fondant l'Arab Commercial Bank, il se met au service financier des causes nationalistes arabes qui tentent de s'affranchir de l'empire financier des Rothschild. Cet homme exceptionnel, à l'intelligence privilégiée, a lutté jusqu'au bout contre le sionisme international et l'empire mondial.

grâce à des lois qui musellent la liberté d'expression. Mais ils perdront le jugement final devant le tribunal des générations futures".

Peu avant le début de son procès, en avril 2000, Amaudruz a écrit un article volontairement provocateur dans le numéro 418 de son bulletin, intitulé "Vive le révisionnisme ! Il y dénonce à nouveau le dogme intouchable de l'Holocauste imposé à l'humanité, se dit prêt à être mis en accusation et annonce : "Je préfère obéir à ma conscience plutôt qu'à une loi immorale et criminelle, je reste fidèle à mes convictions. Je reste fidèle à mes convictions. Vive le révisionnisme !" Après la fin de la longue enquête,, le procès s'est ouvert le 8 avril 2000 et le verdict a été rendu le 10 avril 2000. Le tribunal a condamné l'accusé à un an de prison pour avoir "nié" l'existence des chambres à gaz homicides dans les camps de concentration allemands pendant la Seconde Guerre mondiale. Ce publicitaire et professeur à la retraite, âgé de 79 ans, a été reconnu coupable d'avoir enfreint la loi contre le racisme, qui érige en infraction le fait de "nier, minimiser grossièrement ou tenter de justifier un génocide ou d'autres crimes contre l'humanité". Outre l'année d'emprisonnement, le tribunal de Lausanne a condamné Amaudruz à verser 1 000 francs suisses à chacune des parties au procès : la Fédération suisse des communautés israélites, la LICRA qui, bien que basée à Paris, avait comparu, l'Association des fils et filles des déportés juifs de France et un survivant juif des camps de concentration. Les frais du procès et de la publication du verdict dans trois journaux et un journal officiel sont également à la charge de l'accusé condamné.

Après le procès, Gaston-Armand Amaudruz a raconté son expérience judiciaire dans un livre comprenant les rapports d'inculpation. En septembre 2000, "Verité et Justice" a publié ce texte dans le troisième numéro de son bulletin sous le titre *Le procès Amaudruz. Une farce judiciaire*. L'organisation a ainsi contribué à faire connaître les cruautés du procès contre un dissident de 79 ans. Les autorités ont considéré qu'il s'agissait d'une nouvelle violation de la loi antiraciste et ont poursuivi Amaudruz ainsi que René-Louis Berclaz et Philippe Georges Brennenstuhl, cofondateurs avec Jürgen Graf de "Verité et Justice". En mars 2002, "Verité et Justice" a été dissoute par décision de justice. Le 22 mai 2002, le tribunal pénal de la Veveyse, dans le canton de Fribourg, a condamné Amaudruz et

Brennenstuhl à trois mois d'emprisonnement et Berclaz à huit mois d'emprisonnement.

Entre-temps, une cour d'appel avait réduit à trois mois la peine prononcée en avril 2000 à l'encontre de Gaston-Armand Amaudruz. En janvier 2003, à l'âge de 82 ans et déjà en très mauvaise santé, il est entré à la prison de la Plaine de l'Orbe, à Vaud, dans le canton de Vaud, pour y purger la peine imposée par la justice suisse.

5. Principales victimes de persécutions en Belgique et aux Pays-Bas

Siegfried Verbeke, combattant obstiné de la liberté d'expression

Belge d'origine flamande, Siegfried Verbeke est l'un des plus éminents révisionnistes européens. Avec son frère Herbert, il a fondé en 1983 le *Vrij Historisch Onderzook* (*Recherche historique libre*), connu sous l'acronyme *VHO*, qui est devenu au fil des ans le principal centre européen de publication de textes critiques à l'égard de l'historiographie officielle et du dogme de l'Holocauste. Toute une série de livres, de brochures, de dépliants et d'articles en anglais, en néerlandais, en français et en allemand ont été publiés par *VHO*, qui a également publié pendant un certain temps un bulletin d'information. Depuis 1991, date à laquelle Verbeke et Faurisson ont publié une brochure de 125 pages sur le journal frauduleux d'Anne Frank, une persécution s'est déclenchée et s'est intensifiée au fil du temps. Les institutions gouvernementales, avec le soutien habituel des organisations sionistes habituelles, ont harcelé sans relâche Verbecke, qui a été maintes fois condamné à des peines de prison et à des amendes pour sa dissidence politique et ses opinions toujours pacifiques. En outre, les autorités belges ont confisqué pendant des années des tonnes de livres et d'autres textes produits par Verbeke, qui ont été systématiquement détruits.

La première condamnation de Siegfried Verbeke par un tribunal belge date de 1992 : pour avoir diffusé des écrits remettant en cause l'Holocauste, il a été condamné à un an de prison. Heureusement, son emprisonnement est suspendu, mais il perd ses droits civiques et son droit de vote pendant dix ans. Néanmoins, les lobbies juifs poursuivent le harcèlement et, en 1992, la loge maçonnique B'nai B'rith, le Centre d'information et de documentation d'Israël et la Fondation Anne Frank s'associent à le Département national de lutte contre le racisme et intentent une action civile contre Verbeke pour avoir publié des documents, dont le *rapport Leuchter*. À la fin de l'année, un tribunal néerlandais a ordonné à Verbeke de payer 10 000 florins pour chacun des textes. En 1993, la Fondation Anne Frank aux Pays-Bas et le Fonds Anne Frank en Suisse ont poursuivi Verbeke, Faurisson et un de leurs collègues de *VHO* pour la publication de la brochure sur le journal d'Anne Frank. Dans l'acte d'accusation, il est souligné que "Anne Frank a été pendant des années un symbole des victimes juives de l'Holocauste, et que son nom et son journal ont donc acquis une valeur supplémentaire".

Alors que la Suisse a adopté la loi contre le racisme en 1995, en Belgique, la même année, le parlement a donné le feu vert à une nouvelle loi antirévisionniste qui criminalise la remise en question de la version officielle de l'Holocauste. Selon cette nouvelle loi, nier, minimiser ou tenter de justifier le génocide perpétré par le régime national-socialiste est passible d'une peine d'emprisonnement pouvant aller jusqu'à un an et d'une amende. Il s'agit d'une législation anti-liberté d'expression très similaire à celle qui existait déjà en France et en Autriche. Cela montre que l'offensive contre le révisionnisme est menée en coulisses par les forces occultes qui tiennent sous leur coupe les "démocraties" fantoches nées après la guerre mondiale. En fait, bien avant cela, le 23 avril 1982, le *Jewish Chronicle* (Londres) avait déjà rapporté que l'Institut des affaires juives de Londres, une branche du Congrès juif mondial, annonçait une campagne visant à faire pression et à persuader les gouvernements d'interdire la "négation de l'Holocauste". Les lois sur le délit de pensée antirévisionniste introduites dans plusieurs pays européens reflètent le succès de cette initiative.

En 1996, Siegfried Verbeke a commencé à coopérer avec un publiciste révisionniste allemand pour créer une division germanophone de *VHO* supervisée par Germar Rudolf. En septembre 1997, Germar Rudolf lance sur Internet le site vho.org, qui devient le plus grand site révisionniste au monde. Le 6 novembre 1997, au cours d'une discussion à la suite de une table ronde à Anvers (Belgique), Verbeke a distribué des centaines d'exemplaires d'une brochure révisionniste écrite par lui-même, *Goldhagen et Spielberg Lies*, qui a été très bien accueillie[10]. Cette activité, qui a suivi le lancement de

---

[10] Daniel Goldhagen, dont le père était l'un des innombrables survivants de l'"Holocauste", avait publié en 1996 *Hitler's Willing Executioners*, un ouvrage

VHO sur l'internet, a été la goutte d'eau qui a fait déborder le vase. Dans un article paru en 2004, Germar Rudolf a lui-même désigné "le célèbre chasseur de sorcières belge Johan Leman", qui aurait été présent dans l'auditoire à Anvers, comme la personne qui a fait pression sur le gouvernement belge pour qu'il agisse à l'encontre de Verbeke. Une série de perquisitions dans quatre de ses locaux a eu lieu les 21 et 29 novembre 1997 et le 7 janvier 1998. De grandes quantités de livres et de documents ont été saisies et les entrepôts ont été mis sous scellés. Sur la base de cette expérience, la division allemande de *VHO* est devenue indépendante au début de l'année 1998. Afin d'échapper aux poursuites, Castle Hill Publishers, la maison d'édition de Germar Rudolf en Angleterre, a repris la publication des textes allemands. En 1998, le parquet de Francfort a déposé une plainte pénale contre Siegfried Verbeke. L'initiative venait d'Ignatz Bubis, chef du Conseil central des juifs d'Allemagne. Le motif était la distribution de dizaines de milliers d'exemplaires de la version allemande des *mensonges de Goldhagen et Spielberg* à des ménages allemands. La brochure a été confisquée et détruite sur ordre d'un tribunal de Munich. La procédure judiciaire a duré deux ans.

Finalement, un arrêt de la Cour d'appel d'Amsterdam du 27 avril 2000 a interdit à *VHO* de continuer à publier et à distribuer la brochure de Verbeke et Faurisson, qui mettait en doute l'authenticité du prétendu journal d'Anne Frank. En mai 2001,, le ministère belge de la culture a ordonné à toutes les librairies de Belgique de retirer les ouvrages de Verbeke de leurs rayons. En conséquence, tous les textes révisionnistes ont été retirés des magasins et discrètement détruits. Avec cet inqualifiable outrage à la liberté d'expression, l'épopée de cet inqualifiable publiciste atteignait son apogée.

En 2002, le domicile de Verbeke a été perquisitionné à plusieurs reprises par la police belge. Le 12 février 2002, les autorités belges ont officiellement interdit *Vrij Historisch Onderzook* et sa boîte postale a été temporairement confisquée. Les locaux de l'éditeur ont de nouveau été perquisitionnés et il a été soumis à un

---

dans lequel il criminalise tous les Allemands qui, selon ce juif américain, non seulement étaient au courant de l'extermination, mais l'ont soutenue. En ce qui concerne Steven Spielberg et sa *Liste de Schindler*, nous pensons quaucun commentaire n'est nécessaire.

interrogatoire serré pendant les vingt-quatre heures de son arrestation. Au cours des mois suivants, les entrepôts où Verbeke conservait son matériel furent constamment visités par la police. Siegfried Verbeke décide alors de se réorganiser. Après avoir pris possession de nouvelles boîtes postales, il rebaptise sa fondation *Vogelvrij Historisch Onderzook (Recherche historique proscrite)*. La section ou division française devient indépendante et prend le nom de *Vision Historique Objective*. Quelques mois plus tard, la confiscation de son ancienne boîte postale est levée et l'organisation de Siegfried Verbeke retrouve son nom et ses adresses d'origine.

Le 9 septembre 2003, un tribunal d'Anvers a condamné les deux frères Verbeke à un an de prison et au paiement de 2 500 euros. Tous deux ont été remis en liberté surveillée et, pour la deuxième fois, Siegfried Verbeke a été privé de ses droits civiques pour une période de dix ans. La condamnation avait été motivée par la distribution de documents qui "minimisaient le génocide nazi contre les Juifs". Trois semaines plus tard seulement, à la fin du même mois de septembre, la police belge a effectué une énième descente dans les locaux de la maison d'édition, à la recherche de preuves que des documents révisionnistes portant le nom et l'adresse de Verbeke étaient distribués par ce dernier.

Un an plus tard, le 27 novembre 2004, suite à un mandat d'arrêt émis par les autorités allemandes, Verbeke a été arrêté à son domicile de Courtrai en Flandre. Le mandat d'arrêt européen, prétendument introduit sous le prétexte de la lutte contre le terrorisme, est une décision juridique émise par un État membre de l'Union et est appliqué dans la plupart des pays depuis le 1er janvier 2004. Ces mandats sont généralement exécutés discrètement et sans aucun obstacle juridique. L'Allemagne a immédiatement demandé l'extradition vers la Belgique, mais, à la surprise générale, un juge a rejeté la demande au motif que Verbeke avait déjà été condamné pour les mêmes crimes en Belgique en septembre 2003. En vertu du droit belge, une personne ne peut être inculpée ou poursuivie deux fois pour les mêmes faits.[11]

---

[11] En juillet 2005, en réponse à une demande espagnole d'extradition d'un Allemand d'origine syrienne soupçonné d'avoir participé à l'attentat brutal du 11

Quoi qu'il en soit, le harcèlement de Siegfried Verbeke n'a pas cessé. Le 4 avril 2005, un tribunal belge l'a de nouveau condamné à un an de prison et à une amende de 2 500 euros pour avoir nié le génocide des Juifs pendant la Seconde Guerre mondiale. Comme il a fait appel du verdict, son emprisonnement a été une nouvelle fois reporté. Profitant de sa liberté, Verbeke a tenté de se rendre à Manille avec sa petite amie philippine. Alors qu'il était sur le point d'embarquer à l'aéroport de Schiphol, près d'Amsterdam, le 4 août 2005, il a été arrêté par la police néerlandaise, le mandat d'arrêt européen étant toujours valable aux Pays-Bas. Il est clair que, comme l'a regretté son avocat, Verbeke a commis une grave erreur, car s'il avait voulu partir de Bruxelles, il n'aurait probablement pas été arrêté, la demande d'extradition ayant été rejetée par un magistrat belge.

Après trois mois de détention aux Pays-Bas, il a finalement été extradé vers l'Allemagne. Les autorités néerlandaises ont ignoré le fait que Verbeke avait la nationalité belge et que un juge belge avait parfaitement justifié son refus de l'extrader vers l'Allemagne. Naturellement, Verbeke luttait contre les imposteurs de l'histoire et était bien plus dangereux que n'importe quel terroriste recherché par la police espagnole pour son implication présumée dans l'assassinat de quelque 200 personnes. En Allemagne, où le suspect allemand d'origine syrienne venait de se voir refuser l'extradition vers l'Espagne, Verbeke a été détenu pendant une demi-année à l'isolement dans la prison de Heildelberg. Soudain, on ne sait pourquoi, il a été libéré sous caution. Au total, sans avoir été condamné ni aux Pays-Bas ni en Allemagne, Siegfried Verbeke a été emprisonné pendant neuf mois en tant que dangereux révisionniste.

De retour en Flandre, il est à nouveau arrêté en novembre 2006 à son domicile de Courtrai. La raison de cette nouvelle arrestation semble être l'exécution d'une sentence antérieure d'un tribunal belge. Cette fois, il a été emprisonné en Belgique. M. Verbeke a déclaré à ses amis qu'il espérait recouvrer la liberté en juillet 2007. La dernière condamnation connue de Verbeke remonte au 19 juin 2008. Nous

---

mars 2004 à Madrid, la Cour constitutionnelle allemande a jugé que le mandat d'arrêt européen n'était pas valable en Allemagne, ce qui est scandaleux. La Cour constitutionnelle allemande a fait valoir qu'un citoyen allemand a le droit d'être jugé par les tribunaux allemands. Les autorités allemandes ont donc libéré le terroriste présumé.

avons déjà vu dans les pages consacrées à Vincent Reynouard que la Cour d'appel de Bruxelles les a tous deux condamnés à un an de prison et à une amende de 25 000 euros pour la publication de textes négationnistes mettant en cause des crimes contre l'humanité. Aucun d'entre eux ne s'étant présenté, les autorités belges ont émis un mandat d'arrêt national et se sont préparées à préparer le mandat d'arrêt européen.

Alors que nous sommes sur le point de conclure ces pages sur Siegfried Verbeke, nous avons appris que le journal flamand *De Morgen* a publié une longue interview de trois pages avec le révisionniste belge dans son supplément *Zeno* du samedi 9 janvier 2016. Dans cette interview, Verbeke, impassible, insiste sur le fait que les seules chambres à gaz d'Auschwitz étaient celles utilisées pour désinfecter les vêtements des détenus. Le mensuel anversois *Joods Actueel* (*Nouvelles juives*), qui adopte une position belliqueuse à l'égard de tout ce qui va à l'encontre d'Israël, a pris *De Morgen* à partie pour avoir accueilli dans ses pages une "peste" comme Verbeke. Selon la presse belge, ces sionistes sont prêts à poursuivre le journal flamand en justice. Michael Freilich, rédacteur en chef et propriétaire du journal juif, a informé l'*Agence télégraphique juive* qu'il avait déposé une plainte contre *De Morgen* et Verbeke auprès de l'ICKG (Centre interfédéral pour l'égalité des chances et la lutte contre le racisme). Freilich a déclaré que "*De Morgen* est à toutes fins utiles complice de cette infraction et devrait être tenu responsable de ses actes". Selon M. Freilich, des fonctionnaires de l'agence publique lui ont assuré qu'ils envisageaient une action en justice. Le maire d'Anvers, Bart de Wever, n'a pas tardé à soutenir l'initiative.

6. Principales victimes de persécutions en Espagne

En Espagne, c'est en Catalogne que l'on trouve les cas les plus flagrants de persécution politique des révisionnistes et de soumission au sionisme dans les cours de justice. Là, par exemple, Pilar Rahola, définie comme une "ordure sioniste" par Antonio Baños, membre de la CUP au Parlement catalan après les élections régionales de 2015, s'exhibe sans vergogne, avec une impudeur absolue, dans les nombreux médias qui lui offrent jour après jour leurs plateaux et leurs micros. Dirigeante pendant des années d'Equerra Republicana de Catalunya, un parti dont l'histoire est marquée par une profonde tradition maçonnique, Rahola a admis dans une interview à un média numérique indépendantiste ses contacts avec Israël. Lorsque le journaliste lui a demandé si elle travaillait comme agent de liaison entre le président de la Generalitat, Artur Mas, et le gouvernement sioniste, elle a répondu : "La meilleure réponse que je puisse vous donner est que je ne la donne pas. Permettez-moi de garder ces choses confidentielles. Nous ne dévoilerons pas toutes les cartes. Lorsque le journaliste a répondu : "Je comprends que nous travaillons", Rahola a confirmé : "Il y a des informations qui sont trop sensibles pour être divulguées à l'extérieur.... Nous travaillons beaucoup et nous parlons peu". Il est donc incontestable que le sionisme dispose en Catalogne d'un terrain bien fertile sur lequel il évolue avec arrogance grâce à l'assentiment et à la servilité honteuse des médias et à la complicité de certains politiciens indépendantistes.

En Espagne, le cas le plus flagrant, l'injustice la plus saignante, a été commis à l'encontre d'un libraire et éditeur de Barcelone, Pedro Varela, dont la lutte digne et honnête est connue dans tous les cercles révisionnistes internationaux. Son cas n'est cependant pas le seul ; d'autres libraires et éditeurs basés en Catalogne ont également été victimes de harcèlement. Ramón Bau, Óscar Panadero, Carlos García et Juan Antonio Llopart sont d'autres noms qui devraient figurer dans cette section, car ils ont été persécutés pour avoir publié des livres révisionnistes sur ou pour avoir exprimé leurs opinions sur des questions politiques liées au révisionnisme. Nous consacrerons donc la première section sur les persécutions en Espagne à Pedro Varela et nous présenterons ensuite les autres cas.

Pedro Varela, un honnête libraire victime de la haine et de l'intolérance sectaire

Nous allons écrire sur Pedro Varela de manière adéquate. Notre travail étant né en Espagne, nous connaissons parfaitement ses difficultés, nous avons eu accès à suffisamment d'informations et nous pouvons expliquer le cas comme il le mérite. Son nom est associé au CEDADE (Círculo Español de Amigos de Europa), une organisation d'idéologie nationale-socialiste créée à Barcelone en 1966. Le premier congrès de ce groupe se tient en 1969 et Jorge Mota en est le premier président, en même temps que le directeur de la revue *CEDADE*. Au cours de ces premières années, le militantisme s'est développé et l'organisation s'est étendue à toutes les régions d'Espagne, avec une cinquantaine de branches. Les groupes de Catalogne arborent même la "senyera" catalane pendant les années franquistes. Pedro Varela est devenu président de CEDADE et rédacteur en chef de la publication en 1978.

Peu à peu, les idées révisionnistes deviennent la base fondamentale des idées de Varela et de l'organisation qu'il préside. Il prend contact avec Robert Faurisson et fait publier un extrait du livre essentiel d'Arthur R. Butz. De même, d'autres auteurs proches de l'Institute for Historical Review, ainsi que des publications et des textes de l'IHR, ont été traduits et introduits en Espagne grâce au CEDADE. En 1989, par exemple, CEDADE a publié en Espagne l'explosif *Rapport Leuchter* avec une préface de David Irving. L'une des dernières manifestations du CEDADE a eu lieu à Madrid en 1992, où un certain nombre de personnalités révisionnistes se sont réunies pour revendiquer le droit inaliénable à la liberté d'expression. Gerd Honsik, Thies Christophersen et d'autres personnes persécutées dans leur pays pour s'être exprimées librement ont participé à cette réunion. Il convient de noter qu'à cette époque, les deux procès contre Ernst Zündel à Toronto avaient déjà eu lieu et que les choses allaient de mal en pis en Allemagne. Enfin, toujours en Espagne, un nouveau cadre juridique similaire à celui qui se mettait en place en Europe était en train d'être créé, de sorte que Pedro Varela annonça sa démission en tant que président du CEDADE et qu'en octobre 1993, l'organisation disparut définitivement.

Au cours des années 1980, Pedro Varela s'est de plus en plus engagé en faveur du révisionnisme historique et, en 1988, il s'est rendu au Canada pour assister au deuxième procès Zündel à Toronto. Il y rencontre Faurisson, Irving, Zündel et d'autres révisionnistes, et a l'occasion de rencontrer Fred Leuchter en personne. À peu près à la même époque, il a également organisé, avec David Irving, un rassemblement de protestation à Berlin devant le siège de la télévision allemande. Brandissant des pancartes sur lesquelles on pouvait lire "Historiens allemands, menteurs et lâches", Varela et Irving ont pris la tête d'un petit groupe de manifestants pour réclamer la fin de la falsification de l'histoire. Ce sont les années où le révisionnisme a obtenu le succès décisif de l'expertise de l'ingénieur Leuchter à Auschwitz. Dans le même temps, les ennemis des révisionnistes et de la vérité historique se radicalisaient : on sait qu'en 1989, Robert Faurisson a été victime d'un lâche attentat de la part de terroristes juifs, qui l'ont battu à mort.

En mars 1991, Pedro Varela prend la parole en allemand au "Leuchter Kongress", une réunion en plein air organisée à Munich par Ernst Zündel. Le 25 septembre 1992, âgé de trente-cinq ans, avec des idéaux, des convictions fermes et beaucoup d'espoir dans son sac à dos, il est arrêté en Autriche, pays qu'il visite dans le cadre d'un tour d'Europe. La raison de son arrestation est que lors d'une visite précédente, il avait prononcé un discours faisant l'éloge de la politique d'Hitler. Il est présenté à la police et incarcéré à la prison de Steyr, un ancien monastère cistercien, pour délit de propagande du national-socialisme. Sa correspondance est surveillée. Avant de lui être remises, les lettres sont traduites en allemand pour être jointes au dossier du procès au cas où elles pourraient être utilisées comme preuves à charge. Il a passé trois mois derrière les barreaux avant de comparaître le mercredi 16 décembre 1992 devant une cour de trois juges et un jury de huit personnes. Il est finalement acquitté, à la surprise générale, car il a été conclu que l'accusé ne connaissait pas le droit autrichien et qu'il ne pouvait donc pas savoir qu'il commettait un délit en exprimant son opinion sur un personnage historique.

Comparée à l'Autriche ou à l'Allemagne, l'Espagne est restée une oasis de liberté d'expression dans une Europe de plus en plus condescendante à l'égard des lobbies juifs. En 1995, année où la Suisse et la Belgique ont adopté des lois antiracistes visant à lutter contre la "haine" et le "négationnisme", l'Espagne s'est finalement engagée dans la même voie. Le 11 mai 1995, le Parlement a approuvé une révision du code pénal afin d'aligner la législation espagnole sur celle de certaines nations européennes. Dans son préambule, la loi se justifie ainsi : "La prolifération dans plusieurs pays européens d'incidents de violence raciste et antisémite, perpétrés sous les drapeaux et les symboles de l'idéologie nazie, oblige les Etats démocratiques à prendre des mesures décisives pour lutter contre...". Nous avons déjà constaté que les lois contre la "haine" et le "négationnisme" en Europe n'étaient pas la conséquence d'une expression spontanée ou d'une indignation justifiée de la part des peuples, mais le résultat d'une campagne préfabriquée et bien organisée au service du sionisme. Trois ans plus tard, en juin 1998, l'Association internationale des avocats et juristes juifs a de nouveau appelé à l'adoption de nouvelles lois plus sévères contre le révisionnisme de l'Holocauste.

En 1991, quatre ans avant que l'Espagne ne cède aux pressions extérieures pour modifier sa législation, Pedro Varela avait ouvert les portes de la Librería Europa au numéro 12 de la Calle Séneca. Mais le fanatisme et l'intolérance des défenseurs de la "liberté d'expression" n'allaient pas le laisser faire : les graffitis insultants sur les murs et les fenêtres de l'établissement sont une constante depuis lors et le magasin a été attaqué à plusieurs reprises. Tout a commencé lorsqu'en mai 1995, le même mois où le Parlement espagnol a approuvé la modification du code pénal, une "plate-forme civique Anne Frank" autoproclamée a tenté de changer le nom de la rue Seneca pour lui donner celui de la malheureuse jeune fille juive décédée à Bergen-Belsen. Il est intéressant de noter que le conseil municipal de Bergen avait précédemment refusé de donner le nom d'Anne Frank à une école et s'était ensuite opposé à ce que la rue menant au mémorial du camp porte son nom.

Entre le 12 mai 1995 et l'automne 1996, cette plate-forme civique mal nommée a recueilli des signatures et fait pression sur les deux cent trente familles vivant dans la rue Seneca pour qu'elles soutiennent le changement de nom de la rue. Les promoteurs ne cachaient pas que le but de la campagne était de "boycotter les activités de la librairie Europa". Un bel exemple de respect de la liberté d'expression (la leur, bien sûr). Les groupes civiques et, bien sûr, démocratiques qui faisaient partie de la plate-forme étaient les habituels groupes de gauche et d'extrême gauche. La rue Seneca a perdu sa tranquillité et le quartier a dû subir des manifestations de violence démocratique et d'intolérance : graffitis insultants, pierres, cocktails Molotov, etc. Pedro Varela, afin d'offrir aux voisins et à l'opinion publique en général une information qui puisse être opposée à celle fournie par les promoteurs du changement de nom de la rue, a publié sous la forme d'une lettre circulaire un texte qu'il avait écrit alors qu'il étudiait l'histoire contemporaine à l'université. Il s'agit d'un texte qui offre un aperçu ou une synthèse rigoureusement exacte des travaux de Faurisson, Verbeke, Felderer et Irving sur la falsification littéraire la plus fructueuse et la plus rentable du vingtième siècle. Dans ce texte, le seul écrit par Varela parmi tous ceux présentés contre lui par les Mossos d'Esquadra et le ministère public, on ne trouve aucune preuve de haine envers qui que ce soit.

Le 12 décembre 1996, la police catalane a fait une descente dans la Librería Europa. La sœur de Pedro Varela travaillait dans le magasin et sa fille jouait dans l'arrière-cour. Les Mossos ont saisi quelque 20 000 livres, ainsi que des périodiques, des magazines, des affiches, des vidéos... Varela a ensuite été arrêté à son domicile familial. L'opération, qui, selon *El País*, avait été préparée pendant trois mois, a été ordonnée par José María Mena, nommé en 1996 procureur en chef du ministère public du tribunal supérieur de justice de Catalogne. Ce juriste "progressiste", qui s'intéresse à l'histoire et à la politique de la Catalogne, s'est vu confier la responsabilité de l'enquête et de l'enquête. Ce juriste "progressiste", qui avait été militant du PSUC (communistes catalans) dans les années 1970, estimait que Varela "poursuivait la haine et non une idéologie".

L'information parue le 13 décembre 1996 dans *El País*, journal proche des socialistes espagnols, est un exemple de manque d'objectivité : après avoir félicité les Mossos d'Esquadra d'avoir eu l'honneur d'être "la première force de police en Espagne à arrêter une personne pour apologie du génocide", le journal affirme que la Librería Europa est un "centre de vente et de distribution de livres nazis édités dans les pays d'Amérique du Sud". Il ajoute que les habitants du quartier de Gracia se sont félicités de cette arrestation et que la mairie envisage de se porter partie civile dans cette affaire. Il conclut en confirmant que la Plate-forme Civique Anne Frank, le Comité de Coordination Gay-Lesbien, l'Association des Amis de Mauthausen et SOS Racisme sont tous très satisfaits d'avoir démantelé "un complot néo-nazi qui se servait de la librairie comme couverture".

La procédure a été retardée pendant près de deux ans parce qu'un grand nombre des livres saisis étaient en anglais, en allemand et en français, de sorte que le ministère public a insisté pour les traduire afin de déterminer quelle partie de leur contenu était contraire à la loi. Enfin, le président du tribunal pénal n° 3 de Barcelone, Santiago Vidal, a fixé au vendredi 16 octobre 1998 le début du premier procès en Espagne pour apologie du génocide et incitation à la haine raciale. Dès que la date a été connue, les partisans d'Anne Frank, devenus Plate-forme civique contre la diffusion de la haine, ont appelé à un rassemblement contre Pedro Varela devant le palais de justice. La loge B'nai B'rith, la Comunidad Israelita de Barcelona, la Fondation Baruch Spinoza, la Anti-Defamation League, Maccabi Barcelona, Asociación Judía Atid de Cataluña, Asociación de Relaciones Culturales Cataluña-Israel, Amical Mauthausen, Coordinadora Gai-Lesbiana, Sos Racismo et Unión Romaní ont apporté leur soutien à la manifestation. Les participants portaient des cercueils en carton et des bougies en mémoire des victimes. Il est évident que l'objectif de ce spectacle de rue était d'exercer une pression sociale et politique.

Les deux sessions du procès ont eu lieu les 16 et 17 octobre. Shimon Samuel, président du Centre Wiesenthal Europe, y a assisté en tant qu'observateur, escorté par des policiers et accompagné par des caméras de télévision israéliennes. "Ce procès, a-t-il déclaré, est une occasion historique pour l'Espagne de se joindre à la jurisprudence européenne et de condamner le parrain espagnol du néo-nazisme. Le procureur a cité une trentaine d'ouvrages vendus dans la librairie Europa qui faisaient l'éloge du Troisième Reich et de ses politiques ou présentaient des arguments révisionnistes au sujet de l'Holocauste. Dans l'affaire contre Varela, la Comunitat Jueva Atid (future) de Catalunya, SOS Racismo et la Comunidad Israelí de Barcelona (Communauté israélienne de Barcelone) avaient déposé une action populaire. Les deux avocats de Varela ont clairement indiqué dès le départ que la loi en vertu de laquelle leur client était jugé était inconstitutionnelle, et ont donc demandé la suspension et l'annulation de la procédure. Interrogé pendant plus de quatre heures, le libraire a rejeté les accusations : "Je n'ai jamais provoqué la haine raciale", a-t-il déclaré au tribunal, ajoutant qu'en tant qu'historien, il avait "l'obligation morale de dire la vérité". Quant au révisionnisme, il a déclaré : "À mon avis, la révision de l'histoire est nécessaire parce que c'est un sujet ouvert et que tout est sujet à révision. Les historiens doivent être sceptiques sur tout et ils doivent aussi réviser ce qui a été dit jusqu'à présent". En ce qui concerne les livres de sa librairie, il a expliqué qu'il ne pouvait pas connaître le contenu des 232 titres qu'il avait dans sa boutique et qu'il n'était pas obligé de le faire. Il a précisé qu'il vendait dans sa boutique des livres d'idéologies différentes et que, parmi les auteurs, il citait le nationaliste basque Sabino Arana, Francisco de Quevedo et qu'il citait également *Das Kapital* de Marx. En ce qui concerne le texte sur Anne Frank, il a reconnu en être l'auteur. Dans sa déclaration finale, il a déclaré : "Il m'est revenu de jouer le rôle du méchant dans ce film en tant que bouc émissaire d'une "alarme sociale" délibérément créée (expression utilisée par le procureur). Je condamne, je condamne et j'attaque toute forme de génocide. Je ne suis pas un génocidaire et je n'ai jamais assassiné personne. Je n'ai jamais souhaité le génocide de quiconque ou l'assassinat d'une minorité ethnique ou religieuse".

Le ministère public, qui a rappelé que les faits constituaient un crime dans l'Union européenne, a requis deux ans d'emprisonnement pour apologie du génocide et deux ans d'emprisonnement pour incitation à la haine raciale. Et ce, alors que le deuxième paragraphe de l'article 607 du nouveau code pénal stipule que les crimes visés par cet article seront punis "d'une peine d'emprisonnement d'un ou deux ans". Pour sa part, Jordi Galdeano, l'avocat de SOS Racismo et de la Comunitat Jueva Atid de Catalunya, a demandé une peine exemplaire de huit ans de prison. "Ce qui est un crime et constitue un risque pour la démocratie, a-t-il déclaré, c'est la diffusion d'une idéologie qui méprise certains groupes. Le 16 novembre 1998, le tribunal a déclaré Varela coupable d'incitation à la haine raciale et coupable également d'avoir nié ou justifié le génocide. En conséquence, le juge Santiago Vidal, [12] qui, dans son jugement, a qualifié Varela de "diplômé

---

[12] Le juge Santiago Vidal, qui appartenait à l'association "progressiste" Juges pour la démocratie, est aujourd'hui une figure célèbre en Espagne. Ses relations avec SOS Racismo ont été révélées lorsqu'en septembre 2013, le Conseil général du pouvoir judiciaire lui a interdit de collaborer avec cette ONG, car cela était incompatible avec ses fonctions de juge. En avril 2014, il est apparu que M. Vidal, qui est profondément attaché au nationalisme séparatiste catalan, rédigeait une Constitution pour la Catalogne, en violation de la Constitution espagnole, la

universitaire au parcours brillant, expert en matière de révisionnisme historique", l'a condamné à cinq ans de prison et à une amende de 720 000 pesetas. Il a également ordonné à Varela de remettre son passeport et de se présenter au tribunal tous les mois. Quant aux 20 000 livres, il a été ordonné de les brûler, alors que seuls trente des quelque deux cents ouvrages saisis étaient en infraction avec la loi. Cette sentence très sévère dépasse les dispositions de l'article 607.2 du Code pénal, ce qui a amené Galdeano à exprimer sa "satisfaction intime".

Pedro Varela, pour sa part, a déclaré qu'il s'agissait d'une "sentence politique et d'une énorme injustice" et a rappelé que pendant deux ans, depuis la perquisition de sa librairie par la police jusqu'au procès, une terrible pression avait été créée. Le 10 décembre 1998, les avocats de Pedro Varela ont fait appel du verdict et de la

---

Catalogne étant une communauté dotée d'un statut d'autonomie. Une fois de plus, le Conseil général du pouvoir judiciaire l'a convoqué pour lui rappeler les limites de son travail juridictionnel. M. Vidal a publié une déclaration dans laquelle il a assuré que son travail était "de sa propre initiative altruiste, sans aucune commande officielle d'une institution publique ou privée". Il a nié toute "intention politique" et a proclamé son indépendance et son impartialité. En octobre 2014, la justice a ouvert une procédure disciplinaire à son encontre et a indiqué une suspension à titre conservatoire, "compte tenu de l'extrême pertinence des faits et de l'évidente projection publique et sociale". En janvier 2015, après avoir affirmé avoir agi avec indépendance, impartialité et sans "intentionnalité politique", ce juge délirant présente le projet de Constitution catalane et déclare textuellement : "J'ai un rêve : voir naître la république catalane en tant que juge". En février 2015, le Conseil général du pouvoir judiciaire l'a suspendu pour trois ans, une sanction qui entraînait la perte de son siège au tribunal de Barcelone. Devenu un martyr pour les sécessionnistes, on apprend en mars 2015 que le président Artur Mas l'a incorporé au gouvernement de la Generalitat pour "planifier" et "concevoir" les structures de l'État liées à la sphère judiciaire. Vidal, sans aucune intention politique, bien sûr, a alors entrepris de recruter les 250 juges qui commenceraient à exercer dans une Catalogne indépendante, ce qui a incité le Tribunal supérieur de justice de Catalogne à demander à la Generalitat de prendre des mesures contre Vidal, estimant qu'il "sapait la confiance collective dans le pouvoir judiciaire". Il est ensuite apparu que le département de la justice de la Generalitat avait signé un contrat de trois ans avec M. Vidal en tant qu'agent temporaire. Finalement, M. Vidal a démissionné de son contrat pour se présenter au Sénat en tant que tête de liste de l'Esquerra Republicana de Catalunya. En tant que sénateur, il a révélé en janvier 2017 que la Generalitat avait obtenu illégalement les données fiscales des Catalans, que les autorités séparatistes disposaient déjà d'une sélection de juges sympathisants afin de purger les opposants, et qu'un pays non européen (Israël) formait une unité des Mossos aux tactiques de contre-espionnage. L'ERC l'a contraint à démissionner.

sentence, ce qui lui a permis d'éviter l'emprisonnement en attendant la décision de la cour d'appel.

Comme si la librairie et son activité commerciale n'avaient pas été suffisamment mises à mal depuis deux ans, une manifestation a été convoquée pour le samedi 16 janvier 1999 sous les slogans : "Fermons la librairie Europe, jeunes et travailleurs en lutte contre le fascisme". "Contre le fascisme : fermons la librairie nazie". Deux jours plus tôt, le jeudi 14 janvier, Maite Varela, la sœur de Pedro qui travaillait dans l'établissement, a averti la police nationale de ce qui se préparait et du risque d'attentat. Le même jour, vers 13h15, un appel a été passé à la police régionale et la situation a été expliquée au service des plaintes. Le samedi 16, à 20 heures, des amis ou des connaissances de la Librería Europa ont signalé au 091 que la manifestation se dirigeait vers la rue Séneca. À 20 h 30, la librairie est attaquée. Pour pénétrer dans le magasin et le dévaster, il a fallu casser les volets à l'adresse. Quelques manifestants se sont cagoulés, sont entrés dans le magasin et ont commencé la destruction : vitres, vitrines, présentoirs, portes, étagères, photocopieuses, téléphone, extincteur, escaliers, et même quelques carreaux. Tout est rasé. Une fois les meubles renversés, ils ont empilé les livres sur le sol avec l'intention de les brûler à l'intérieur. Finalement, ils ont choisi de jeter quelque 300 volumes dans la rue et d'y mettre le feu sur l'asphalte. Naturellement, certains voisins, effrayés par ces scènes de violence, ont lancé de nouveaux appels à l'aide, mais aucune force de police ne s'est présentée. Quant à la Guardia Urbana qui escortait les manifestants, elle s'est retirée lorsque l'assaut contre la librairie a commencé.

El País, qui a soutenu dès le début le lynchage public d'un homme qui s'est défendu seul contre presque tout le monde, a rapporté la nouvelle avec ce titre : "Manifestation de 1 600 jeunes pour exiger la fermeture de la librairie Europa". Dans le corps de l'article, on pouvait lire : "La manifestation s'est déroulée pacifiquement, mais en arrivant à la librairie, un groupe de manifestants a brûlé des livres qu'ils avaient sortis du magasin, qui a été légèrement endommagé". Naturellement, l'article n'est pas illustré par des photographies, car une seule aurait suffi pour voir comment la librairie a été laissée après avoir subi des "dégâts mineurs". Dans une expression bien connue, Lénine qualifiait d'"idiots utiles" ceux qui sont utilisés comme instruments pour une certaine cause ou politique. Il semble évident que les individus qui se sont encagoulés et ont rasé la librairie étaient des terroristes politiques, probablement rémunérés, qui faisaient partie des "idiots utiles" déguisés en "manifestants pacifiques" au service du pouvoir réel.

Pour compléter l'action honteuse des forces de l'ordre, le tribunal a rejeté la plainte au motif que les coupables n'étaient pas connus. Cependant, les caméras de télévision ont filmé les agresseurs et le conseil municipal disposait des noms des deux douzaines de groupes qui ont participé à la manifestation : Assemblea d'Okupes de Terrassa, Assamblea Llibertària del Vallés Oriental, Associació d'Estudiants Progressistes, Departament de Joves de CC.OO., Esquerra Unida i Alternativa, Federació d'Associacions d'Associacions de Veïns de Barcelona, Joves Comunistes, Joves Socialistes de Catalunya, Maulets, Partido Obrero Revolucionario, Partits dels Comunistes de Catalunya, PSUC viu, Amical de Mauthausen... Pas moins de 23 associations ont été énumérées dans la plainte déposée par Pedro Varela devant un tribunal ordinaire le 10 février 1999. La plainte comprenait une liste des dommages évalués et leur valeur estimée, qui s'élevait à 2.815.682 pesetas en "petits dommages".

Enfin, le 30 avril 1999, Pedro Varela reçoit une excellente nouvelle : par une décision unanime, les trois juges de la troisième section de l'Audience provinciale de Barcelone, présidée par la juge Ana Ingelmo, font droit au recours introduit par l'avocat José María Ruiz Puerta et contestent la condamnation prononcée par le juge Santiago Vidal. Considérant qu'elle viole le droit à la liberté d'expression, ils ont envisagé de porter l'affaire devant la Cour constitutionnelle de Madrid. Les trois juges ont estimé que le fait de douter de l'existence de l'Holocauste ne pouvait être considéré comme un crime au regard de la Constitution espagnole. Au lieu de statuer sur la condamnation, ils ont reflété dans leur jugement tous les doutes concernant la constitutionnalité de l'article 607.2 du nouveau code pénal. Les juges de l'Audience Provinciale ont soutenu que l'article pour lequel Varela avait été condamné était en conflit avec l'article 20 de la Constitution, qui défend le droit d'exprimer et de diffuser librement des pensées, des idées et des opinions par la parole, l'écriture ou tout autre moyen de reproduction. Comme on pouvait s'y attendre, les accusateurs ont réagi avec colère. L'intrépide Jordi Galdeano n'a pas été en reste et a estimé que la décision du tribunal était "une attaque contre le système démocratique". C'est-à-dire qu'en lieu et place de juges et de procureurs compréhensifs, ils se sont retrouvés face à des magistrats réellement indépendants, accusés de mettre en danger les libertés. L'avocat de l'Amical Mauthausen, Mateu Seguí Parpal, a qualifié le tribunal qui a mis en doute la criminalité de Pedro Varela de "peu présentable".

Toutefois, avant d'admettre l'examen de constitutionnalité soulevé par les juges de la troisième section de la Haute Cour, la Cour constitutionnelle a exigé comme condition formelle que la Haute Cour de Barcelone examine d'abord l'appel contre la condamnation, de sorte que la chambre de la troisième section a ensuite fixé la date du 9 mars 2000 pour l'examen de l'appel. Une semaine auparavant, la juge, Ana Ingelmo, avait été récusée par SOS Racismo, qui l'avait dénoncée au ministère public pour prévarication et lui avait demandé de s'abstenir dans cette affaire. La Chambre a accueilli la récusation et accepté un changement de rapporteur. Elle a donc ordonné la suspension de l'audience et a traité la récusation dans un document séparé. Le 19 juin 2000, une ordonnance de la septième section de l'Audience provinciale de Barcelone a rejeté la demande de récusation.

L'audience a finalement été fixée au 13 juillet. Varela n'y a pas assisté car il se trouvait en Autriche. Son avocat a qualifié la peine de cinq ans de prison de "scandaleuse". D'autre part, le procureur Ana Crespo et les procureurs privés ont demandé à la Audiencia de confirmer la peine infligée au propriétaire de la Librería Europa. Finalement, par ordonnance du 14 septembre 2000, la troisième section de l'Audiencia Provincial a de nouveau soulevé la question de l'inconstitutionnalité. Pedro Varela est resté en liberté surveillée et l'affaire est restée en suspens jusqu'à ce que la Cour constitutionnelle se prononce. Les défenseurs de la liberté d'expression et les révisionnistes du monde entier considèrent qu'une victoire a été remportée en Espagne, du moins temporairement, et attendent la décision de la Haute Cour, qui mettra sept ans à rendre l'arrêt tant attendu.

Pendant cette période temporaire, Pedro Varela poursuit ses activités de libraire et d'éditeur au sein de l'Asociación Cultural Editorial Ojeda, qu'il a fondée au début de l'année 1998. La Librería Europa a également commencé à organiser des conférences dans ses locaux, souvent données par des auteurs révisionnistes venus de l'étranger. Soudain, le lundi 10 avril 2006, la police autonome catalane fait irruption dans les locaux de la Librería Europa. À 9h30 du matin, une quinzaine de policiers masqués ont entamé une perquisition qui a duré jusqu'à 17h. Quelque six mille livres d'une valeur de plus de 120 000 euros ont été saisis. En outre, les agents de la police politique de la Generalitat ont retiré des locaux huit grandes boîtes remplies de documentation, des centaines de dossiers et des milliers de photos et de diapositives, des catalogues prêts à être envoyés et treize mille programmes de conférences. Les six ordinateurs contenant des dizaines de livres qui avaient été corrigés, mis en page et préparés pour la publication ont été confisqués. Ces ordinateurs contenaient également toutes les informations sur les clients et amis de la maison d'édition et de la librairie. Des disques durs, des copies de sauvegarde, des livrets d'épargne, des comptes bancaires, les chéquiers de la librairie, des contrats personnels et professionnels ont également été confisqués. Comme si cela ne suffisait pas, les "mossos" ont emporté des photographies encadrées rappelant des événements de l'époque de CEDADE et même les drapeaux des communautés autonomes qui, avec le drapeau catalan, ornaient la salle de conférence.

Pedro Varela a été arrêté. Une fois au poste de police, il a été contraint de se déshabiller pour passer la fouille, puis a été enfermé dans une cellule. Il a ensuite "joué du piano", ce qui, dans le jargon carcéral, signifie s'encrer les doigts pour prendre ses empreintes digitales, et a été photographié de face et de profil avec son numéro de délinquant. On lui a expliqué que cette fois-ci, la raison de son arrestation était que Editorial Ojeda publiait des livres "contraires à la communauté internationale", des livres qui allaient "à l'encontre des libertés publiques et des droits fondamentaux". En d'autres termes, dans une "démocratie" où la liberté d'expression, de diffusion et de communication sont des signes sacro-saints d'identité, l'édition et la vente de livres sont devenues une activité criminelle parce que les idées contenues dans les textes étaient "contraires à la communauté internationale". Si ce n'était pas aussi grave et pathétique, on pourrait en rire.

Deux jours après son arrestation, Varela a été libéré sous caution. Il a été inculpé de crimes contre une entéléchie appelée communauté internationale, contre l'exercice des droits fondamentaux et contre les libertés publiques pour l'apologie du génocide. Juan Carlos Molinero, chef adjoint du Bureau général des enquêtes criminelles, a expliqué aux médias que l'opération n'était pas dirigée contre la librairie, qui avait déjà fait l'objet d'une enquête dans les années 1990, mais contre la maison d'édition Ojeda, raison pour laquelle ni la librairie ni son site web n'ont été fermés. En réalité, il s'agissait d'une ruse "légale" pour pouvoir agir à nouveau contre Varela.

Étant donné que nous historicisons les événements de Pedro Varela, victime de la plus grande attaque contre la liberté d'expression et de publication perpétrée dans l'Espagne "démocratique", il est pertinent de noter que le pouvoir en Catalogne en avril 2006 était entre les mains d'un gouvernement connu sous le nom de tripartite, qui a émergé après la signature du soi-disant Pacte de Tinell. Présidé par le socialiste Pasqual Maragall, les partis qui en faisaient partie étaient le Partit dels Socialistes de Catalunya (PSC), Iniciativa per Catalunya Verds-Esquerra Unida i Alternativa (émanation des communistes du PSUC) et Esquerra Republicana de Catalunya (dont l'emblème, selon ses dirigeants, est un triangle maçonnique). Ce gouvernement a donc été politiquement responsable de la persécution en Espagne d'un homme d'affaires pour avoir publié des livres "contraires à la communauté internationale", dont la plupart ont été publiés presque partout en Europe sans aucun problème.

Comme on le sait, lorsqu'il s'agit de criminaliser un dirigeant qui, quelque part dans le monde, s'oppose aux desseins des marionnettes cooptées à la tête des pays puissants qui déclenchent les guerres, ces derniers prétendent représenter la "communauté internationale". L'Etat ou la nation qui ne se soumet pas est alors accusé de "défier la communauté internationale". Dans le cas inédit que nous venons de décrire, on comprend qu'il y aurait un index des livres interdits dont le contenu menace une abstraction inconcevable appelée communauté internationale.

Le 7 novembre 2007, la Cour constitutionnelle a finalement rendu la décision STC 235/2007 sur la question d'inconstitutionnalité soulevée par la troisième section de l'Audience provinciale concernant l'article 607, deuxième alinéa, du code pénal. Le rapporteur était le juge Eugeni Gay Montalvo. L'arrêt, après avoir longuement exposé les motifs juridiques, est libellé comme suit :

"Compte tenu de ce qui précède, le Tribunal constitutionnel, en vertu de l'autorité que lui confère la Constitution de la nation espagnole, a décidé de faire partiellement droit à la présente question d'inconstitutionnalité et, en conséquence, d'annuler la décision de la Cour constitutionnelle :

1° Déclarer inconstitutionnelle et nulle l'inclusion de l'expression "nier ou" dans le premier paragraphe de l'article 607.2 du code pénal.

2) déclarer que la première clause de l'article 607.2 du code pénal, qui punit la diffusion d'idées ou de doctrines tendant à justifier le crime de génocide, interprétée dans les termes du motif juridique 9 du présent arrêt, n'est pas inconstitutionnelle.

3) La question d'inconstitutionnalité est rejetée pour le surplus.

Le présent arrêt est publié au Boletín Oficial del Estado.

Fait à Madrid, le septième jour de novembre deux mille sept.

En d'autres termes, depuis la décision STC 235/2007, le dogme de la foi en l'Holocauste peut être nié en Espagne, tout comme, par exemple, le dogme de l'Immaculée Conception, l'existence de Dieu ou tout autre dogme de l'Église. La Cour constitutionnelle a considéré que cette négation "reste à un stade antérieur à celui qui justifie l'intervention de la loi pénale, dans la mesure où elle ne constitue même pas un danger potentiel pour les intérêts juridiques protégés par la règle en question, de sorte que son inclusion dans le précepte entraîne la violation du droit à la liberté d'expression". L'arrêt précise que "la simple négation de l'infraction est en principe inepte". En revanche, la Cour a considéré comme un crime la diffusion "par tout moyen" d'idées justifiant un génocide. Mais ce n'est pas le cas des révisionnistes qui apparaissent dans ces pages : aucun d'entre eux ne justifie ou n'a jamais justifié un génocide. Pedro Varela a affirmé à maintes reprises qu'il le désapprouvait dans sa déclaration au juge qui l'a condamné à cinq ans de prison.

Deux mois après l'arrêt de la Cour constitutionnelle, l'Audience provinciale, neuf ans après la condamnation de Pedro Varela à cinq ans, a tenu l'audience de l'appel contre la sentence le 10 janvier 2008. La défense de Pedro Varela avait demandé plus de temps pour se préparer, car l'arrêt de la Cour constitutionnelle était suffisamment important pour que ses implications juridiques soient étudiées en profondeur, mais la Chambre a rejeté cette demande. L'accusation et la défense ont réitéré leurs demandes. Finalement, le 6 mars, les juges de l'Audience provinciale ont prononcé la sentence, confirmant partiellement l'appel et réduisant la peine à sept mois d'emprisonnement. Il a été considéré que Varela avait fait l'apologie du génocide par son travail de diffusion de doctrines génocidaires par la vente de livres, mais qu'il n'avait pas pratiqué de discrimination directe de manière personnelle, et a donc été acquitté du crime d'incitation à la haine raciale. Pedro Varela n'a pas eu à aller en prison et a annoncé qu'il envisageait de former un recours en amparo.

Quoi qu'il en soit, le harcèlement de Varela était à son apogée, puisqu'après son arrestation en avril 2006, il était toujours en liberté, inculpé et en attente d'un nouveau procès. C'est le 29 janvier 2010 que l'audience a eu lieu devant le 11e tribunal pénal de Barcelone. Face à l'obligation de se conformer à la doctrine du Tribunal constitutionnel, selon laquelle la négation de l'Holocauste n'est pas un crime, mais sa justification en est un, le libraire et éditeur a été accusé de diffuser des idées justifiant le génocide et incitant à la haine raciale, bien qu'il ait toujours affirmé, activement et passivement, qu'il condamnait toute forme de violence contre toute minorité ethnique et, bien sûr, tout génocide. Le procureur Miguel Ángel Aguilar a assuré qu'il ne s'agissait pas de juger des idées, "mais la diffusion de la doctrine de la haine". Parmi les livres sélectionnés, le procureur a cité des fragments pour étayer sa thèse bancale. L'avocat de Pedro Varela a dénoncé le fait que les paragraphes extraits par le procureur de plus d'une douzaine de livres vendus dans la librairie Europa étaient "sortis de leur contexte" et a rappelé que certains des livres retenus, comme *Mein Kampf*[13] d'Hitler, pouvaient également être achetés dans les grands magasins.

Le 5 mars 2010, Estela María Pérez Franco, juge suppléante sans opposition, nommée de manière discrétionnaire au Tribunal pénal n° 11, a rendu sa sentence, connue le 8 mars. Dans la section des faits avérés, cette magistrate a consacré quinze pages à commenter les textes des dix-sept livres dont elle a ordonné la destruction. En voici quelques extraits. Dans *Mi lucha* (36 exemplaires saisis), elle insiste sur la citation de fragments qui font allusion à la race. Il semble évident que cette juge ignorait que la question raciale a toujours été la raison d'être du peuple juif. Il suffit de citer une déclaration embarrassante de Golda Meir, la vénérée dirigeante sioniste et

---

[13] *Mein Kampf*, Omnia Veritas Limited, www.omnia-veritas.com.

ancienne première ministre d'Israël, selon laquelle "les mariages mixtes sont pires que l'Holocauste". Ce raciste, faisant allusion aux Palestiniens, a déclaré un jour : "Le peuple palestinien n'existe pas. Il n'existe pas. Le juge-magistrat considérerait-il que Golda Meir haïssait les Palestiniens ? Dans *Los crímenes de los buenos*[14] de Joaquín Bochaca (2 exemplaires prélevés), le juge cite comme condamnable la phrase "Ce ne sont pas les Arabes, mais les bons, les Juifs, qui ont implanté le terrorisme en Palestine". Si cette affirmation est considérée comme fausse, on peut se demander si, au moment de la condamnation de Pedro Varela, le juge avait la moindre idée de la façon dont l'État sioniste est né. L'inclusion de *La pluie verte de Yusuf* (222 exemplaires saisis), un ouvrage de l'auteur juif Israël Adam Shamir, parmi les livres à détruire est frappante. Dans la sentence, la juge cite, entre autres, la déclaration suivante de Shamir : "P. 35, lignes 3-6, 'La presse mondiale, de New York à Moscou, en passant par Paris et Londres, est parfaitement contrôlée par les suprémacistes juifs ; aucun grincement de dents ne peut être entendu sans leur autorisation préalable'". Estela Maria Perez Franco pense-t-elle que Shamir est un menteur et un antisémite ? Les sionistes pourraient lui expliquer qu'ils considèrent les Juifs qui osent les critiquer comme des "Juifs qui se détestent parce qu'ils sont Juifs" plutôt que comme des antisémites. Israël Shamir, célèbre pour son engagement en faveur de la cause palestinienne, est l'auteur d'une trilogie qui, outre l'ouvrage précité, comprend *The Spirit of James* and *Pardes. A Study of the Kabbalah*, tous deux vendus sur le site Libreria Europa. Deux mois avant le procès, à l'invitation de Pedro Varela, Shamir a participé au cycle de conférences de la Librería Europa : le dimanche 8 novembre 2009, à Madrid, et le lundi 9 novembre 2009, à San Sebastián. Le titre de sa conférence était "*La bataille du discours : le joug de Sion*".

Si nous analysons la sélection de citations de la sentence, nous pourrions écrire au moins quinze pages, les mêmes que celles écrites par Estela María Pérez ; mais il est maintenant temps d'examiner le jugement, dans lequel le juge a condamné Pedro Varela Geiss à un an et trois mois de prison "en tant qu'auteur pénalement responsable d'un délit de diffusion d'idées génocidaires", et à un an et six mois de prison pour "un délit commis contre les droits fondamentaux et les

---

[14] *Los crímenes de los buenos*, Omnia Veritas Limited, www.omnia-veritas.com.

libertés publiques garantis par la Constitution". C'est un sarcasme insupportable, une injustice manifeste, que Varela ait été condamné pour un délit contre les droits fondamentaux et les libertés constitutionnelles, alors qu'il a précisément été victime de la violation de ces droits et libertés en sa personne. Il a également été convenu "de confisquer tous les livres décrits dans les faits avérés... et de procéder à leur destruction une fois la condamnation définitive".

Le jugement n'est devenu définitif qu'à la fin du mois d'octobre 2010. Avant cela, en mai 2010, l'Audiencia Provincial a examiné l'appel. Ce tribunal de l'Audience a au moins respecté le décorum qu'il se doit en tant que cour de justice et a acquitté Pedro Varela du second délit, pour lequel il avait été condamné à un an et six mois de prison, mais a maintenu le premier : "diffusion d'idées génocidaires", pour lequel il avait été condamné à un an et trois mois. Enfin, une autre juge de Barcelone, la présidente du tribunal pénal n° 15, n'a pas accepté d'accorder à Pedro Varela le sursis qu'il avait demandé. La juge a déclaré dans son jugement qu'en ordonnant l'emprisonnement du libraire, elle avait pris en compte le fait qu'il avait déjà été condamné à sept mois de prison en 2008, ce qui, d'un point de vue pénal, montrait "un casier judiciaire qui démontre sa dangerosité".

Pedro Varela est entré en prison le dimanche 12 décembre 2010. C'était une matinée d'hiver lumineuse, sans nuages, tout comme Pedro était à l'abri du crime. Il est arrivé dans une petite caravane de voitures, accompagné d'un grand groupe d'amis et de sympathisants qui l'ont entouré et encouragé jusqu'au dernier moment. Sur une grande banderole portée par plusieurs personnes, on pouvait lire : "Pour le droit d'informer. Plus de rédacteurs en prison". Un autre accompagnateur portait une banderole individuelle avec la phrase "Les livres sont interdits et les éditeurs sont enfermés". Avec une force d'âme et une dignité admirables, conscient de la nécessité de donner l'exemple de la force d'âme, Varela a exhorté ses amis à ne pas se décourager. Il a évoqué l'emprisonnement de Quevedo dans les cachots de San Marcos de León et a estimé que le moment était venu d'affronter la prison. Il a demandé à tous de rappeler au monde que les livres étaient traqués et les éditeurs emprisonnés. Nous pouvons faire en sorte, leur a-t-il dit, que personne d'autre ne soit emprisonné pour cette raison". Avec des accolades et des baisers, il a dit au revoir après les avoir remerciés et a franchi le portail. Il s'est éloigné vers les bureaux de contrôle d'accès sous les applaudissements et les cris enthousiastes de "Allez Pedro !", "Bravo !" et "On ne t'oubliera pas Pedro ! Heureusement, il n'a pas été interdit d'écrire, ce qui lui a permis de rédiger une série de lettres dans la cellule 88 du centre pénitentiaire de Can Brians 1, où il a purgé sa peine. Ces textes ont été publiés plus tard sous le titre *Cartas desde prisión. Pensées et réflexions d'un dissident.*

Le 8 mars 2011, Isabel Gallardo Hernández, une autre juge suppléante affectée au 15e tribunal pénal de Barcelone, a rendu une ordonnance dans laquelle elle a ordonné l'exécution de la destruction des livres, conformément à la sentence du 5 mars 2010. Nous citerons un fragment du dispositif de l'ordonnance afin d'avoir une trace de l'index des livres interdits en Espagne, pays où existe théoriquement la liberté d'expression et où, par conséquent, il n'y a pas de livres interdits.

"Je décide d'ordonner la destruction de tous les exemplaires des livres portant les titres suivants :

1er Mon combat. 2e Autoportrait de Léon Degrelle, un fasciste. 3ème Hitler et ses philosophes. 4e Hitler, discours des années 1933/1934/1935. Œuvres complètes (volume 1). 5. les crimes des "bons". 6ème Les fondements de la biopolitique : l'oubli et l'exagération du facteur racial. 7. race, intelligence et éducation 8. la noblesse. 9. l'homme nouveau 10. L'éthique révolutionnaire. 11e Garde de fer. Le fascisme roumain. 12° Les Protocoles des Sages de Sion. 13° L'œcuménisme à trois faces : juifs, chrétiens et musulmans. 14° La pluie verte de Yusuf. 15° La pensée wagnérienne. 16° L'histoire des vaincus (le suicide de l'Occident). Tome II. 17° Le manuel du chef. De la Garde de Fer.

Le buste d'Hitler, la croix gammée en fer, les casques militaires, ainsi que les photographies et les affiches à thème national-socialiste qui ont été retirés devraient également être détruits.

Remettre les drapeaux et le papier à lettres au prisonnier".

Constater que tout se fait au nom de la démocratie, de la liberté et des droits fondamentaux est tout à fait déplorable. La question se pose de savoir pourquoi les bustes de personnages historiques, les croix gammées, les casques militaires, les photos ou les affiches devraient être détruits. Si l'on nous dit qu'Hitler représente le mal absolu, nous devons argumenter que le communisme a produit les pires criminels de l'histoire. À notre connaissance, il n'existe aucune décision exigeant la destruction des bustes de Lénine, Trotski,

Kaganóvich, Beria ou Staline dans les maisons privées. Il en va tout autrement des statues dans les lieux publics qui ont été enlevées dans certains pays, quand elles n'ont pas été démolies par des populations indignées après des années de totalitarisme communiste.

Quant aux livres, que dire de la destruction d'ouvrages lus dans le monde entier et librement consultables dans les bibliothèques espagnoles. Comment accepter l'interdiction de textes en Espagne au seul motif qu'un tribunal de Barcelone a considéré comme avéré que "le contenu des livres occupés reflète le mépris du peuple juif et d'autres minorités". C'est un sarcasme insultant que des ouvrages critiques à l'égard des Juifs soient détruits, alors qu'en Israël la haine raciale est à la base de l'éducation. Les talmudistes, qui haïssent viscéralement les chrétiens, enseignent dans "Abhodah Zarah" que "même les meilleurs des goyim (gentils ou non-Juifs) doivent être tués". Cet enseignement ne traduit-il pas une haine raciale et un sectarisme de la pire espèce ? Maurice Samuel (1895-1972), intellectuel sioniste, dans le chapitre XIV de son ouvrage *Vous les Gentils*, intitulé "Nous, les destructeurs", écrit ces mots aux Gentils : "Nous, les Juifs, sommes les destructeurs et nous le resterons. Rien de ce que vous pouvez faire ne répondra à nos demandes et à nos besoins. Nous détruirons éternellement parce que nous voulons que le monde nous appartienne". N'est-ce pas là du racisme criminel ?

On peut supposer que la juge Pérez Franco n'a pas tergiversé et que si elle avait été suffisamment érudite sur les sujets qu'elle jugeait, elle n'aurait pas ordonné de brûler, par exemple, *la Pensée wagnérienne* (dont 12 exemplaires ont été saisis), un ouvrage du penseur britannique Houston Stewart Chamberlain, parce que l'auteur a osé écrire à la page 83 que "l'influence du judaïsme accélère et favorise le progrès de la dégénérescence en poussant l'homme dans un tourbillon effréné qui ne lui laisse le temps ni de se reconnaître ni de prendre conscience de cette lamentable décadence..."..." La citation est extraite de la rubrique "faits avérés", dans l'affligeant arrêt du 5 mars 2010.

"De l'école de la guerre de la vie. - Ce qui ne me tue pas me rend plus fort". Cette phrase du *Crépuscule des idoles* de Nietzsche est idéale pour expliquer l'état d'esprit dans lequel Pedro Varela a quitté la prison de Can Brians le 8 mars 2012. "À partir de maintenant, je vais redoubler d'efforts", a-t-il déclaré après avoir montré sa détermination à reprendre les activités de sa librairie et à continuer à lutter contre la répression. Un an plus tard, le 5 mars 2013, la Cour européenne des droits de l'homme de Strasbourg a condamné l'Espagne à verser 13 000 euros à M. Varela, estimant que l'Audience provinciale de Barcelone aurait dû lui permettre de préparer et d'exercer sa défense plus efficacement et avec plus de temps après la décision de la Cour constitutionnelle en 2007. Il s'agit d'une victoire morale, puisque le libraire avait demandé 125 000 euros de dédommagement. Les juges de la Cour de Strasbourg ont considéré à l'unanimité que "n'a été mis au courant que tardivement du changement de qualification" de l'infraction pour laquelle il a été condamné à sept mois de prison.

Le fait que la Librería Europa et son propriétaire aient pu poursuivre la série de conférences et réorganiser ses activités commerciales et culturelles n'a pas plu à ses ennemis. Une douzaine d'hommes de main cagoulés ont été envoyés le 11 mars 2014 à Seneca Street. Ces braves se sont présentés à la librairie vers dix heures et demie du matin et, en plein jour, avec l'insolence de ceux qui se savent impunis, ont commencé l'attaque : depuis la rue, ils ont brisé les vitrines des magasins avec des objets contondants, puis ont jeté des pots de peinture sur les livres et les meubles. Heureusement, le personnel de la librairie n'a pas été attaqué. Selon des témoins oculaires, le groupe était composé d'une vingtaine de personnes, mais seuls les hommes cagoulés ont agi violemment. Pedro Varela a déposé une plainte auprès des Mossos d'Esquadra, mais avec peu d'espoir, voire aucun, que quelqu'un soit arrêté, car il n'y avait jamais eu d'arrestations auparavant.

L'Allemagne, l'État qui persécute sa propre ombre, ne pouvait rester à l'écart sans participer au harcèlement du libraire et éditeur espagnol. Son apparition dans la persécution a eu lieu en février 2009, lorsque le consulat général d'Allemagne à Barcelone a déposé une plainte contre Pedro Varela pour avoir commercialisé *Mein Kampf* (*Mon combat*) sans l'autorisation de l'État de Bavière. La publication de l'ouvrage en Allemagne était un délit jusqu'au 30 avril 2015, date à laquelle, soixante-dix ans après la mort d'Hitler, le livre est tombé dans le domaine public. C'est sous ce prétexte que l'infatigable Miguel Ángel Aguilar, juriste "progressiste" de la trempe de Baltasar Garzón, Santiago Vidal, José María Mena et consorts, surnommé le procureur de la haine, puisqu'il dirige le service de lutte contre les crimes de haine et la discrimination du parquet de Barcelone, a inculpé Pedro Varela en septembre 2015 pour délit contre la propriété intellectuelle, délit qui n'a d'ailleurs rien à voir avec la haine et la discrimination. Le procureur de la haine a demandé avec soumission deux ans de prison pour Varela, sa déchéance pendant trois ans en tant qu'éditeur et commerçant et une amende de 10 800 euros pour avoir publié le livre sans autorisation ni licence, alors qu'il savait que les droits de l'œuvre appartenaient à l'État allemand de Bavière en vertu d'une décision de la Chambre de justice de Munich. En outre, il a réclamé à l'État de Bavière une amende supplémentaire de 216 000 euros et un dédommagement de 67 637 euros.

En ce qui concerne les droits sur les œuvres d'Hitler, on sait que Paula Hitler, la sœur du "Führer", avait confié à François Genoud, "Sheik François" (voir note 9), la gestion éditoriale de nombreux textes de son frère, dont *Mein Kampf*. Le banquier suisse travaillait à un accord global avec elle pour acquérir les droits sur l'ensemble des œuvres d'Adolf Hitler, mais Paula est décédée en 1960. Déjà à cette époque, les autorités bavaroises, qui avaient saisi le contrat entre Hitler et la maison d'édition du NSDAP (Franz Eher Verlag), réclamaient avec impatience les droits pour l'État de Bavière.

Quoi qu'il en soit, la haine de Pedro Varela devrait faire partie des faits avérés, puisque *Mein Kampf* a été et est vendu dans le monde entier. En Inde, par exemple, Hitler est un auteur culte. Son célèbre ouvrage est devenu un classique et a longtemps été un best-seller. On peut l'acheter dans des échoppes de rue et, de temps en temps, il figure dans la liste des dix meilleurs best-sellers. L'avocat de Pedro Varela, Fernando Oriente, a rejeté dans sa défense l'idée que l'État de Bavière et la République fédérale d'Allemagne avaient ou avaient eu les droits et a fait valoir que le consul allemand "n'avait aucune légitimité". L'avocat a rappelé que la première édition du livre en Espagne date de 1935 et que les droits d'auteur d'une personne décédée avant le 7 décembre 1987 sont libres, comme le prévoit un décret royal de 1996 sur la loi relative à la propriété intellectuelle. L'avocat de Varela a regretté que l'intention de la Bavière soit d'"agir comme un censeur de la pensée, en empêchant la libre diffusion des idées consacrées par la Constitution".

Nous étions sur le point de conclure, mais nous avons lu dans l'édition du 28 janvier 2016 d'*El País* en Catalogne le titre suivant :

"Le procureur étudie l'acte d'un néo-nazi dans la librairie Europa".

Sur le site, on peut lire : "le leader historique de l'ultra-droite Ernesto Milá y présentera (à la librairie Europa) son nouveau livre *El tiempo del despertar*, qui fait l'éloge de la montée du nazisme". En d'autres termes, le procureur de la haine comprend que la présentation d'un livre peut être un acte criminel. Après avoir enterré plus de cent millions de victimes du communisme dans le monde, après l'oppression de cette idéologie totalitaire dans la moitié de l'Europe pendant cinquante ans, une conférence sur les champions communistes est encore "progressiste" ; mais si le conférencier est "un néo-nazi", nous sommes face au mal absolu, à l'apologie du national-socialisme, de la haine raciale, de l'antisémitisme.

Malheureusement, le revanchisme, le ressentiment et la haine sont à l'ordre du jour dans l'Espagne d'aujourd'hui, mais ils se nichent dans les poitrines des "antifascistes", toujours aussi démocratiques. Quatre-vingts ans après la guerre civile, protégés par une loi sur la mémoire historique utilisée de manière sectaire pour ne rappeler que les crimes d'un des camps du conflit fratricide, les partis de la soi-disant "gauche progressiste", qui ont pris le pouvoir dans les grandes mairies grâce à des pactes de tous contre un, s'emploient à détruire les monuments, à enlever les plaques à la mémoire des religieux fusillés, à changer le nom des rues... Armés de raison et de supériorité morale, comme d'habitude, ils font preuve d'une intolérance et d'un fanatisme qui menacent l'harmonie et la réconciliation entre les Espagnols, qui semblaient assurées grâce à la Constitution de 1978. C'est pourquoi, compte tenu de l'atmosphère qui règne, on peut soupçonner que la persécution de Pedro Varela ne cessera pas.

Post Scriptum

Malheureusement, des mois après avoir écrit la dernière phrase, notre soupçon s'est concrétisé : après avoir déjà conclu *Proscribed History*, nous avons appris que le 7 juillet 2016, une nouvelle plainte déposée par le ministère public contre l'Asociación Cultural Editorial Ojeda en tant que personne morale et contre son vice-président Pedro Varela est entrée au Juzgado de Guardia (Juzgado de Instrucción numéro 18 de Barcelone). La plainte était également dirigée contre Carlos Sanagustín García, Antonio de Zuloaga Canet, Viorica Minzararu et Nicoleta Aurelia Damian, des personnes liées à l'association et à la librairie Europa. La juge Carmen García Martínez a immédiatement ordonné des mesures "conservatoires urgentes", parmi lesquelles la cessation des activités de l'Editorial Ojeda, la fermeture de la Librería Europa et le blocage des deux sites web de la librairie. De manière absurde, le bureau du procureur de Barcelone a invoqué l'article 510.1 a de la Constitution espagnole, qui fait référence aux droits fondamentaux et aux libertés publiques, pour poursuivre son harcèlement impitoyable à l'encontre de Varela.

Le vendredi 8 juillet, les Mossos d'Esquadra ont arrêté à leur domicile les deux vendeurs de la librairie Europa, tous deux d'origine roumaine, ainsi que les deux membres de l'association culturelle Editorial Ojeda. Pedro Varela n'était pas en ville, car il avait voyagé avec sa fille cadette et campait dans les montagnes quelque part en Espagne. Lors de la perquisition de la librairie, 15 000 livres et du matériel informatique ont été saisis. La librairie Europa a été mise sous scellés. Le même matin, à 7 heures, la police catalane a également perquisitionné le domicile de Pedro Varela. En plus des ordinateurs, les policiers ont saisi tout l'argent liquide qu'il conservait chez lui.

Après avoir appris qu'un mandat d'arrêt avait été émis, Pedro Varela a publié un communiqué annonçant qu'il se présenterait devant le tribunal, ce qu'il a fait le 15 juillet. Accompagné de ses avocats, le libraire et éditeur s'est présenté à la neuvième chambre d'instruction qui avait émis le mandat d'arrêt. Il a refusé de témoigner. Le procureur, Miguel Ángel Aguilar, a demandé son placement en détention provisoire au motif qu'il risquait de fuir et que ses délits étaient répétés. Le juge a ordonné sa libération contre une caution de 30 000 euros, que Varela n'a pas été en mesure de payer. Les avocats Luis Gómez et Javier Berzosa ont tenté d'obtenir une réduction de la caution. Ils ont fait valoir que leur client n'était pas un homme riche et qu'il ne pouvait pas utiliser l'argent saisi par les Mossos d'Esquadra à son domicile pour payer la caution. Ce qu'il possède", a déclaré M. Berzosa, "a été saisi lors de la perquisition de son domicile". Varela a donc été admis à la prison Modelo à Barcelone. Heureusement, un ami a payé la caution judiciaire le jour même et Pedro a pu retrouver la liberté dans la soirée.

Quant aux autres personnes, après 24 heures de détention, elles ont été libérées sous l'inculpation de promotion de la haine et de la discrimination pour avoir participé à "l'organisation de conférences dans la librairie où le génocide nazi est glorifié et justifié et où l'holocauste juif est nié". L'accusation avait l'intention d'emprisonner les deux hommes, le président et le trésorier de l'Asociación Cultural Editorial Ojeda, mais le juge les a libérés. Quelques jours après la mise sous scellés de la Librería Europa, une magnifique couronne est apparue devant la porte zippée, posée sur un chevalet en bois avec l'inscription suivante : "De la culture et de la liberté à la Librería Europa".

Le 18 juillet, Esteban Ibarra, un prétendu champion de la tolérance qui préside le Mouvement contre l'intolérance, une ONG qui a reçu près de sept millions d'euros de subventions publiques depuis 1995, a intenté une action en justice contre Pedro Varela et les autres gérants de la librairie et de la maison d'édition. Ibarra a annoncé qu'il allait mener une action populaire et qu'il comptait sur la participation de la Fédération des communautés juives d'Espagne, de la Ligue internationale contre le racisme (LICRA), de la communauté juive Bet Shalom de Barcelone, etc..., etc... Pour parachever le lynchage public d'un seul homme, la mairie de Barcelone a annoncé, par la bouche de l'adjoint au maire Jaume Asens, responsable des droits de l'homme au sein de Podemos, que la mairie se porterait partie civile dans l'affaire "pour l'offense faite à toute la ville". Jaume Asens, un "anti-système" devenu séparatiste, a déclaré que "la Librería Europa était un quartier général de l'extrême droite dans la ville".

Sous le régime de Franco, la censure existait, ce qui permettait de protéger les libraires, car ils savaient quels ouvrages ils ne pouvaient pas vendre. Aujourd'hui, il n'y a plus de censure en Espagne et, en théorie, aucun libraire ne devrait craindre quoi que ce soit. Pourtant, un homme d'affaires, un homme capable "d'offenser toute une ville" en vendant des livres, est vicieusement persécuté. Nous craignons que cette fois-ci, les ennemis de Pedro Varela soient déterminés à l'enfermer à jamais dans une prison de silence. Après plus de vingt ans de persécution, Varela est devenu un dissident légendaire en Espagne et l'un des plus tenaces en Europe. Ses convictions et sa dignité de personne sont illustrées par son attitude exemplaire de résistance pacifique. Son combat pour la liberté d'expression et de pensée mérite la reconnaissance non seulement de ceux d'entre nous qui partagent ses opinions révisionnistes, mais aussi de tous ceux qui croient réellement en la liberté

Au moment de revoir ces lignes pour l'édition de *Criminales de pensamiento*, plus de trois ans après les avoir écrites, le procès est toujours en cours et la Librería Europa ainsi que la maison d'édition Ojeda sont toujours fermées.

Autres libraires et éditeurs persécutés en Catalogne

L'affaire suivante confirme l'injustice faite à Pedro Varela. Connue sous le nom d'affaire Librería Kalki, elle concerne quatre libraires et éditeurs qui ont été acquittés par la Cour suprême alors que Varela, également libraire et éditeur, purgeait une peine de prison pour des faits identiques. On pourrait en tirer des conclusions nombreuses et variées, que nous laisserons pour la fin. Nous nous limiterons maintenant à un exposé succinct des faits après avoir présenté les personnages : Óscar Panadero, Ramón Bau, Juan Antonio Llopart et Carlos García, condamnés par l'Audience provinciale de Barcelone pour diffusion d'idées génocidaires dans un jugement du 28 septembre 2009.

Le premier, Óscar Panadero, fils d'un dirigeant du PSUC, neveu d'anarchistes et petit-fils de falangistes, a été éduqué dès l'enfance dans les discussions des trois credo idéologiques et a fini par choisir le national-socialisme. Né à Barcelone en 1977, il abandonne l'école avec d'excellentes notes et opte pour une éducation autodidacte. Ni les professeurs ni ses parents ne parviennent à convaincre le jeune adolescent, qui confirme qu'il n'a pas l'intention de céder à une école qui enseigne le mensonge. Après être passé par des associations comme Alternativa Europea et le Movimiento Social Republicano, il atterrit au Círculo de Estudios Indoeuropeos (CEI), dont le président est Ramón Bau. En janvier 2003, après avoir vendu sa ferme et abandonné un bon emploi, il ouvre la librairie Kalki, dont il est le propriétaire et le gérant. À peine six mois plus tard, sa persécution politique commence : le 8 juillet 2003 et le 25 mai 2004, la police régionale fait une descente dans l'établissement et, comme dans le cas de la librairie Europa, saisit des milliers de livres et de magazines, ainsi que des catalogues, des brochures, etc.

Le second, Ramón Bau, également originaire de Barcelone, a participé à l'âge de dix-sept ans à la fondation du Círculo Español de Amigos de Europa et a travaillé avec Pedro Varela dans le cadre de ses activités de publication. Bau a travaillé en étroite collaboration avec Varela et est devenu secrétaire général du CEDADE. En 1984, il crée les Ediciones Bau, Bausp y Wotton et publie plus d'une centaine de revues. En juin 1998, il fonde le Círculo de Estudios Indoeuropeos. Bau, intellectuel aux connaissances multiples, est un national-socialiste convaincu et un wagnérien autoproclamé.

Juan Antonio Llopart, troisième des Catalans persécutés, est né à Molins de Rei dans une famille falangiste. Fondateur des Ediciones Nueva República, il est également à l'origine de la revue *Nihil Obstat*. Llopart, à partir des Ediciones Nueva República, a parrainé et organisé les Jornades de Disidència, auxquelles ont participé pendant plusieurs années des personnalités internationales, des combattants à contre-courant dans le domaine de la culture. Il est l'auteur de plusieurs ouvrages et a contribué à diverses publications.

Le quatrième, Carlos García, membre de la CEI et également de tradition falangiste, se réclame du national-socialisme. Secrétaire d'Óscar Panadero, il a raconté une anecdote significative sur son arrestation : lorsque dix policiers ont fait irruption chez lui la nuit en 2004, celui qui menait la danse était en civil et portait une étoile communiste rouge à la boutonnière. García pense que c'était une façon de lui faire savoir qui était à ses trousses.

Après une arrestation humiliante et plusieurs jours de détention dans les cachots, une procédure a été ouverte contre eux au Juzgado de Instrucción n° 4 de Sant Feliu de Llobregat (tribunal d'instruction n° 4 de Sant Feliu de Llobregat). Une fois l'ouverture de la procédure orale décrétée, l'affaire a été renvoyée devant l'Audience provinciale de Barcelone, qui a rendu son jugement le 28 septembre 2009. Les quatre personnes ont été condamnées à des peines de prison allant jusqu'à trois ans et demi pour des délits de diffusion d'idées génocidaires, de délits contre les droits et libertés fondamentaux et d'association illicite. Ramón Bau, président de CEI, et Óscar Panadero, propriétaire de la Librería Kalki, ont été condamnés à trois ans et demi ; Carlos García, à trois ans ; Juan Antonio Llopart, administrateur des Ediciones Nueva República, n'a pas été reconnu coupable d'association illicite et a donc été condamné à deux ans et demi de prison.

Les avocats se sont pourvus en cassation devant le Tribunal suprême pour violation de la loi et des préceptes constitutionnels, ainsi que pour vice de forme. Le 12 avril 2011, le Tribunal suprême a rendu l'arrêt 259/2011, dont le rapporteur était le juge Miguel Colmenero Menéndez de Luarca. L'arrêt considère que les pourvois en cassation sont recevables pour violation de la loi et du précepte constitutionnel, ainsi que pour vice de forme. En conséquence, les accusés ont été acquittés des crimes pour lesquels ils avaient été condamnés et toutes les décisions du jugement de la Haute Cour ont été rendues nulles et non avenues. Le jugement comporte 218 pages. Dans la section "Fundamentos de Derecho" (fondements du droit), on retrouve les mêmes arguments que ceux avancés par la défense de Pedro Varela et qui ont été rejetés par les tribunaux catalans qui l'ont jugé et condamné. Un extrait est cité ci-dessous :

"Par conséquent, dans le cas des éditeurs ou des libraires, la possession de quelques exemplaires de ces œuvres, en plus ou moins grand nombre, dans le but de les vendre ou de les distribuer, comme ce serait le cas pour de nombreuses autres œuvres possibles sur des thèmes similaires, ou même contraires dans leur sens plus profond mais tout aussi discriminatoire et excluant, ne constitue pas en soi un acte de diffusion d'idées au-delà du simple fait de mettre leurs supports documentaires à la disposition d'utilisateurs potentiels, et donc, rien de différent de ce que l'on peut attendre de leur dévouement professionnel, même s'ils contiennent une forme de justification du génocide, ils ne constituent pas une incitation directe à la haine, à la discrimination ou à la violence contre ces groupes, ni une incitation indirecte à la commission d'actes constitutifs de génocide, et même si ces œuvres contiennent des concepts, des idées ou des doctrines discriminatoires ou offensants pour des groupes de personnes, on ne peut pas considérer que ces actes de diffusion créent à eux seuls un climat d'hostilité qui comporte un certain risque de se matérialiser par des actes de violence spécifiques à leur encontre.

Il n'y a pas de description dans les faits prouvés, telle qu'elle serait nécessaire pour appliquer l'infraction, d'actes de promotion, de publicité, de défense publique, de recommandation, d'éloge ou d'incitation ou d'actes similaires attribués aux accusés qui se réfèrent à la bonté des idées ou des doctrines contenues dans les livres qu'ils ont édités, distribués ou vendus en raison de leur contenu philhonazi, discriminatoire, génocidaire ou justifiant le génocide, ou l'opportunité de les acquérir pour la connaissance et le développement de ces idées ou doctrines, ou préconisant de quelque manière que ce soit leur mise en œuvre, ce qui pourrait être considéré comme des activités de diffusion, qui ont une portée plus large et sont différentes du fait de publier certains ouvrages ou d'en mettre des exemplaires à la disposition de clients potentiels.

Les actes allégués dans l'exposé des faits ne peuvent pas non plus être considérés comme glorifiant les dirigeants nazis en raison de leurs activités discriminatoires ou génocidaires et, par conséquent, sans préjudice de l'opinion que ces personnes peuvent mériter, par rapport à ce qui a été dit jusqu'à présent, ils ne peuvent pas être considérés comme une incitation indirecte au génocide ou comme une activité visant à créer un climat hostile dont on pourrait déduire des actes spécifiques à l'encontre des personnes offensées ou des groupes dont elles font partie".

En clair, le fait que des libraires ou des éditeurs, dans l'exercice de leur activité professionnelle, vendent ou publient certains livres ne signifie pas qu'ils justifient le génocide, la haine ou la violence à l'encontre de qui que ce soit. La Cour suprême, et cela s'appliquerait au cas de Pedro Varela, n'a pas considéré que dans les "faits prouvés" il y avait quelque chose en rapport avec des actes de promotion ou de justification de la pratique des idées contenues dans les livres publiés ou distribués. n'a pas non plus considéré qu'une quelconque incitation au génocide pouvait être attribuée aux personnes condamnées sur la base des actes allégués dans l'exposé des faits. Quant à l'allégation selon laquelle les accusés faisaient partie d'une association illégale, la Cour suprême a expliqué dans son arrêt qu'"il ne suffit pas de prouver l'idéologie du groupe ou de ses membres" et a considéré que les données disponibles ne montraient pas que le groupe était "une organisation structurée ayant les moyens de transformer une orientation idéologique en promotion de la discrimination".

L'arrêt STC 235 du 7 novembre 2007 et l'arrêt n° 259 du 12 avril 2011 de la chambre pénale de la Cour suprême protègent les droits à la liberté idéologique et à la liberté d'expression, afin que toute idée puisse être défendue et diffusée. Cependant, au lieu de se féliciter de deux arrêts qui protègent les libertés de tous, certains médias "progressistes", toujours serviles à la voix de leurs maîtres, ont déchiré leurs vêtements et considéré les arrêts comme un pas en arrière. En d'autres termes, lorsque les juges et les procureurs agissent conformément à certains intérêts, même s'ils restreignent les droits fondamentaux, il s'agit d'arrêts exemplaires ; mais dans le cas contraire, les magistrats sont conservateurs et carcéraux. Dans leur sectarisme, ces médias et les groupes qui les soutiennent ignorent que la Constitution n'interdit pas les idéologies, qu'elles se situent à l'une ou l'autre extrémité de l'échiquier politique. Selon les juges de la Cour suprême, la Constitution "n'interdit pas les idéologies", de sorte que "les idées en tant que telles ne devraient pas faire l'objet de poursuites pénales". La Cour suprême a insisté sur le fait que la tolérance à l'égard de toutes sortes d'idées permet d'accepter même celles qui remettent en cause la Constitution elle-même, "aussi répréhensibles qu'elles puissent être". En bref, la Cour suprême s'est appuyée sur la jurisprudence de la Cour constitutionnelle, selon laquelle "dans la protection de la liberté d'opinion, il y a de la place pour toute opinion, aussi erronée ou dangereuse qu'elle puisse paraître au lecteur, même celles qui attaquent le système démocratique lui-même. La Constitution protège également ceux qui la nient".

L'arrêt du Tribunal suprême a été un revers, un revers, pour le Tribunal supérieur de Barcelone. À l'époque, Pedro Varela se trouvait toujours à la prison de Can Brians. En juin 2011, six mois après son admission volontaire, la commission de traitement de la prison lui a refusé la permission de voir sa femme et sa petite fille, qu'il n'a pas revues depuis. Depuis que les pouvoirs d'exécution des peines ont été transférés à la Generalitat de Catalunya, il est clair que les fonctionnaires pénitentiaires obéissaient aux instructions politiques du gouvernement catalan. Pedro Varela avait demandé à bénéficier du troisième degré, ce qui lui avait été refusé. Le 3 mars 2011, il a fait appel de ce refus. Si justice avait été rendue, dès que l'arrêt de la Cour suprême acquittant les quatre libraires et éditeurs condamnés pour les mêmes faits a été connu, le tribunal de surveillance pénitentiaire correspondant aurait dû statuer sur le recours contre le refus du troisième degré et ordonner automatiquement la libération conditionnelle du prisonnier. Bien que la jurisprudence de la Cour suprême ne considère pas les faits pour lesquels il était en prison comme un crime, Varela a purgé l'intégralité de sa peine. Ainsi, il a été démontré une fois de plus que son cas était politique et n'avait rien à voir avec l'équité et la justice.

7. Principales victimes de persécutions en Suède

Ditlieb Felderer, le juif moqueur à la satire corrosive

Ce révisionniste, qui a été accusé, poursuivi, condamné et emprisonné en Suède, tient actuellement un site Internet irrévérencieux, *Ditliebradio*, où il a choisi l'humour sardonique pour dénoncer les impostures. De manière sarcastique et macabre, il utilise toutes sortes de photographies ironiques, y compris pornographiques, pour se moquer des mensonges sur l'Holocauste, des crimes du sionisme, de l'adhésion de l'Église catholique au dogme, des Témoins de Jéhovah et de tout le reste. Il utilise parfois des photomontages audacieux et ingénieux pour mieux illustrer ses dénonciations. Pour tout cela, Feldererer est connu comme le révisionniste excentrique. His bizarre sense of humour has been used by exterminationists and propagandists to discredit him. Il semble s'en moquer, estimant que les "sensibilités" des falsificateurs de l'histoire et des menteurs compulsifs ne doivent pas être respectées.

Selon Elliot Y. Neaman, docteur en histoire de l'université de Californie à Berkeley et professeur à l'université de San Francisco, Ditlieb Felderer est juif, tout comme sa mère, issue d'une famille de Témoins de Jéhovah. Né à Innsbruck en 1942, il a fui les nazis avec sa famille : ils se sont rendus en Italie, puis ont émigré en Suède, où il a fait ses études. Il possède donc la nationalité suédoise. En 1976, travaillant pour une publication des Témoins de Jéhovah, il commence à se rendre dans les camps. Des années plus tard, entre 1978 et 1980, il a effectué une deuxième série de visites dans ce qui était censé être des camps d'extermination. Il a été l'un des premiers chercheurs à rechercher des preuves à Auschwitz. Au cours de ces voyages, il a pris près de 30 000 photos, enregistrant les détails les plus insignifiants des installations. Nombre d'entre elles sont utilisées dans ses photomontages. À Auschwitz, Felderer a photographié la piscine, l'hôpital moderne et sa section de gynécologie, le théâtre, la bibliothèque, les salles de classe où se donnaient les cours de sculpture, la cuisine, qui était l'une des plus grandes installations du camp. Il a eu accès à des archives nécessitant une autorisation spéciale et y a découvert la partition musicale d'un morceau intitulé "Auschwitz Waltz", qui aurait été joué par l'orchestre du camp.

Parmi ses principales contributions en tant que révisionniste, on peut citer la découverte du rôle joué dans les camps par les Témoins de Jéhovah, qui ont coopéré avec l'administration SS. Nous avons déjà mentionné plus haut qu'en tant que Témoin de Jéhovah éminent, il fut exclu de la secte lorsqu'il dénonça qu'il était faux que les Allemands aient exterminé 60.000 membres, puisque d'après ses enquêtes il avait établi que seuls 203 d'entre eux étaient morts (voir note 3). C'est à l'occasion de ce conflit avec la direction de la secte que le livre de Richard Verrall (Richard Harwood) *Did Six Million Realy Die ?* lui est tombé entre les mains, dont il a publié une édition suédoise en 1977 et distribué quelque 10.000 exemplaires. Depuis lors, son engagement en faveur du révisionnisme historique est permanent. Après avoir fondé le magazine *Bible Researcher* en 1978, il publie en 1979, année de sa rencontre avec Ernst Zündel, le livre *Auschwitz Exit* sous le pseudonyme d'Abraham Cohen. À la suite de ses recherches, il publie la même année *Le journal d'Anne Frank - un canular ?*

Felderer était déjà adepte de certaines excentricités, dont certaines dérangeaient Zündel, qui les considérait comme contre-productives. L'une d'entre elles lui a d'ailleurs valu d'être emprisonné. Le musée d'Auschwitz exposant des cheveux de prétendues victimes assassinées dans les chambres à gaz, Felderer eut l'idée de s'en moquer dans une brochure largement diffusée, intitulée : "Veuillez accepter ces cheveux d'une victime gazée". Cette brochure a été envoyée aux responsables du musée d'Auschwitz. Le texte de la brochure est entrecoupé de dessins et de blagues se moquant des responsables du musée et de des exterminateurs. Dans le premier dessin, une femme souriante tient un cadeau emballé avec l'inscription : "Envoyez-nous tout votre bric-à-brac. Nous en avons besoin pour nos expositions et notre documentation authentiques". La deuxième blague mettait en scène un clown qui disait : "Je suis un expert en extermination. Envoyez-nous généreusement vos documents à toutes nos adresses. On se souviendra de vous". La troisième illustration était un homme pleurant des larmes de crocodile, le texte en dessous disait : "J'ai été gazé six fois ! Non ! Dix fois, Non !... et il y a 5.999.999 autres comme moi à Neu Jork ! Les six millions de juifs gazés sont un canular !". Lors de son premier procès,

Zündel a été interrogé et a expliqué que, selon lui, la satire était nécessaire pour dénoncer une imposture soutenue par des États puissants et le pouvoir de l'argent.

En 1980, la police suédoise a arrêté Ditlieb Felderer pour avoir publié le pamphlet. Cette première fois, il passe trois semaines en prison. En 1982, il est arrêté une seconde fois à cause de ce pamphlet controversé. Cette fois, il a été accusé d'agitation contre un groupe ethnique et un tribunal de Stockholm l'a condamné à six mois de prison. Felderer a déclaré qu'il avait été traité de manière inhumaine pendant sa détention. Ne sachant pas s'il faisait jour ou nuit, il passait la plupart du temps à fixer le mur d'un bunker en béton de deux mètres sur trois, car il n'était guère autorisé à sortir pour respirer de l'air frais. La cellule n'avait pas de toilettes et il était escorté et enfermé dans les toilettes lorsqu'il avait besoin de se soulager. Pour protester contre sa situation et parce qu'on l'empêchait d'écrire, il a entamé trois grèves de la faim, jusqu'à ce qu'on l'autorise enfin à faire un peu d'exercice et qu'on lui fournisse du papier et un crayon. Felderer a indiqué qu'il avait été battu à plusieurs reprises et qu'il avait dû subir des insultes.

En 1988, lors de son second procès, Zündel montre 300 tracts pris lors de ses visites dans les camps et demande la protection du révisionnisme et la liberté d'expression au lieu de la persécution. La Couronne lui présente plusieurs de ses pamphlets. Elle lui demande de lire celle intitulée "Trois contributions juives à la civilisation occidentale". Ces contributions font référence à la bombe atomique, développée par Robert Oppenheimer, à la bombe à hydrogène, dont le père était Edward Teller, et à la bombe à neutrons, développée par Samuel Cohen. Tous trois étaient juifs. Felderer a déclaré que son tract en disait long sur certaines personnes qui avaient créé ces terribles armes de destruction. Un autre des tracts qu'on lui a montré faisait allusion à son admission dans un hôpital psychiatrique pendant le procès : il se plaignait qu'en Suède les détracteurs étaient internés et comparait cette pratique à celle utilisée en Union soviétique. Le ministère public a répondu à Felderer qu'il ne pouvait pas accepter que les autorités suédoises pensent qu'il était malade et avait besoin d'aide, mais il a insisté sur le fait que les tests qu'il avait subis montraient qu'il était en parfaite santé.

Il semble qu'après son témoignage au procès de Toronto, il ait pensé qu'il avait fait tout ce qu'il pouvait et que ses recherches s'étaient arrêtées. Ernst Zündel a toujours reconnu l'excellent travail de Felderer sur les camps et sur le journal d'Anne Frank, mais il considérait que la satire n'était pas un genre efficace pour un historien car elle peut remettre en cause le sérieux du reste du travail. Zündel en vint à regretter que Feldererer soit allé trop loin dans la moquerie par le biais de pamphlets et de dessins. Malgré sa disparition, Feldererer a fait état de harcèlements et d'insultes répétés. Ce n'est pas pour rien qu'il est considéré comme l'un des chercheurs pionniers du révisionnisme.

Comme nous l'avons indiqué dans la note de bas de page n° 3, le dernier témoignage de Ditlieb Felderer est qu'en novembre 2013, il a accusé le juge juif Johan Hirschfeldt d'être à l'origine d'"actions terroristes" à son encontre et à celle de son épouse philippine. Sur son site web *Ditliebradio*, Feldererer s'est référé à des documents secrets du ministère suédois des affaires étrangères pour porter des accusations très graves contre Hirschfeldt, qu'il a accusé d'avoir fomenté des attaques contre eux par des voyous au nom de l'ADL (Anti-Defamation League). Il semble qu'au cours de l'un de ces actes, que Feldererer qualifie de terrorisme d'État, sa femme ait failli perdre la vie. Selon lui, Carl Bildt, alors ministre des affaires étrangères, pourrait être tenu pour responsable de son inaction. M. Felderer a également accusé le juge Hirschfeldt de harceler Ahmed Rami,, un révisionniste marocain qui a été attaqué à plusieurs reprises et qui dirige le site web *Radio Islam* depuis de nombreuses années, avec de fausses accusations.

Ahmed Rahmi, architecte de *Radio Islam* et principal révisionniste musulman

Ce Marocain d'origine berbère était officier de l'armée royale marocaine lorsque, le 16 août 1972, il a participé à un coup d'État manqué contre le roi Hassan II, qu'il considérait comme une marionnette du pouvoir juif. Après avoir pris le maquis, Ahmed Rami s'est rendu à Paris, puis en Suède, où il a demandé et obtenu l'asile politique en 1973. Depuis lors, il vit à Stockholm, où il a publié cinq livres en suédois. Son apparition dans ces pages est due à ses activités révisionnistes qui lui ont valu d'être emprisonné dans le pays qui l'avait accueilli.

En 1987, il fonde et dirige une station de radio appelée *Radio Islam*, qui lui permet de communiquer avec les Suédois et les quelque 80 000 musulmans vivant dans le pays. Son slogan est "Radio Islam - Le combattant de la liberté - Rejoignez la lutte contre la domination juive et le racisme ! Dans ses émissions radiophoniques, elle commence à lancer des contenus révisionnistes, notamment les travaux de Robert Faurisson. En 1988, la station a rendu compte du procès d'Ernst Zündel à Toronto. Fervent défenseur de la cause palestinienne, Rami lie dès le départ l'Holocauste à l'usurpation sioniste de la Palestine et, par conséquent, la libération du peuple palestinien à la découverte des mensonges imposés par le sionisme. Cette franchise a valu à la radio d'être taxée d'antisémitisme et, en 1989, le ministre de la justice, sous la pression du lobby juif, a porté plainte pour incitation à la haine raciale.

Un procès contre Ahmed Rami s'est ouvert en septembre 1989 et a duré jusqu'en novembre. Le procès s'est ouvert le 15 septembre au tribunal de district de Stockholm. Dès le début, la défense de Rami a rejeté les accusations d'insultes ethniques et de diffamation, et a fait valoir que la liberté d'expression ne pouvait être restreinte parce que quelqu'un se sentait insulté. En outre, l'avocat Ingemar Folke a insisté sur le fait que Rami avait simplement cité des passages de la Bible dans lesquels les Juifs étaient décrits comme des maîtres chanteurs, cupides, sadiques, exploiteurs et criminels. Le fait que les textes soient tirés du Pentateuque a conduit la presse suédoise à penser que le tribunal devrait interpréter en dernier ressort s'ils contenaient des expressions de racisme ou de mépris à l'égard d'autres groupes ethniques. Le procureur Hakan Bondestam a convoqué le rabbin Morton Narrowe et l'ancien évêque luthérien de Stockholm Krister Stendahl, professeur honoraire à l'université de Harvard, venus des États-Unis pour témoigner contre le révisionniste marocain. Stendahl a déclaré que l'ouvrage de Luther *Les Juifs et leurs mensonges* n'était pas chrétien et que Luther était antisémite. Pour sa part, Rami a présenté comme témoins Jan Hjärpe, professeur renommé d'islam à l'université de Lund, et Jan Bergman, professeur de religion à l'université d'Uppsala. Tous deux ont déclaré qu'à leur avis, la liberté d'expression en Suède était attaquée lorsqu'il s'agissait de faire taire les critiques à l'égard d'Israël et de passer sous silence la question palestinienne. L'avocat Folke a insisté sur le fait qu'il fallait faire la distinction entre l'antisémitisme et l'antisionisme et a souligné que son client cherchait à défendre les droits du peuple palestinien et que la critique de la politique d'un État ne pouvait être considérée comme de la haine raciale. Le quotidien *Expressen*, faisant preuve d'une mauvaise foi insidieuse, estime dans son édition du 23 octobre 1989 qu'il est "pratiquement impossible de séparer l'antisémitisme de l'antisionisme".

Par ailleurs, Rami a été accusé de négationnisme. Il a soutenu impassiblement que le prétendu génocide de six millions de Juifs "était un énorme canular de propagande". Certains journaux se sont indignés des citations de Rami tirées des *Protocoles des Sages de Sion* et de son affirmation selon laquelle les Juifs n'avaient pas été exterminés dans les chambres à gaz. Le principal défenseur de Rami et des professeurs Hjärpe et Bergman dans la presse suédoise est Jan Myrdal, fils du prix Nobel Gunner Myrdal. Au fur et à mesure que le procès avançait, le procureur Bondestam s'est rendu compte que la prolongation du procès était contre-productive, car Rami l'utilisait pour "poursuivre sa propagande antisémite pendant le procès". Le 14 novembre, le verdict a été prononcé et Ahmed Rami a été reconnu coupable. Condamné à six mois de prison pour "incitation contre un groupe ethnique", il est incarcéré en février 1990. La licence de *Radio Islam lui* est retirée pour un an. Robert Faurisson a ensuite rendu compte des activités de son collègue révisionniste en prison. Selon le professeur, Rami a réussi à expliquer son point de vue non seulement aux prisonniers, mais aussi aux gardiens, raison pour laquelle les autorités l'ont transféré dans un autre établissement, plus petit, où le résultat a été le même.

En ce qui concerne l'annulation de l'autorisation d'émettre, le Conseil de la radio communautaire de Stockholm a permis à la station de continuer à émettre jusqu'au 28 novembre 1990. Lorsque la station a repris ses activités en 1991, elle l'a fait sous la direction de David Janzon, un nationaliste suédois membre du "Sveriges Nationella Förbund" (Alliance nationale suédoise), qui a ensuite été condamné pour le même délit en 1993. La station de radio est donc restée inactive entre 1993 et 1995. La programmation a été rétablie sous la direction d'Ahmed Rami en 1996, lorsqu'il a également lancé son célèbre site web, qui a gardé le même nom de *Radio Islam*. Au départ, ce site était très actif dans sa critique du racisme juif et de la domination sioniste du monde. En outre, des textes révisionnistes très intéressants sont apparus en 23 langues. Aujourd'hui, et depuis quelques années, le site, maintenu par un groupe de "combattants de la liberté" autoproclamés de différents pays qui soutiennent Ahmed Rami, est rarement renouvelé. Nous ne connaissons pas la raison de ce manque d'activité, mais il est probable qu'elle soit due au harcèlement de Rami.

À cet égard, dans ses *Écrits révisionnistes*[15] Robert Faurisson raconte qu'entre le 17 et le 21 mars 1992, il s'est rendu à Stockholm à l'invitation de son ami marocain. Dans l'après-midi/la soirée du, le jour même de son arrivée, Rami, deux jeunes Suédois et le professeur Faurisson ont été attaqués et presque lynchés par des individus armés de bâtons, de couteaux et de bombes lacrymogènes. Les leaders du groupe d'agresseurs étaient les responsables d'un club d'étudiants juifs. Grâce à ces menaces, la communauté juive de Stockholm a réussi à annuler toutes les conférences qu'Ahmed Rami avait organisées pour le professeur Faurisson, mais celui-ci n'a pas pu être empêché de s'exprimer librement et abondamment sur les ondes de *Radio Islam.* Le deuxième séjour du professeur à Stockholm a lieu entre le 3 et le 6 décembre de la même année. À l'aéroport, le "prophète nazi", comme l'ont qualifié certains médias, est accueilli par Rami, des amis arabes et un Somalien. Paradoxalement, deux manifestants juifs tenaient une banderole avec l'inscription "À bas le racisme ! Faurisson loge chez son hôte et raconte dans les *Écrits* qu'il y a eu deux attaques nocturnes au domicile de Rami.

En octobre 2000, Rami a de nouveau été condamné pour "incitation à la haine raciale". Le tribunal suédois qui l'a jugé par contumace lui a infligé une amende d'environ 25 000 dollars. En France et en Suède, il a fait l'objet d'une enquête pour "crimes de haine" en raison de son rôle dans le maintien de *Radio Islam.* En Suède, l'enquête s'est terminée en 2004 et le procureur n'a pas pu apporter la preuve qu'Ahmed Rami était responsable du contenu diffusé sur le site. L'affaire *Radio Islam* a été portée devant le Parlement suédois en novembre 2005. Le débat a eu lieu en raison du grand nombre de plaintes déposées par des organisations juives devant les tribunaux, exigeant qu'Ahmed Rami soit poursuivi en Suède ou traduit devant un tribunal international. Cette idée avait été proposée au Maroc par Robert Assaraf, le chef de la communauté

---

[15] *Écrits révisionnistes,* 4 volumes, Omnia Veritas Limited, www.omnia-veritas.com.

juive marocaine, qui, en mars 2000, dans une déclaration au magazine *Jeune Afrique*, posait cette question rhétorique : "Les juifs marocains, dispersés dans le monde entier, ne devraient-ils pas se mobiliser pour faire juger Ahmed Rami ?

Le débat au Parlement suédois a eu lieu le 10 novembre 2005. Les membres juifs de la chambre ont critiqué le gouvernement pour avoir abdiqué devant Ahmed Rami et ses activités antijuives en Suède. Le ministre de la justice et des affaires intérieures, Thomas Bodström, s'est défendu en ces termes : "Dans un État de droit, il ne m'appartient pas, ni aux membres du parlement, d'inculper ou de juger Ahmed Rami. C'est une question qui relève du ministère public. Mais le ministère public n'a pas été en mesure de trouver la moindre preuve qu'Ahmed Rami a violé la loi suédoise". Devant l'inconfort de certains députés, le ministre a rappelé que "la loi suédoise n'interdit pas de remettre en question ou de nier l'Holocauste". Le ministre Bodström a rappelé qu'il avait été convenu en Suède que les citoyens ne pouvaient être contraints de croire en l'Holocauste et qu'il n'était pas possible d'interdire de mettre en doute sa véracité historique. Il a toutefois suggéré "la possibilité d'exercer une certaine influence au Parlement en proposant une loi et, bien sûr, en contribuant au travail effectué au sein de l'Union européenne".

La dernière information dont nous disposons sur Ahmed Rami et *Radio Islam* est qu'en décembre 2015, la police italienne a ouvert une enquête. La raison en était la publication en italien sur le site web d'une liste de juifs influents opérant dans le pays. On y trouvait les noms de journalistes, d'hommes d'affaires, d'acteurs et de diverses personnalités, qualifiés de "mafia judéo-nazie". Les représentants de la communauté juive ont considéré qu'il s'agissait d'une incitation à la violence sectaire et ont utilisé des adjectifs tels que "inacceptable" ou "méprisable" pour évoquer cette question. Le chef de la communauté juive de Rome a déclaré au *Corriere della Sera* qu'il s'agissait d'une "représentation insupportable de la haine antisémite". Certains avocats ont demandé la fermeture immédiate du site web. Giuseppe Giulietti et Raffaele Lorusso, président et secrétaire général de la Fédération nationale de la presse italienne, ont quant à eux qualifié la publication de la liste d'"acte misérable, raciste et intolérable". Dans un communiqué de presse, ils ont écrit : "Elle offense en premier lieu les musulmans qui ont choisi la voie du dialogue et du respect. Cette liste évoque les temps sombres et les murs que nous devrions tous abattre ensemble".

Ces deux hypocrites faisaient bien sûr référence à tous les murs, à l'exception du mur de huit mètres de haut érigé par les sionistes en Palestine. Quant au "dialogue et au respect", il n'inclut pas, bien sûr, le peuple palestinien, et encore moins le million et demi de Gazaouis qui vivent dans des conditions infrahumaines dans leur prison à ciel ouvert. Comme on le sait, en juillet/août 2014, quelque deux mille personnes, dont un quart d'enfants, ont été tuées et neuf mille ont été gravement blessées, voire gravement mutilées. Bien entendu, il ne s'agissait pas d'un "acte misérable, raciste et intolérable". Deux ans après le bombardement "tolérable" des civils palestiniens, Gaza, grâce au "dialogue et au respect", est toujours en ruines et ses habitants restent démunis.

8. Principales victimes de persécutions en Australie

Frederick Töben, emprisonné en Allemagne, en Angleterre et en Australie

Fredrick Töben est l'une des victimes les plus illustres et les plus courageuses du mouvement révisionniste. Cet Australien d'origine allemande aurait pu figurer parmi les victimes en Allemagne, la "Bundesrepublik" étant le pays qui a été le plus vicieux dans sa persécution. Mais nous avons choisi de lui consacrer un espace exclusif et de le situer en Australie car c'est là qu'il a fondé en 1994 l'Adelaide Institute, une institution dédiée à la recherche historique qui serait l'équivalent en Australie de l'Institute for Historical Review en Californie.

Les lobbies juifs d'Australie n'ont eu de cesse de faire fermer le site Internet de l'Institut d'Adélaïde. En 1996, le puissant lobby juif "Executive Council of Australian Jewry" (ECAJ) a intenté la première action en justice pour faire fermer le site de l'Institut. Le Dr Töben, auteur de nombreux ouvrages sur l'histoire, l'éducation et les questions politiques, a effectué des recherches sur la plupart des camps de concentration existant aujourd'hui : Buchenwald, Dachau, Oranienburg, Sachsenhausen, Auschwitz-Birkenau, entre autres. Dans ce dernier, il a inspecté la chambre à gaz présumée en avril 1997 et a tourné une vidéo hautement recommandable qui fait partie du documentaire *Judea Declares War on Germany*, publié par l'IHR à Los Angeles.

En 1999, il s'est rendu en Europe pour mener des recherches dans plusieurs pays, dont la Pologne, l'Ukraine, la Hongrie, la République tchèque et l'Allemagne. Alors qu'il se trouvait dans le bureau d'un procureur allemand célèbre pour son travail contre les négationnistes, Hans-Heiko Klein, avec lequel il aurait discuté de la loi allemande interdisant toute dissidence par rapport à la version officielle de la Seconde Guerre mondiale, il a été arrêté le 9 avril 1999 pour avoir publié ou transmis à l'Allemagne des textes révisionnistes de l'Institut d'Adélaïde. Le mandat d'arrêt précisait : "depuis avril 1996 et plus récemment entre janvier et avril 1999, il a posté d'Adélaïde (Australie) à des destinataires en République fédérale d'Allemagne, entre autres, un bulletin mensuel de l'Institut d'Adélaïde, dont il est le rédacteur responsable". Une infraction pénale, sans aucun doute, qui justifie, comme le précise le mandat d'arrêt, son placement en détention provisoire dans l'attente du procès.

Cette détention provisoire a été ignominieusement prolongée pendant sept mois. Le 3 mai, le parquet du tribunal de Mannheim l'a confirmée par un nouveau mandat d'arrêt. Les charges, outre l'envoi de la lettre d'information, précisent qu'elle est "l'un des principaux révisionnistes" et précisent certains des contenus inadmissibles de la lettre d'information, comme l'affirmation que "l'extermination est une légende inventée par les Juifs dans le but d'assujettir le peuple allemand". Ce second mandat d'arrêt l'accuse d'incitation à la haine, d'atteinte à la dignité d'autrui et de dénigrement de la mémoire des Juifs morts, autant de faits qui troublent l'ordre public.

Dès que la nouvelle de l'arrestation du directeur de l'Institut d'Adélaïde a été connue en Australie, les groupes de défense des droits civils se sont mobilisés pour dénoncer l'arrestation de Fredrick Töben en Allemagne en vertu de "lois draconiennes sur la liberté d'expression". John Bennett, un révisionniste australien bien connu et un activiste qui préside l'Australian Civil Liberties Union, a exhorté les gens à se rendre dans les ambassades allemandes et d'autres institutions pour protester. Bennett a organisé un fonds pour assurer la défense juridique et la libération de Töben. Un autre groupe, Electronic Frontiers Australia (EFA), un groupe indépendant qui promeut la liberté d'expression en ligne, s'est également élevé contre l'arrestation et a exprimé sa colère quant au fait que les autorités allemandes ont traité le matériel publié sur un site web australien comme s'il avait été publié en Allemagne. La présidente de l'EFA, l'avocate Kimberley Heitman, a accusé le gouvernement allemand d'essayer de légiférer en pratique pour le monde entier. Mark Weber, directeur de l'IHR, a également protesté avec indignation contre l'arrestation et la détention provisoire de son collègue australien, mais rien n'a changé la situation de Töben en Allemagne.

Après sept mois d'emprisonnement sans caution, il a été traduit devant un tribunal de district de Mannheim présidé par le juge Klaus Kern le 8 novembre 1999. Le premier jour du procès, Töben a annoncé qu'il ne se défendrait pas contre les accusations portées contre lui parce que cela ne servirait qu'à porter de nouvelles accusations contre lui pour des violations supplémentaires des lois allemandes sur la "négation de l'Holocauste" et l'"incitation à la haine". Il a toutefois rejeté l'affirmation des autorités allemandes selon laquelle les révisionnistes étaient de dangereux néo-nazis ou antisémites. Son avocat, Ludwig Bock, a également annoncé qu'il ne défendrait pas non plus le Dr Töben, car il risquait d'être inculpé à son tour. Il s'est donc contenté de lire une déclaration au tribunal dans laquelle il compare la persécution de M. Töben et d'autres "négateurs de l'Holocauste" aux procès en sorcellerie du Moyen Âge. Il a affirmé que les lois allemandes contre le révisionnisme violaient gravement le principe de la liberté d'expression. Il a justifié sa décision et celle de son client auprès d'un journaliste : "Si je dis quoi que ce soit, j'irai moi-même en prison, et s'il dit quoi que ce soit, il s'expose à un autre procès.

Le procureur Klein a confirmé plus tard que ces craintes étaient pleinement justifiées : "S'ils avaient répété des choses illégales devant le tribunal, j'aurais porté de nouvelles accusations". Comme nous l'avons déjà expliqué, le système juridique allemand rend les accusés et les témoins sans défense et empêche les avocats d'exercer librement leur profession. En effet, en novembre 1999, Ludwig Bock attendait le résultat de son appel, car alors qu'il défendait Günter Deckert, il avait été condamné à une amende de 9 000 DM pour s'être plaint que les dirigeants politiques et les juges de son pays interdisaient tout débat sur le sujet de l'Holocauste.

Le procès s'est terminé le 10 novembre 1999. La Cour a reconnu Töben coupable d'incitation à la haine raciale, d'avoir insulté la mémoire des morts et de négation publique du génocide parce que, dans ses écrits envoyés à des personnes en Allemagne, il a mis en doute les preuves de l'extermination de l'Holocauste. Klaus Kern, le président du tribunal, a déclaré qu'il ne faisait aucun doute que Töben était coupable de "négationnisme" et que, comme il ne montrait aucun signe de vouloir rectifier sa conduite, il devait être condamné à une peine d'emprisonnement. Il a donc été condamné à dix mois de prison. Heureusement, le juge Kern tient compte du fait que l'accusé a déjà passé sept mois en prison et accepte de payer une amende de 6 000 DM au lieu des trois mois restants de sa peine. Les amis allemands de Frederick Töben ont immédiatement collecté l'argent et, dans les 24 heures suivant le verdict, il a été libéré.

La décision relative à l'internet est particulièrement importante, car elle pourrait avoir des conséquences considérables. Le tribunal de Mannheim a déclaré que le droit allemand n'était pas compétent pour les écrits et les publications en ligne du Dr Töben, et a donc refusé d'examiner les preuves présentées par l'accusation en ce qui concerne le site web de l'Institut Adélaïde. Le juge Kern a fait valoir que le tribunal ne pouvait prendre en considération que les documents que M. Töben avait envoyés par courrier électronique ou distribués physiquement en Allemagne. Dès qu'il a été libéré, M. Töben a déclaré qu'il s'agissait d'une victoire pour la liberté d'expression : "Nous avons sauvé Internet", a-t-il déclaré, "en tant qu'endroit où l'on peut dire la vérité sans être puni pour cela". Pour sa part, le procureur Hans-Heiko Klein, conscient que le verdict du tribunal pourrait créer un dangereux précédent, a immédiatement fait appel. C'est la première fois", a-t-il déclaré, "qu'un tribunal allemand décide que certaines choses dites sur l'internet en Allemagne ne peuvent pas être soumises à la loi allemande. C'est une très mauvaise chose. Elle affaiblira notre législation, qui est très importante pour garantir que l'histoire ne se répète pas en Allemagne.

De retour en Australie, la lutte s'est poursuivie avec un nouveau combat. Comme nous l'avons noté au début, en 1996, l'ECAJ (Executive Council of Australian Jewry), le plus puissant des lobbies juifs australiens, avait déposé une plainte dans le but d'interdire le site de l'Institut d'Adélaïde sur l'Internet. Un an après la victoire de Töben sur la liberté d'Internet dans l'affaire allemande, le 10 octobre 2000, la Commission des droits de l'homme et de l'égalité des chances (HREOC), sous la pression des juifs australiens, a émis une injonction à l'encontre de l'Institut d'Adélaïde. Kathleen McEvoy, commissaire de la HREOC, a affirmé que l'institut avait violé la section 18C de la loi de 1975 sur la discrimination raciale en publiant des documents dont l'objectif principal était de dénigrer les Juifs. Mme McEvoy a déclaré que ces documents, dont "aucun n'était d'un niveau historique, intellectuel ou scientifique suffisant", devaient être interdits parce qu'ils étaient "intimidants, insultants et offensants". Le vice-président d'ECAJ, Jeremy Jones, s'est empressé de réitérer que "le négationnisme de Töben était offensant, insultant et, comme l'a confirmé HREOC, illégal". Jeremy Jones a ajouté que la commissaire avait démontré qu'elle comprenait la nécessité d'appliquer des lois qui incluent l'Internet et qu'elle avait approuvé le point de vue d'autres juridictions selon lequel l'antisémitisme déguisé en pseudo-histoire est aussi pernicieux que la pire forme de haine raciale. Peter Wertheim, avocat de l'ECAJ dans la procédure judiciaire et dirigeant de la communauté juive, a qualifié l'affaire d'"historique" parce qu'elle "traite de la haine sur Internet pour la première fois en Australie et très probablement dans le monde".

La réponse du Dr Töben a été provocante : il a affirmé qu'il n'avait pas l'intention de se conformer à l'ordre de la HREOC (Human Rights and Equal Opportunity Commission) et qu'il n'avait pas l'intention de s'excuser pour la publication d'un "matériel objectivement correct". M. Töben a accusé la HREOC de ne tenir compte que des intérêts des Juifs et a qualifié ses actions d'immorales. Il a déclaré qu'il n'avait "aucune intention de faire quoi que ce soit" parce que la vérité ne pouvait être considérée comme une offense pour personne. Au début du mois de novembre 2000, l'Australia/Israel & Jewish Affairs Council s'est joint à l'ECAJ pour demander à la Cour fédérale du pays d'appliquer l'ordonnance de censure de la HREOC à l'encontre de Töben et de l'Institut d'Adélaïde.

La tentative de censure de l'Institut d'Adélaïde a créé un précédent honteux dans un pays qui a une longue tradition de respect des libertés civiles et de la liberté d'expression. Terry Lane, chroniqueur et commentateur de télévision chevronné, a demandé à la commissaire McEvoy si elle allait "ordonner à toute personne sincère qui n'aime pas un groupe ou un autre de cesser, de s'abstenir et de s'excuser". Ce journaliste est allé jusqu'à dire que les affirmations de Töben sur les chambres à gaz "pouvaient être prouvées ou réfutées par les preuves", et qu'il n'était donc pas nécessaire de les censurer au préalable. Si Töben dit la vérité, ajoute Lane, rien ne peut l'arrêter. S'il s'agit d'un auteur malveillant, il sera ignoré. Nous devrions vérifier ses affirmations, pas les interdire". Un autre auteur, Nigel Jackson, défenseur des droits civils, a qualifié la HREOC d'organe "pseudo-judiciaire" et a qualifié son ordonnance de "victoire des intérêts sur les principes". Le 17 septembre 2002, la Cour fédérale, en réponse à la demande du lobby juif, a confirmé l'application des lois contre la haine raciale à l'encontre du site web de l'Institut d'Adélaïde. En 2003, dans l'affaire Töben c. Jones, la Cour a rendu le premier arrêt australien concernant la haine raciale à l'encontre de groupes religieux. Töben n'a pas retiré les documents en question et a également refusé de présenter des excuses.

En 2004, un tribunal de Mannheim a émis un mandat d'arrêt européen (MAE) à l'encontre de Frederick Töben, accusé d'avoir publié des documents antisémites et/ou révisionnistes en ligne en Australie, en Allemagne et dans d'autres pays. Malgré l'existence du mandat d'arrêt européen, M. Töben a voyagé dans le monde entier sans aucun problème. En 2005, il a accordé une interview à la télévision d'État iranienne dans laquelle il a dénoncé l'État d'Israël, "fondé sur le mensonge de l'Holocauste". En décembre 2006, il participe à la conférence de Téhéran avec ses collègues révisionnistes. Cependant, des problèmes continuent à se poser dans son propre pays en raison de son refus de retirer les textes censurés du site Internet de l'Institut et, par conséquent, de sa confrontation avec la Cour fédérale.

Jeremy Jones, du Conseil exécutif des Juifs d'Australie (ECAJ), a quant à lui poursuivi son action sans relâche devant les tribunaux. Fin février 2008, le Dr Töben, convoqué à la Cour fédérale de Sydney, a lancé de vives accusations contre deux juges juifs de la Haute Cour, Alan Goldberg et Stephen Rothman, qu'il a accusés de "propager l'Holocauste juif" afin de "protéger un mensonge historique". Le 7 août 2008, le journal australien *The Advertiser* a rapporté que "le révisionniste de l'Holocauste Frederick Töben pourrait être emprisonné pour outrage criminel à la Cour fédérale s'il ne pouvait pas faire face à une amende". Il est accusé de continuer à publier des textes racistes sur le site web de l'Institut d'Adélaïde, en dépit d'une ordonnance de la Cour fédérale datant de septembre 2002 et d'une autre injonction en 2007.

Deux mois plus tard, le 1er octobre 2008, Töben se rendait des États-Unis à Dubaï. Lorsque son avion s'est posé à l'aéroport d'Heathrow pour une escale technique, la police britannique est montée à bord. La police britannique est montée à bord de l'avion et, en application du MAE de 2004, a arrêté le révisionniste australien qui se trouvait à bord. Il a été traduit devant le tribunal de district de Westminster le 3 et les magistrats britanniques ont décidé de le détenir dans la prison londonienne de Wandsworth dans l'attente d'une décision sur sa demande d'extradition. Töben a déclaré qu'il était protégé par le traité de Schengen et qu'il n'accepterait pas l'extradition, mais l'audience a été fixée au 17 octobre.

Les révisionnistes britanniques se sont mobilisés contre l'outrage fait à leur collègue australien. Un groupe de sympathisants, dont David Irving, manifeste devant le tribunal. La presse consacre une grande attention à l'affaire. *Le Telegraph* relate l'affaire Töben de manière appropriée, qualifiant l'arrestation d'"attaque éhontée contre la liberté d'expression". Dans un éditorial, il a averti : "L'arrestation du Dr Frederick Töben devrait tous nous alarmer". Au Parlement, le porte-parole du Parti libéral démocrate, Chris Huhne, a rappelé que la "négation de l'Holocauste" n'était pas un crime en Grande-Bretagne et a appelé les tribunaux britanniques à rejeter l'extradition de M. Töben. Parallèlement, Andreas Grossmann, le procureur du tribunal de Mannheim, s'est félicité de l'arrestation et a déclaré que, malgré les tentatives d'éviter l'extradition vers l'Allemagne, il espérait voir Töben comparaître devant le tribunal l'année prochaine. Dans des déclarations aux médias australiens, Grossmann a averti que l'entêtement et l'obstination de l'accusé pourraient lui coûter cinq ans de prison en Allemagne.

Le 17 octobre 2008, il y avait de l'attente. Des journalistes munis de caméras et de microphones se sont rassemblés devant le tribunal de première instance de la ville de Westminster. Kevin Lowry-Mullins, l'avocat de Töben, a déclaré avant d'entrer qu'ils se battraient sur tous les fronts. Lady Michèle Renouf, le modèle révisionniste britannique d'origine australienne qui dirige le site web *Jailing Opinions* et qui assiste Töben depuis qu'elle a appris son arrestation, s'est également adressée aux journalistes. Fervente défenseuse de la liberté de recherche, d'expression et de pensée, Mme Renouf a souligné l'importance de la décision de justice pour les libertés au Royaume-Uni. L'audience a toutefois été reportée au 29 octobre. Lowry-Mullins a expliqué à l'aller la portée de l'arrêt, puisqu'il s'agissait de savoir si un État pouvait demander l'extradition vers le Royaume-Uni de toute personne, même si le crime reproché n'était pas un crime au Royaume-Uni.

Enfin, le 29 octobre, la victoire attendue par Töben, Lady Renouf et tant de révisionnistes à travers le monde est arrivée. Daphne Wickham, la juge de la Westminster Magistrates' Court, a statué devant une salle comble de partisans de Töben que le mandat d'arrêt européen était invalide parce qu'il ne spécifiait pas suffisamment les infractions : il ne mentionnait pas le nom du site web, où ou quand les documents avaient été publiés, mais se contentait de parler de publications sur Internet dans le monde entier. Melanie Cumberland, l'avocate représentant les autorités allemandes, a fait valoir que les informations demandées pouvaient être fournies, mais le juge de district a déclaré : "À mon avis, il n'est pas possible de répondre à cette exigence en fournissant des informations au compte-gouttes, au fur et à mesure, par l'autorité du pays d'émission. Je considère que les détails sont vagues et imprécis. Je considère que l'ordonnance n'est pas valable et je récuse donc le défendeur". En d'autres termes, sans même aller jusqu'à se prononcer sur sur la question de savoir si les délits d'opinion allégués étaient des délits passibles d'extradition, le juge a abandonné les poursuites contre le Dr Töben en raison de vices de forme dans le mandat d'arrêt. Cumberland a annoncé son intention de se pourvoir en cassation. Dans l'attente de ce recours, le juge Wickham, après lui avoir interdit de faire des déclarations à la presse, a accordé à Töben une liberté provisoire sous caution de 100 000 livres sterling à condition qu'il donne une adresse reconnue, qui serait celle de Lady Renouf.

Michèle Renouf a déclaré à la sortie qu'ils ne craignaient pas de se retrouver devant la Cour Suprême, ce qui permettrait à l'affaire du Dr Töben d'avoir un plus grand impact international. Enfin, considérant peut-être que l'introduction du recours pourrait finir par nuire aux intérêts du lobby de l'Holocauste, les avocats de Töben ont été informés le 18 novembre que les autorités allemandes renonçaient à leur recours. Dans la soirée du 19 novembre, alors que le Parlement britannique honore le sioniste Shimon Peres de l'Ordre de Saint-Michel et Saint-Georges, Fredrick Töben fête la liberté avec ses amis. Le 21 novembre, Kevin Lowry-Mullins annonce que son passeport lui a été rendu et qu'il s'apprête à quitter la Grande-Bretagne. L'avocat regrette que son client n'ait reçu aucune compensation pour les presque deux mois de détention contre son gré à Londres.

Le 3 décembre 2008, Töben est de retour en Australie, mais loin de bénéficier d'un répit, il est confronté à la poursuite des persécutions que le Conseil exécutif des Juifs d'Australie a lancées en 1996. En avril 2009, Töben a été reconnu coupable d'avoir ignoré une ordonnance de la Cour fédérale lui enjoignant de retirer des documents du site web de l'Institut d'Adélaïde. Condamné à trois mois d'emprisonnement, il a fait valoir qu'il n'avait pas les moyens de payer une amende pour éviter l'emprisonnement, et encore moins les frais de justice d'un procès aussi long, comme le demandait Jeremy Jones, qui avait porté l'affaire devant les tribunaux au nom d'organisations juives. Töben a fait appel du verdict en juin.

L'audience en appel s'est tenue le 13 août 2009. L'avocat David Perkins a déclaré à la Cour que les textes publiés sur le site web de l'Institut d'Adélaïde n'étaient qu'une "goutte d'eau" par rapport à la quantité de documents révisionnistes disponibles en ligne. Les juges ont insisté sur le fait que l'affaire ne portait pas sur l'Holocauste, les chambres à gaz ou l'exécution de Juifs pendant la Seconde Guerre mondiale, mais sur la désobéissance à des ordres de la Cour fédérale. Il s'agissait manifestement d'une argutie, c'est-à-dire d'un faux argument présenté avec suffisamment d'habileté pour le faire passer pour vrai. Le Tribunal fédéral n'aurait pas ordonné le retrait du matériel en 2002 sans la pression des lobbies juifs qui cherchaient à faire interdire les textes qui remettaient en cause la version officielle de l'histoire. Les trois juges de la Cour fédérale d'Australie ont donc rejeté l'appel et confirmé l'incarcération. "Vous suivez les ordres aveuglément, messieurs", a déclaré M. Töben aux juges en quittant la salle d'audience.

Frederick Töben est ainsi devenu le premier prisonnier de conscience de l'histoire judiciaire australienne. Il a d'abord passé une semaine dans un quartier de haute sécurité de la prison de Yatala, dans la banlieue nord d'Adélaïde, une prison où sont détenus les pires criminels. Il a ensuite été transféré dans un centre de détention beaucoup moins rigoureux à Cadell, à environ 200 kilomètres au nord-est d'Adélaïde, où il a pu bénéficier du soutien de ses amis, qui n'ont cessé de lui rendre visite. L'Institut d'Adélaïde a été repris par Peter Hartung, un homme d'affaires et conseiller politique doté d'un esprit de résilience digne de son prédécesseur et ami.

Quant aux frais de procédure, le Dr Töben a dû les supporter. Le 25 juin 2010, Jeremy Jones, qui s'est comporté comme un chien de chasse qui ne lâche pas sa proie, a présenté un état des frais et dépens s'élevant à 104 412 dollars. Le 30 juin, la Cour fédérale a décidé de demander 56 435 dollars à titre de provision et, le 15 septembre 2010, elle a délivré un certificat d'évaluation indiquant que le montant demandé par la Cour était correct. C'est ainsi qu'a commencé une nouvelle bataille juridique compliquée entre Jeremy Jones et Fredrick Töben qui a duré plus de deux ans, et le montant demandé n'a cessé d'augmenter. Le 27 février 2012, Jeremy Jones a demandé une nouvelle évaluation des frais. Le 10 avril, le Dr Töben a déposé une demande d'injonction interlocutoire dans laquelle il demandait, entre autres, que l'évaluation des frais de justice soit supprimée ou exclue. Le 3 mai 2012, le juge Mansfield a rejeté la demande de Töben, et Töben a également dû payer les frais liés à la demande d'injonction interlocutoire. Le 18 mai 2012, Fredrick Töben a écrit à Jeremy Jones en ces termes :

"Votre réclamation contre moi en matière de frais dépassant 175.000 dollars est injuste et irrecevable. J'ai vendu ma maison dans laquelle j'ai vécu pendant vingt-sept ans, le seul bien que je possédais, pour satisfaire vos demandes antérieures. Je n'ai pas d'autres fonds ou titres et ne pourrai pas payer un centime. Si nécessaire, vous pouvez demander mon insolvabilité. J'ai toujours exercé mon droit à la liberté d'expression. Afin de démontrer l'injustice que vous m'avez faite, je maintiens une demande reconventionnelle contre vous devant la Cour fédérale, réclamant des dommages et intérêts pour violation des articles 18 (1) et 20 (1) de la clause 2 de la loi sur la concurrence et la consommation (nous ne nous risquerons pas à traduire le titre de cette loi). J'ai également l'intention d'intenter une action en diffamation. Les motifs de cette action remontent à votre article du 31 août 2009 ("Le dernier mot : le mépris de la vérité"), que vous avez publié sur Internet et qui s'y trouve toujours. Si les actions que je propose sont entendues par la Cour, je m'attends à recevoir un montant substantiel de dommages et intérêts, suffisant pour répondre à vos demandes de dépens. Toutefois, je suis prêt à renoncer à mes droits légaux de vous poursuivre pour les actions susmentionnées, à condition que vous suspendiez votre demande de remboursement des frais.

J'attends vos conseils avec impatience".

Ces lignes, extraites des archives documentaires de l'Institut Adélaïde, qui contiennent les textes des procédures judiciaires, reflètent la lutte inégale d'un homme humble, dépourvu de ressources, contre les lobbies juifs australiens, dont la richesse est pratiquement illimitée. Après avoir purgé des peines de prison en Allemagne, en Angleterre et en Australie, Fredrick Töben avait perdu tous ses biens matériels et était ruiné, mais il avait une conviction et une grandeur exemplaires, qui en font aujourd'hui un paradigme pour tous ceux qui luttent d'une manière ou d'une autre pour que les générations futures de jeunes étudient une véritable histoire mondiale, dans laquelle les imposteurs sont démasqués.

Faute de place pour d'autres détails, nous ajouterons qu'après dix-sept ans de persécution judiciaire par les représentants de la communauté juive d'Australie, le Dr Fredrick Töben a été déclaré insolvable le 24 septembre 2012 par les magistrats de la Cour fédérale de Sydney. Après l'expiration du délai légal d'appel, *The Australian jewishnews* a annoncé la nouvelle fin octobre en titrant "Töben tied up" (Töben ligoté). Selon le droit australien, la déclaration d'insolvabilité a entraîné la confiscation de son passeport afin de faciliter le contrôle de ses finances et de ses revenus. Ainsi "ligoté", il est condamné à vivre dans l'indigence jusqu'à la fin de ses jours en punition de ses "crimes".

9. Victimes de persécutions au Royaume-Uni

Alison Chabloz condamnée en Angleterre pour trois chansons

Alison Chabloz, la blogueuse de Charlesworth (Glossop), dans le comté anglais du Derbyshire, a déclaré à *The Barnes Review* en 2018 : "Je suis la seule chanteuse de l'histoire britannique moderne à avoir été emprisonnée pour avoir chanté des chansons que personne n'est obligé d'écouter". Chabloz a écrit et interprété des chansons que les intouchables, à l'origine de la persécution, n'aimaient pas. L'organisation CAA (Campaign Against Antisemitism), présidée par Gideon Falter, a déposé une plainte, qui a ensuite été reprise par le CPR (Crown Prosecution Service). Plusieurs mois avant son arrestation, Alison Chabloz recevait des lettres anonymes suspectes qu'elle remettait régulièrement à la police de Glossop. L'officier responsable avait expressément demandé à Alison de ne pas les ouvrir. Cependant, bien qu'elle ait même reçu des menaces de mort, telles que : "Fais attention à ce que quelqu'un ne te pousse pas sous un train", l'enquête s'est arrêtée de manière incompréhensible lorsqu'elle a été arrêtée pour la première fois en novembre 2016.

Dans l'entretien précité avec *The Barnes Review*, Chabloz explique qu'il travaillait comme chanteur sur des bateaux de croisière lorsqu'il a commencé à s'intéresser à la politique en 2010. La souffrance du peuple palestinien, victime permanente du sionisme international, a été la clé qui lui a permis de se diriger vers le grand espace de liberté intellectuelle du révisionnisme. Sur son chemin, elle rencontre le footballeur Nicolas Anelka, ami et défenseur de la cause palestinienne, et l'acteur et humoriste français Dieudonné M'bala M'bala, qui la met sur la piste de l'indispensable professeur Robert Faurisson.

En 2014, il s'est rendu en Allemagne, plus précisément à Hambourg, où il a suivi une formation de six semaines avant de commencer un contrat de travail de trois mois sur un navire. Là, elle a vu pour la première fois que le pouvoir de certains juifs est illimité. Le capitaine du navire l'a convoquée dans son bureau et lui a montré des captures d'écran de tweets échangés avec un sioniste du nom d'Ambrosine Shitrit. Elle y défend à nouveau les Palestiniens et utilise la satire pour critiquer l'État sioniste. Shitrit a présenté les messages d'Alison Chabloz sur son site web comme un exemple d'antisémitisme. Il n'en fallait pas plus pour qu'elle soit humiliée et renvoyée par le capitaine lui-même. À neuf heures du soir, le premier jour de son contrat, elle se trouvait sur le quai, sans emploi. Elle a tenté de négocier avec la compagnie, une branche allemande de Costa Cruises, la filiale européenne du groupe Carnival, la compagnie anglo-américaine qui domine le marché des croisières et qui est dirigée par Micky Arison, un homme d'affaires américain d'origine israélienne. Bien sûr, il n'y a rien à négocier.

Au lieu d'être effrayée ou démoralisée, Mme Chabloz est restée active en ligne et a continué à lire des textes révisionnistes. En 2015, la société suisse Uniworld lui a proposé un nouvel emploi. D'avril à octobre, elle était sous contrat sur un bateau naviguant sur les fleuves européens, ce qui ne l'a pas empêchée de participer en août au festival d'art d'Édimbourg, auquel elle avait assisté les années précédentes. Rapidement, l'organisateur lui fait savoir qu'il subit des pressions pour annuler ses représentations, car elle est considérée comme une négationniste antisémite qui ne devrait pas être autorisée à se produire à Édimbourg. Malgré toutes les protestations, les organisateurs ont résisté à la pluie battante et Alison Chabloz a pu continuer à chanter. Le dernier jour, elle a été photographiée dans la Princess Street d'Édimbourg en train de faire le salut de la quenelle, un geste popularisé par Dieudonné, qui consiste à tendre un bras en diagonale vers le bas, la paume de la main tournée vers le bas, tandis que la main opposée touche l'épaule. Alison a diffusé la photo sur son compte Twitter, une décision qui allait déclencher la procédure à son encontre, puisque deux jours plus tard, la Campagne contre l'antisémitisme l'a publiée sur son blog et a annoncé la plainte à la police. Un jour plus tard, *le Times of Israel* rejoignait l'offensive contre la chanteuse.

L'un des événements les plus réconfortants de 2016 a été son contact avec Gerard Menuhin, auteur de *Tell the Truth and Shame the Devil* (*Dites la vérité et faites honte au diable*), dont la prestation pour la défense de Horst Mahler a été évoquée plus haut. Alison a reçu en cadeau un poème de Menuhin intitulé *Tell Me More Lies*, qu'elle a mis en musique. Elle a également composé en 2016 les chansons qui lui ont valu une peine de deux ans d'emprisonnement. Dans

"Survivors", il fait directement allusion à l'Holocauste. Dans une autre des chansons remises en question, il qualifie Auschwitz de "parc à thème" et les chambres à gaz de "fable". Dans une chanson intitulée "Haavara", il dénonce l'accord de Haavara, sujet auquel nous avons consacré dix pages dans le chapitre VIII de notre *Histoire interdite*. Il s'agit, comme on le sait, du pacte de collaboration nazi-juif, qui prévoyait le transfert d'Allemagne en Palestine de plus de 60.000 sionistes allemands avec toute leur fortune.

Outre son arrestation, le pire de l'année 2016 a été l'impossibilité de rejouer ses chansons alternatives à Édimbourg. Néanmoins, Chabloz s'est produit en septembre au London Forum, un rassemblement nationaliste. Son compte Twitter a atteint 3 500 followers, mais en octobre, il a été suspendu. Peu avant son arrestation, il reçoit une lettre de la police l'informant que l'enquête sur les provocations et les menaces anonymes qu'il a reçues n'a pas abouti. Enfin, un soir de novembre, elle a été arrêtée. Après avoir été interrogée, elle a été détenue pendant six heures dans une cellule pendant que la police fouillait son domicile, où elle a saisi son ordinateur portable, qui ne lui a été rendu qu'un an plus tard. Elle a été libérée sous caution le lendemain. Elle apprend qu'elle fait l'objet d'une enquête pour avoir diffusé du matériel "raciste" par le biais de ses chansons et pour avoir harcelé deux femmes, dont l'une était Shitrit, qui avait provoqué son licenciement à Hambourg. Une semaine plus tard, elle reçoit une citation à comparaître du tribunal de Westminster pour sa chanson "Survivors". La Couronne ajoute d'autres charges pour trois des chansons jugées très offensantes et se joint à la plainte privée déposée par Gideon Falter, président de la CAA, la transformant ainsi en plainte publique.

Tout au long de l'année 2017, Alison Chabloz a vu ses droits et sa liberté restreints. Une série d'audiences a suivi, au cours desquelles elle a de nouveau été interrogée. En raison de transferts répétés vers Londres, elle a passé plusieurs nuits dans des cellules du comté de Derbyshire. Enfin, après avoir récusé un juge considéré comme un ami avoué d'Israël et interrogé deux témoins de l'accusation, le procès a eu lieu en mai 2018. À l'extérieur de la Westminster Crown Court, Alison Chabloz et ses partisans ont été pris d'assaut dès leur arrivée par des groupes arborant des drapeaux israéliens. Le jour du procès, le 25 mai pour être précis, un individu costaud portant deux tatouages très visibles : sur son visage l'étoile sioniste et sur son cou le mot "Chosen" (allusion claire à l'appartenance au peuple élu de Dieu), suintant la haine par tous les pores, a affronté un homme et l'a poussé devant les témoins avec l'intention de le jeter à terre. Dame Michèle Renouf, également présente à l'audience, a également été réprimandée à sa sortie. Le 14 juin, alors qu'elle allait chercher sa peine, Mme Chabloz est arrivée avec des amis du Front national et a de nouveau subi les insultes habituelles : "racaille", "nazi", etc., proférées par plusieurs amis de la liberté d'expression lorsqu'elle est exercée par eux.

Les juges de la Westminster Magistrates' Court ont reconnu Alison Chabloz, 54 ans, blogueuse de Charlesworth, coupable d'avoir diffusé du matériel gravement offensant sur YouTube. La condamnation concernait les paroles de trois chansons dans lesquelles, selon le juge John Zani, elle avait l'intention d'insulter le peuple juif. Le procureur Karen Robinson a déformé les faits dans la mesure où il ne s'agissait pas de chansons politiques, mais d'un "déguisement pour attaquer un groupe de personnes pour leur dévotion à une religion". L'avocat Adrian Davis a quant à lui prévenu le juge que sa décision serait critique, car elle créerait un précédent pour l'exercice de la liberté d'expression. "Il est difficile de savoir quel droit a été violé par les chansons de Mme Chabloz.

Alison Chabloz a été condamnée à une peine de prison de deux ans avec sursis, c'est-à-dire à condition de ne pas récidiver. Il lui a également été interdit d'utiliser les médias sociaux pendant un an. En outre, elle a dû fournir 180 heures de service à la communauté du Derbyshire, qui ne l'a pas signalée à et n'a pas demandé de compensation d'aucune sorte, et où il n'y a pas de synagogue. Dans son jugement, le tribunal a estimé qu'il n'y avait pas de repentir chez Mme Chabloz et l'a avertie que si elle aspirait à devenir "une martyre de sa cause" et ne respectait pas les termes de la condamnation avec sursis, elle finirait en prison. Le plaignant Gideon Falter a exprimé sa satisfaction et a déclaré qu'Alison Chabloz était une antisémite "implacable et répugnante" qui incitait à la haine des Juifs en affirmant que "l'Holocauste était un canular perpétré par les Juifs pour escroquer le monde". Comme d'habitude, il a répété le refrain habituel : "Ce jugement envoie un message fort : les théories antisémites du complot et le négationnisme ne seront pas tolérés en Grande-Bretagne".

Sans surprise, Chabloz a perdu son appel. Le 13 février 2019, le juge Christopher Hehir de la Southwark Crown Court de Londres a confirmé la condamnation. Le tribunal a estimé que la chanteuse avait perdu son sens de la perspective en traitant les juifs de "voleurs, menteurs et usurpateurs". Gideon Falter, pour sa part, a souligné l'importance du succès de son procès, notant qu'il s'agissait de "la première condamnation au Royaume-Uni pour négationnisme sur les médias sociaux". Il a averti que "les autres antisémites qui pensent pouvoir maltraiter la communauté juive en ligne en toute impunité devraient en prendre note".

10. Autres victimes de persécutions pour des délits de pensée

Tous contre l'évêque catholique Richard Williamson

Le cas de l'évêque catholique anglais Richard Nelson Williamson est internationalement connu en raison des répercussions de ses déclarations sur l'Holocauste. Mgr Williamson appartenait à la Fraternité Saint-Pie X et a été excommunié par Jean-Paul II en 1988. En novembre 2008, la télévision suédoise a enregistré une interview de Mgr Williamson à Ratisbonne (Allemagne), qui a été diffusée le 21 janvier 2009, quelques jours avant que le pape Benoît XVI ne publie un décret levant son excommunication et celle de trois autres évêques renégats. Les propos de l'évêque ont provoqué un scandale médiatique, déclenché par les organisations sionistes, et ont fini par compromettre les relations du Vatican avec les responsables religieux juifs. L'interview commence comme suit :

P. Williamson, ce sont vos paroles : "Pas un seul juif n'a été tué dans les chambres à gaz. Ce ne sont que des mensonges, des mensonges, des mensonges". Est-ce bien ce que vous dites ?

R. - Je pense que vous me citez du Canada, oui, il y a de nombreuses années. Je pense que les preuves historiques s'opposent de manière écrasante à ce que six millions de Juifs aient été assassinés dans des chambres à gaz à la suite d'une politique délibérée d'Adolf Hitler.

P. - Mais vous avez dit que pas un seul juif n'a été tué.

R. - Dans les chambres à gaz.

P. - Il n'y avait donc pas de chambres à gaz.

R. - Je pense qu'il n'y a pas eu de chambres à gaz, oui".

Le dogme de la foi de l'Holocauste venait d'être publiquement nié par un évêque catholique. Anathème ! Pour la suite de l'interview, Mgr Williamson s'est tourné vers les révisionnistes et a affirmé que, selon eux, entre 200 000 et 300 000 juifs étaient morts dans les camps de concentration, mais aucun dans les chambres à gaz. Après avoir demandé à l'interviewer s'il avait entendu parler du *rapport Leuchter*,

Monseigneur Williamson a éclairé le journaliste en répondant qu'il ne le connaissait pas : les recherches à Auschwitz, les conditions dans une chambre à gaz, les caractéristiques du Zyklon B ont été les sujets expliqués par le prêtre. L'interviewer a réagi en posant la question suivante : "Si ce n'est pas de l'antisémitisme, qu'est-ce que l'antisémitisme ?". La réponse fut que la vérité historique ne pouvait pas être de l'antisémitisme.

La critique d'un crime de pensée aussi odieux a été féroce et les demandes immédiates. Dès le mois de janvier, le procureur de Ratisbonne, Günter Ruckdaeschel, annonçait l'ouverture d'une enquête contre Williamson. Les critiques se sont étendues au pape Benoît XVI pour la levée de l'excommunication. Un porte-parole du Vatican a immédiatement souligné que les opinions de l'évêque étaient inacceptables et violaient l'enseignement de l'Église. Dans un article de première page, le journal du Vatican L'Osservatore Romano a réaffirmé que le pape déplorait toute forme d'antisémitisme et que tous les catholiques devaient en faire autant. Le rabbin David Rosen du Comité juif américain, le rabbin Marvin Hier du Centre Simon Wiesenthal et l'Agence juive, véritable porte-parole du gouvernement israélien, ont dénoncé le Vatican pour avoir gracié un négationniste.

Mgr Williamson, de retour à son siège de La Reja, dans la province de Buenos Aires, a remercié le pape pour sa décision, qu'il a qualifiée de "pas en avant pour l'Église". Le 26 janvier 2009, le cardinal Angelo Bagnasco, président de la Conférence épiscopale italienne, a défendu la décision du pape de réhabiliter Mgr Williamson, tout en critiquant ses opinions "infondées et injustifiées". Le président de la Conférence épiscopale d'Allemagne, Heinrich Mussinghoff, s'est également empressé de "condamner fermement le déni explicite de l'Holocauste ". Monseigneur Williamson a publié une déclaration dans laquelle il s'excuse auprès du Pape de lui avoir causé "du chagrin et des ennuis" en raison de ses opinions sur l'Holocauste, qu'il a lui-même qualifiées d'"imprudentes".

Les clameurs et les pressions des organisations juives se multiplient et mettent en évidence l'incapacité du Vatican à donner autre chose que l'obéissance et la docilité. Charlotte Knobloch, présidente du Conseil central des Juifs d'Allemagne, a annoncé que, dans ces conditions, elle suspendait ses dialogues avec les dirigeants catholiques. Le 3 février 2009, le Grand Rabbinat d'Israël a officiellement rompu ses relations avec le Vatican et annulé une réunion prévue les 2 et 4 mars avec la Commission du Saint-Siège pour les relations avec les Juifs.

Oded Weiner, directeur général du rabbinat, a adressé une lettre au cardinal Walter Casper, déclarant que "sans excuses publiques et sans rétractation, il sera difficile de poursuivre le dialogue".

Le même jour, le 3 février, Angela Merkel, fidèle à la voix de ses maîtres, exigeait du pape Benoît XVI qu'il clarifie la position de l'Eglise : "Le pape et le Vatican, disait-elle, doivent dire clairement qu'il ne peut y avoir de négationnisme". En Allemagne, toute la machine à alimenter le feu du "scandale" était en marche : le *Bild Zeitung* a averti le pape que "l'extermination de six millions de Juifs ne pouvait être niée" sans réaction. Le *Süddeutsche Zeitung* applaudit l'avertissement du chancelier et rappelle qu'un pape allemand ne peut "soutenir un négationniste" sans offenser la communauté juive. Le *Berliner Zeitung* a écrit que Williamson n'avait pas seulement marmonné en privé, mais qu'il avait parlé en public, appelant le pape à l'excommunier à nouveau. Pour tenter de contenir les critiques, Benoît XVI a ordonné à Richard Williamson, le 4 février, de se rétracter "publiquement et sans équivoque".

L'évêque vivait en Argentine depuis cinq ans, mais le 19 février, il a été déclaré "persona non grata". Le ministère argentin de l'intérieur, par l'intermédiaire de la direction nationale des migrations, a demandé à l'évêque britannique de quitter le pays dans un délai de dix jours. La note précise qu'elle prend en compte "la notoriété publique consécutive à ses déclarations antisémites à un média suédois, dans lesquelles il mettait en doute le fait que le peuple juif ait été victime de l'Holocauste". Le gouvernement argentin a ajouté dans la note que les déclarations de M. Williamson "ont profondément offensé le peuple juif et l'humanité".

Monseigneur Williamson, qui s'est rendu en Angleterre, a néanmoins résisté à toutes les pressions et a déclaré dans une interview à *Der Spiegel* qu'il avait toujours cherché la vérité et qu'il s'était donc converti au catholicisme. Il s'est déclaré convaincu de ce qu'il avait dit : "Aujourd'hui, je dis la même chose que dans l'interview à la télévision suédoise : les preuves historiques doivent prévaloir et non les émotions. Et si je trouve d'autres preuves du contraire, je me rétracterai, mais cela prendra du temps". L'évêque a rédigé des excuses écrites, mais Federico Lombardi, porte-parole du Vatican, a déclaré qu'il "ne remplissait pas les conditions pour être admis à nouveau dans l'Église". Bien entendu, la communauté juive a également rejeté ces excuses. Marvin Hier, du Centre Simon Wiesenthal, a exigé : "S'il veut s'excuser, il doit affirmer l'Holocauste".

Brigitte Zypries, ministre allemande de la justice, a finalement écarté la possibilité d'émettre un MAE pour que les autorités britanniques arrêtent l'évêque et l'extradent vers l'Allemagne. Finalement, en avril 2010, un procès s'est tenu à Ratisbonne auquel Williamson n'a pas comparu. Les trois journalistes suédois qui avaient participé à l'interview ne sont pas non plus venus témoigner. L'avocat Matthias Lossmann a demandé en vain l'acquittement. Monseigneur Williamson a été condamné à une amende de 10 000 euros pour "incitation à la haine raciale". À la suite d'un appel, en juillet 2011, toujours par contumace, Mgr Williamson a été condamné en deuxième instance à payer 6500 euros, mais en raison de vices de procédure, un réexamen de la procédure a été imposé. Le 24 février 2012, il a été acquitté. Le tribunal a estimé que les accusations avaient été portées de manière incorrecte parce que l'accusation n'avait pas suffisamment précisé la nature de l'infraction. La condamnation a donc été annulée pour vice de procédure,. Comme la possibilité de nouvelles accusations restait ouverte, il a été condamné par contumace pour la troisième fois le 16 janvier 2013. Cette fois, l'amende a été réduite à 1600 euros. Williamson a refusé de payer et a de nouveau fait appel.

Comme on le voit, ce qui a été important dans cette affaire, c'est le tumulte monumental, le harcèlement incessant, les réactions disproportionnées à l'encontre d'un prêtre catholique simplement parce qu'il a osé dire ce qu'il pensait. Ce qui est vraiment regrettable, à notre avis, ce ne sont pas les condamnations et les menaces habituelles des organisations juives internationales, ni les exigences de la presse allemande et de la chancelière Merkel, fille d'un juif polonais et remariée à un professeur juif, à l'égard du Pape, mais la capitulation du Vatican et de l'Eglise. "Je suis venu dans le monde pour rendre témoignage à la vérité", répond Jésus à Pilate alors qu'il est sur le point d'être livré. "Vous connaîtrez la vérité, et la vérité vous rendra libres", a-t-il enseigné à ses disciples. Malheureusement, la hiérarchie catholique a depuis longtemps renoncé à dire la vérité comme Jésus-Christ l'a enseigné. Le Vatican et la Croix-Rouge savent très bien quelle est la vérité sur les soi-disant camps d'extermination, mais leurs dirigeants actuels ont capitulé, préférant mentir et se conformer douloureusement au dogme de la foi en l'Holocauste.

Le 25 mars 2016, Vendredi saint, le Saint-Père François a présidé le chemin de croix au Colisée de Rome. L'événement a été retransmis par de nombreuses chaînes de télévision à des centaines de millions de personnes dans le monde. Le pape a chargé le cardinal Gualtiero Basseti de rédiger les méditations. Pour la troisième station, Jésus tombe pour la première fois, Basseti a fait référence aux souffrances du monde d'aujourd'hui. Dans la première partie de la méditation, il écrit : "...Il y a des souffrances qui semblent nier l'amour de Dieu. Où est Dieu dans les camps d'extermination ? Et peu après, avant de prier le Notre Père : "...Nous te prions, Seigneur, pour les juifs qui sont morts dans les camps d'extermination...". Il est évident qu'il n'était pas nécessaire de mentionner parmi les tragédies d'aujourd'hui et à l'honneur une souffrance d'il y a soixante-dix ans. Seule la servitude justifie cette mention du cardinal Basseti qui, par bien sûr, a oublié d'écrire un seul mot pour le malheureux peuple palestinien. Oui, comme Monseigneur Williamson, l'Eglise sait que les camps de la mort n'ont pas existé. Elle connaît la vérité, mais elle affirme le mensonge par lâcheté, parce qu'elle est inféodée à la tromperie et qu'elle ignore les paroles du Christ : "Vous connaîtrez la vérité, et la vérité vous libérera".

Haviv Schieber, le juif qui s'est taillé les poignets pour éviter la déportation en Israël

Dans *On the Wrong Side of Just About Everything But Right About It All*, Dale Crowley Jr. raconte qu'il a assisté aux funérailles de Haviv Schieber avec ses amis proches dans un blizzard de neige, une toile de fond appropriée à la vie tourmentée et courageuse de ce juif révisionniste. Dale Crowley cite cette phrase de Schieber : "Mes frères juifs aiment haïr. Ils ne savent pas pardonner. Ils sont malades et ont besoin du médecin, Jésus, et du médicament, la Bible". Schieber était donc chrétien et, dans ses articles, ses interviews et ses déclarations, il a toujours exprimé son désir de vérité et de justice. "Le nazisme, a-t-il dit un jour, m'a fait peur parce que j'étais juif. Le sionisme me fait honte d'être juif". Lorsqu'on lui demandait si les

Protocoles des Sages de Sion étaient authentiques, il répondait invariablement : "Cela n'a pas d'importance. Tout est devenu réalité."

Ernst Zündel a beaucoup appris de Haviv Schieber, avec qui il a entretenu une bonne amitié. Zündel le considérait comme une personne extrêmement intelligente. Il obtient de lui des informations de première main sur le sionisme, Schieber lui expliquant la réalité de l'État d'Israël. En 1932, Schieber était un sioniste passionné qui a émigré de sa Pologne natale pour vivre dans la Palestine mandataire britannique. Il avait des amis palestiniens, vivait et faisait des affaires avec eux jusqu'en 1936, date à laquelle, désillusionné par la réalité, il choisit de retourner en Pologne. Il y voit comment, au lieu d'aider les Juifs les plus démunis, les organisations sionistes ne sélectionnent que les jeunes socialistes qui pourraient être utiles à leurs plans pour le futur État. En 1939, lorsque les nazis envahissent la Pologne, il retourne en Palestine, où il se marie, fonde une famille et devient le maire juif de Beersheba,. Sa désillusion définitive à l'égard du sionisme survient lorsqu'il en découvre la véritable nature au cours de la guerre de conquête de 1948-1949. Lassé des meurtres et des injustices, il quitte Israël pour les États-Unis le 18 mars 1959.

Les sionistes commencent alors leur persécution et font pression sur les autorités américaines pour qu'elles l'expulsent. La bataille juridique pour obtenir l'asile politique dure plus de quinze ans. Il est d'abord autorisé à rester jusqu'au 1er février 1960. Le 4 avril 1961, un tribunal ordonne son expulsion, mais ses allégations selon lesquelles il serait physiquement persécuté en Israël sont satisfaites et reportées. Enfin, le 5 août 1964, il a été invité à quitter volontairement le pays comme alternative à l'expulsion, mais a été averti que s'il ne quittait pas les États-Unis, il serait expulsé. La procédure d'asile a duré jusqu'au début des années 1970. Le 23 juin 1970, une cour d'appel lui a refusé le statut de réfugié politique pour une durée indéterminée. Alors que les pressions sionistes étaient sur le point d'aboutir, Haviv Schieber s'est ouvert les veines à l'aéroport de Washington D.C. pour éviter d'être mis dans un avion pour Israël.

Aux États-Unis, Schieber devient le Quichotte admiré d'un groupe d'Américains, juifs et chrétiens, qui voient en lui un idéaliste indomptable. Schieber devient un tourbillon d'activités pour défendre les droits du peuple palestinien et dénoncer l'imposture du sionisme. Haviv Schieber est décédé en 1987. Durant les dernières années de sa vie, malgré deux graves opérations en 1985, il poursuit son travail à la tête de son "Comité de l'Etat de Terre Sainte", créé pour lutter en faveur d'un Etat dans lequel Juifs, Arabes et Chrétiens pourraient vivre en paix.

Hans Schmidt, l'Américain emprisonné pour quatre mots

Émigré aux États-Unis en 1949, Hans Schmidt en devient citoyen en 1955. Outre son mariage et ses deux enfants, il est devenu un homme d'affaires dans le secteur de la restauration, mais il a également fondé et présidé le German-American National Political Action Committee (GANPAC), une organisation dédiée à la protection des droits et des intérêts de la plus grande minorité ethnique du pays. En 1985, ses bureaux de Santa Monica (Californie) ont été attaqués et partiellement endommagés. Schmidt, qui était en contact avec l'IHR et avait assisté à certaines de ses conférences, éditait et publiait deux bulletins d'information percutants, le *GANPAC Brief* en anglais et le *USA-Bericht* en allemand. Militant des droits civiques, il n'hésitait pas à exprimer ses opinions révisionnistes, notamment en dénonçant la falsification de l'histoire et la campagne en faveur de l'Holocauste. Il était également impitoyable à l'égard de la trahison et de la capitulation des dirigeants politiques allemands.

Le 9 août 1995, il a été arrêté à l'aéroport de Francfort. Il était âgé de 68 ans et retraité. Il s'était rendu en Allemagne pour rendre visite à sa mère âgée et s'apprêtait à reprendre l'avion pour la Floride. Schmidt a été arrêté sur la base d'un mandat d'arrêt délivré le 28 mars 1995 par un juge de Schwerin, remplacé par un second mandat d'arrêt daté du 5 octobre. Le "crime" consistait en l'envoi d'un exemplaire de sa lettre d'information *USA-Bericht* (*Rapport USA*) au domicile de Rudi Geil, membre du "Bundesrat". Le bulletin contenait une lettre ouverte qu'il avait écrite en réponse à un article publié dans *Die Zeit*. Offensé par ce qu'il a lu, Geil a déposé la plainte qui a conduit au mandat d'arrêt. Le paragraphe incriminé, à l'origine de l'arrestation, faisait allusion à "la gauche, les anarchistes, le juif et le franc-maçon qui infestent le système politique, ainsi que la presse contrôlée". Selon le mandat d'arrêt, les expressions "le juif infesté" et "le franc-maçon infesté" visaient ces deux groupes de population en Allemagne. Les charges retenues contre lui se rapportent au fameux paragraphe 130 (I, 2) et sont habituelles.

Pour la première fois, un citoyen américain a été arrêté pour avoir écrit dans un courrier électronique envoyé depuis les États-Unis, pour avoir exprimé une opinion tout à fait légale dans son pays. Les dirigeants politiques américains, si prompts à condamner les violations des droits de l'homme et de la liberté d'expression lorsque cela sert leurs intérêts, sont restés silencieux. Lorsqu'ils ont été interrogés, ils ont rejeté l'affaire en invoquant l'habituelle "question nationale". Les protestations sont venues des militants américains des droits civiques, qui ont envoyé un flot de lettres aux fonctionnaires et aux journalistes allemands et ont fait paraître des annonces dans les journaux pour dénoncer le traitement réservé à M. Schmidt. Le 22 août, par exemple, un groupe de citoyens s'est tenu devant le consulat allemand de New York en brandissant une grande banderole intitulée "Travelers Alert", avertissant les Américains qui prévoyaient de se rendre en Allemagne qu'ils risquaient d'être emprisonnés s'ils exprimaient des "opinions politiques incorrectes".

En prison, Schmidt a accusé l'ambassade des États-Unis d'avoir fourni de fausses informations à l'Allemagne pour faciliter ses poursuites. En raison de sa santé fragile, ses avocats ont réussi à le faire libérer sous caution en janvier 1996. Ainsi, après avoir passé cinq mois en prison, il est parvenu à retourner aux États-Unis et a pu éviter d'autres poursuites. Il y écrit un livre sur son expérience, intitulé *Jailed in "Democratic" Germany*, qui est publié en 1997. Jusqu'à sa mort en 2010, il a continué à lutter contre le pouvoir des lobbies juifs et leur influence aux États-Unis et dans le monde.

Arthur Topham, condamné au Canada pour "haine" des Juifs

Arthur Topham est un combattant révisionniste de longue date qui, en novembre 2015, a été condamné au Canada pour crime de "haine". Topham gère le site web *The Radical Press*. Depuis huit ans, il résiste au harcèlement des ennemis de la liberté d'expression, son combat a donc été long et héroïque. Le site a été saboté à plusieurs reprises. La première attaque contre les documents publiés sur le site web,, a eu lieu en 2007. Dès cette époque, des accusations ont été portées contre Topham en vertu de la loi canadienne sur les droits de l'homme. Sa première arrestation et son emprisonnement, le 16 mai 2012, ont coïncidé avec de nouveaux sabotages du site. Il a été accusé de "promouvoir délibérément la haine contre les personnes de race ou de religion juive". Les deux personnes qui l'ont poursuivi en justice sont connues pour avoir agi à la demande de la loge maçonnique juive B'nai B'rith du Canada.

Topham lui-même a révélé que le texte qui a le plus contribué au dépôt de la plainte est un article satirique intitulé *Israel Must Perish*, écrit en mai 2011, dans lequel Arthur Topham parodiait le célèbre *Germany Must Perish* de Theodore N. Kaufman, publié en 1941. Ce qu'il a fait, c'est simplement remplacer dans les phrases les noms qui dégagent le plus de haine pour l'Allemagne. En d'autres termes, là où le livre de Kaufmann disait "Nazis", Topham avait écrit "Juifs" ; au lieu d'"Allemagne", il avait écrit "Israël" ; au lieu d'"Hitler", il avait écrit "Netanyahu". Il entendait ainsi dénoncer l'hypocrisie des Juifs, qui accusent les autres de haine. Le 15 avril 2014, un juge de la cour provinciale nommé Morgan, imitant les pratiques de l'Inquisition, a interdit la publication des noms des deux personnes qui avaient déposé la plainte pénale contre Arthur Topham, éditeur de *The Radical Press*, pour "crime de haine".

Le procès contre Topham a commencé le 26 octobre 2015 et s'est terminé le 12 novembre par un verdict de culpabilité pour Topham. À l'heure où nous écrivons ces lignes, la peine, qui pourrait être de deux ans moins un jour, n'est pas encore connue. Les lecteurs intéressés par plus de détails sur le procès peuvent se rendre sur le site web de *The Radical Press*, qui contient une transcription complète des archives de chaque session du procès. Le musicien de jazz et révisionniste juif Gilad Atzmon est intervenu dans le procès et a également publié un extrait le 8 novembre 2015. Il explique que la Couronne a présenté parmi les experts sur le judaïsme et l'antisémitisme Len Rudner, un "professionnel juif" qui a travaillé pendant quinze ans pour le Congrès juif du Canada et l'organisation qui lui a succédé, le CIJA (Centre pour Israël et les affaires juives). Avant le début du procès, il avait tenté de forcer le fournisseur d'accès à Internet à fermer le site. Rudner lui-même a engagé des poursuites civiles contre Topham. Comme dans les cas de Pedro Varela et de l'Europa Bookshop ou de Fredrick Töben et du site de l'Adelaide Institute, la plupart des livres et textes cités par Rudner peuvent être obtenus sur Internet ou achetés librement sur Amazon et dans les librairies.

Gilad Atzmon (voir note 4), qui n'est pas seulement musicien mais aussi philosophe et auteur de plusieurs livres, était l'expert en questions juives présenté par Arthur Topham et son avocat Barcley Johnson pour contrer les arguments de Rudner. La compétence d'Atzmon en matière de "politique identitaire juive" a été reconnue par la cour. Le jury a écouté avec fascination les explications précises et complexes de ce Juif unique, qui a affirmé que de nombreux écrits apparemment antisémites avaient été produits par les premiers sionistes. Atzmon, ancien soldat, a fait l'expérience directe de l'idéologie perverse du sionisme et des mécanismes tribaux appliqués avec fanatisme en Israël.

Le vendredi 20 novembre 2015, après avoir été reconnu coupable lors du précédent procès, Arthur Topham a comparu devant la Cour suprême à Quesnel pour une audience liée à la question de la caution et également à des demandes supplémentaires liées à la publication dans *The Radical Press* d'une photo du juré devant le bâtiment du tribunal. Jennifer Johnson, la procureure de la Couronne, a demandé un certain nombre de conditions extrêmement sévères. Il semble que Topham et Johnson aient comparu en personne, tandis que Bruce Butler, le juge de la Cour suprême, et Barcley Johnson, l'avocat de la défense, ont comparu par téléphone depuis Vancouver et Victoria respectivement. Le juge a estimé que la publication de la photo des jurés, qui étaient debout dans la neige et photographiés à une distance où l'on ne pouvait pas voir clairement leur visage, ne pouvait pas constituer un danger pour leur sécurité. En tout état de cause, il a exigé son retrait.

Les dernières informations dont nous disposons sur Topham, dont le site web *The Radical Press* est désormais censuré, sont que le 6 août 2018, il a été de nouveau arrêté à son domicile par une équipe spécialisée dans les crimes de haine. Sur ordre du juge, le domicile a été perquisitionné. Des dossiers et des ordinateurs ont été saisis. En raison d'une ordonnance judiciaire expirant le 12 septembre 2019, il a été privé de la liberté de rendre publics les noms des plaignants ou des organisations internationales qui les soutiennent. À l'heure où nous écrivons ces lignes, Arthur Topham est toujours en état d'arrestation à son domicile de Cottonwood.

11. Annexe sur la persécution impitoyable des nonagénaires

Les personnes persécutées énumérées dans cette dernière section, que nous écrivons en annexe, ne sont plus des révisionnistes et n'ont pas commis de délits d'opinion. Ce sont des personnes qui, normalement, n'entreraient jamais dans les manuels d'histoire. Ils feraient peut-être partie de ce que Miguel de Unamuno considérait comme l'intrahistoire. Leurs noms ont fait la une des journaux pendant un jour ou deux, puis ont disparu à jamais. C'est précisément pour cette raison, afin qu'ils ne tombent pas dans l'oubli, que nous avons choisi de les inclure dans notre travail, même si c'est de manière concise. Il s'agit de nonagénaires victimes d'une persécution inqualifiable pour le simple fait d'avoir servi comme soldats dans l'armée pendant la Seconde Guerre mondiale. Normalement, ces hommes âgés qui ont servi leur pays à l'adolescence devraient être honorés et reconnus, mais ils sont traités comme des criminels.

Le célèbre cas de John Demjanjuk, extradé, accusé, jugé et condamné à mort, a déjà été abordé au chapitre XII de *L'histoire hors-la-loi*. Un autre cas bien connu est celui de Frank Walus, témoin de Zündel au procès de 1985. Accusé à tort par le chasseur de nazis Wiesenthal d'être le "boucher de Kielce", il a fait l'objet d'une campagne virulente dans les médias américains, qui l'a conduit à être battu en public. Le mécanicien américain d'origine allemande a été attaqué à sept reprises par des hommes de main juifs, qui ont failli le tuer lors d'une attaque à l'acide. Pour financer sa défense, il a vendu sa maison et s'est retrouvé ruiné. Il a également perdu sa nationalité américaine. Après une longue et coûteuse procédure d'appel, il a obtenu gain de cause, mais sa santé était déjà très fragile et il est décédé après avoir subi plusieurs crises cardiaques. D'autres cas de ce genre pourraient être évoqués, mais nous préférons donner la parole aux anciens soldats anonymes, dont nous ne présenterons que quelques exemples.

En avril 2013, on a appris en Allemagne que les procureurs avaient décidé de faire un "dernier effort" pour trouver les criminels nazis. À cette fin, une liste avait été établie avec les noms de 50 gardiens vivants d'Auschwitz et d'autres camps qui devaient faire l'objet d'une enquête afin de donner satisfaction aux survivants de l'Holocauste. "Nous le devons aux victimes", a déclaré Kurt Schrimm, chef de l'Office central des autorités judiciaires pour l'instruction des crimes nationaux-socialistes, qui a indiqué que le musée d'Auschwitz leur avait transmis la liste des noms d'anciens gardiens.

Efrain Zuroff, chasseur de nazis acharné, directeur du Centre Simon Wiesenthal à Jérusalem et l'un des cerveaux de l'opération "Dernière chance", a déclaré que le fait que la plupart des noms figurant sur la liste soient des octogénaires ou des nonagénaires n'est pas une raison pour que "justice" ne soit pas rendue. Auteur de *Operation Last Chance : One Man's Quest to bring Nazi Criminals to Justice*, le justicier déclare dans son livre : "Ne regardez pas ces hommes en vous disant qu'ils ont l'air faibles et frêles. Pensez à quelqu'un qui, au sommet de sa force, a consacré son énergie à assassiner des hommes, des femmes et des enfants. Le passage du temps ne diminue en rien la culpabilité des meurtriers. La vieillesse ne doit pas les protéger". La célèbre Deborah Lipstadt, professeur à l'université Emory, a soutenu l'idée qu'il n'y a pas de limite d'âge pour poursuivre les criminels.

Laszlo Csatary

C'est le premier nom à apparaître sur la liste gérée par les procureurs allemands et le SWC (Centre Simon Wiesenthal). En juillet 2012, peu après l'arrivée du sioniste Laurent Fabius au ministère des Affaires étrangères, une réunion a eu lieu en France entre Fabius, les chasseurs de nazis et des groupes communautaires juifs. À la suite de cette réunion, la France a demandé à la Hongrie d'arrêter Laszlo Csatary, qui vivait à Budapest sous son propre nom. Un porte-parole du ministère a déclaré qu'il ne pouvait y avoir "aucune immunité " pour les auteurs de l'Holocauste. Le 18 juillet 2102, le SWC a rapporté que Csatary avait été arrêté. Son avocat, Gabor Horwath, a déclaré qu'il avait été interrogé pendant trois heures à huis clos par un procureur de Budapest, qui l'a accusé d'antisémitisme. Aucune charge n'a été retenue contre lui, mais il a été assigné à résidence. Selon ses persécuteurs, il a participé à la déportation de plus de 15 000 Juifs vers Auschwitz en 1944. Csatary a nié être antisémite et a cité des exemples de relations avec des Juifs dans sa famille et son cercle d'amis. Il a également nié avoir été commandant du ghetto de Kosice, en Hongrie, pays allié de l'Allemagne. Horwath a déclaré qu'il "aurait pu facilement être pris pour quelqu'un d'autre". Pour faire pression, des groupes d'autodéfense ont organisé des manifestations à l'extérieur de la maison avec des pancartes sur lesquelles on pouvait lire "Dernière chance pour la justice". Un groupe de l'Union européenne des étudiants juifs, aux visages très indignés, a formé une chaîne avec les mains attachées. Deux "activistes" sont montés à l'étage et ont collé sur la porte des croix gammées barrées et une pancarte avec le slogan "Nous n'oublions jamais". En août 2013, Laszlo Csatary est décédé à l'âge de 98 ans alors qu'il attendait son procès. En annonçant le décès, l'avocat a rappelé que Laszlo Csatary n'avait été qu'un intermédiaire entre des fonctionnaires hongrois et allemands et qu'il n'avait été impliqué dans aucun crime.

Samuel Kunz

Le 21 décembre 2010, Christoph Göke, porte-parole du parquet de Dortmund, a annoncé l'inculpation d'un homme de 90 ans, Samuel Kunz, ancien gardien de Sobibor ayant participé à l'extermination de 430 000 Juifs. Selon la presse, M. Kunz a reconnu avoir travaillé entre 1942 et 1943 dans le "camp d'extermination" de Belzec. Lors de la perquisition de son appartement par la police, le vieil homme a nié avoir été personnellement impliqué dans un quelconque crime. Les journaux rapportent qu'une "vague d'arrestations" a lieu parmi les nonagénaires et que les chasseurs de nazis se réjouissent du zèle de la police. Parallèlement à la saignée des personnes, la saignée économique se poursuit : quelques jours avant l'arrestation de Kunz, le 9 décembre 2010, Rüdiger Grube, PDG de la Deutsche Bahn, a déclaré que les souffrances des victimes du nazisme ne seraient pas oubliées, et la compagnie ferroviaire nationale a fait don de 6,6 millions de dollars pour financer des projets en faveur des survivants, versés à la fondation EVZ (Remembrance, Responsibility and Future Foundation).

Johan Breyer

À la suite d'un mandat d'arrêt émis par l'Allemagne, Johan Breyer, un homme de 89 ans qui avait émigré aux États-Unis en 1952, a été arrêté en juillet 2014 à son domicile de Philadelphie, en Pennsylvanie, accusé d'avoir été complice de l'assassinat de centaines de milliers de Juifs. Breyer a admis avoir été garde à Auschwitz, mais a déclaré avoir servi à l'étranger et n'avoir rien à voir avec les meurtres. Bien que son avocat, Dennis Boyle, ait prévenu que son client était dans un état de santé trop fragile pour être emprisonné en attendant une audience d'extradition, le juge a déclaré que le centre de détention était équipé pour s'occuper de lui et a refusé toute libération sous caution. L'Associated Press a rapporté les déclarations à Jérusalem du chasseur de nazis Efraim Zuroff, qui a rappelé au public américain qu'en 2013, les autorités allemandes avaient placardé des affiches dans certaines villes avec le slogan "Tard, mais pas trop tard" pour que le décrépit Breyer soit extradé. Zuroff a ajouté que l'Allemagne "méritait d'être félicitée" pour avoir "fait un effort ultime pour maximiser les poursuites contre les responsables de l'Holocauste".

Oskar Gröning

La campagne d'affichage honteuse mérite d'être commentée, car Oskar Gröning était l'un des trente gardiens d'Auschwitz distingués dans le cadre de l'opération "Spät, aber nicht zu spät" (En retard, mais pas trop tard). Elles représentaient en noir et blanc la façade principale d'Auschwitz en arrière-plan et les voies ferrées sur le sol enneigé, qui convergeaient avant l'entrée du camp. En bas, une bande rouge avec l'inscription mentionnée ci-dessus. Le CFC a offert des récompenses de 25 000 euros à ceux qui dénonceraient les grands-parents. Le Centre Wiesenthal a rapporté que six cas ont été localisés dans le Baden-Würtenberg, sept en Bavière, deux en Saxe-Anhalt, quatre en Westphalie du Nord, quatre en Basse-Saxe, deux en Hesse et un en Rhénanie-Palatinat, à Hambourg, au Schleswig-Holstein, en Saxe et dans le Mecklembourg-Poméranie occidentale. Tous étaient d'anciens gardiens.

L'un des quatre poursuivis en Basse-Saxe était Oskar Gröning, arrêté en mars 2014. Lorsqu'il a été officiellement inculpé en septembre 2014, Gröning, connu sous le nom de "comptable d'Auschwitz", avait 93 ans et était accusé de complicité dans le meurtre d'au moins 300 000 personnes. "Oskar Gröning n'a tué personne de ses mains, mais il faisait partie de la machine d'extermination", a déclaré Judy Lysy, une survivante, au juge à la retraite Thomas Walter, qui a enquêté sur Gröning à Toronto et à Montréal. Le procès a débuté en avril 2015, et la santé défaillante de Gröning a contraint à suspendre le procès pendant quelques jours. Le verdict a été rendu public le 15 juillet. Alors que le procureur avait requis trois ans et demi de prison, le tribunal de Lunebourg, ignorant le fait que Gröning était déjà âgé de 94 ans et n'avait tué personne, l'a condamné à quatre ans. Le ministre de la justice, le social-démocrate Heiko Maas, a déclaré que ce procès avait contribué à atténuer le "grand échec" du système judiciaire allemand, qui n'avait réussi à traduire en justice qu'une cinquantaine de membres des SS d'Auschwitz sur les 6500 qui ont survécu à la guerre.

Reinhold Hanning

Au cours de l'été 2015, le tribunal chargé de juger Reinhold Hanning, un ancien gardien d'Auschwitz âgé de 93 ans et accusé de complicité dans le meurtre de 170 000 personnes, attendait un rapport médical pour déterminer si le nonagénaire était mentalement apte à être jugé. Anke Grudda, porte-parole du tribunal de Detmold, en Westphalie du Nord, a déclaré à l'Associated Press que le procès ne pouvait pas commencer tant que le rapport neurologique n'était pas terminé. Le journal britannique *Daily Mail* a rapporté qu'il n'y avait pas suffisamment de preuves pour montrer si Hanning avait pris les décisions lui-même ou s'il avait simplement aidé d'autres personnes dans leur travail. Le dossier a été complété par les déclarations d'un petit-fils présumé des victimes, Tommy Lamm, 69 ans, qui, depuis Jérusalem, a raconté l'histoire de ses grands-parents, rasés et gazés peu après leur arrivée à Auschwitz, et a établi un lien entre Hanning et leur mort. Lamm a déclaré qu'il était prêt à se rendre en Allemagne pour le pendre de ses propres mains. Enfin, en novembre 2015, des neurologues ont conclu que Reinhold Hanning pouvait supporter des séances d'audience de deux heures par jour.

Siert Bruins

Accusé d'avoir tué un résistant pendant la guerre mondiale, Siert Bruins, un ancien agent de sécurité de 92 ans né aux Pays-Bas, a été jugé en Allemagne en septembre 2013. Le ministère public, malgré le fait qu'il soit nonagénaire, a demandé l'emprisonnement à vie. Le procureur a soutenu que Bruins avait tué Aldert Klaas

Dijkema, qui, en septembre 1944, travaillait pour la résistance contre l'occupation allemande des Pays-Bas. De manière surprenante, le juge a estimé qu'il n'y avait pas suffisamment de preuves que l'accusé était l'auteur du crime présumé, qui avait eu lieu soixante-dix ans plus tôt. Detlef Hartmann, l'avocat de la sœur d'Aldert Klaas, qui aurait cherché à se venger, a déclaré que son client était contrarié par la décision du tribunal. De son côté, Siert Bruins a quitté la salle d'audience avec un déambulateur et n'a pas pu s'exprimer.

Une femme de 91 ans

De nombreux détenus étaient généralement malades, car il est impossible d'atteindre l'âge de 90 ans sans une grave détérioration physique et surtout mentale. Dans la plupart des cas, les noms complets de ces personnes âgées n'ont même pas été révélés à la presse. Nous terminerons donc par une victime anonyme, qui servira de symbole à tant d'inconnus qui ont souffert et souffrent de la haine insatiable qui, quatre-vingts ans plus tard, est toujours manifestée par les éternelles "victimes" ; mais aussi de symbole à la misère morale et politique de la République fédérale d'Allemagne, dont la chancelière Angela Merkel déclare cyniquement que son pays doit payer "éternellement" pour l'Holocauste. Un État qui persécute des vieillards qui ont servi leur patrie et exécuté les ordres de leurs supérieurs n'a ni crédibilité ni dignité.

Le 22 septembre 2015, *Fox News* a publié l'article suivant : "Une Allemande de 91 ans est accusée d'avoir contribué à la mort de 260 000 personnes à Auschwitz". Le corps de l'article indiquait qu'une femme non identifiée de 91 ans avait été accusée par des procureurs allemands d'avoir participé à la mort de 260 000 Juifs à Auschwitz. *Le Times of Israel, l'*une des sources de *Fox News*, a précisé que cette femme, membre de la SS, avait été opératrice radio sous les ordres du commandant du camp en juillet 1944. Heinz Döllel, porte-parole du bureau du procureur, a déclaré qu'il ne semblait pas que la femme soit inapte à être jugée, même si le tribunal ne décidera pas de poursuivre l'affaire avant l'année prochaine. Il est très probable que le tribunal, considérant qu'être opérateur radio est un crime abominable, finisse par la juger.

Autres livres

OMNIA VERITAS LTD PRÉSENTE :

HISTOIRE PROSCRITE
I
LES BANQUIERS ET
LES RÉVOLUTIONS

PAR

VICTORIA FORNER

HISTOIRE PROSCRITE
I
LES BANQUIERS ET LES RÉVOLUTIONS

Les processus révolutionnaires ont besoin d'agents, d'organisation et, surtout, de financement - d'argent...

PARFOIS, LES CHOSES NE SONT PAS CE QU'ELLES SEMBLENT ÊTRE...

OMNIA VERITAS LTD PRÉSENTE :

HISTOIRE PROSCRITE
II
L'HISTOIRE SECRÈTE DE
L'ENTRE-DEUX GUERRE

PAR

VICTORIA FORNER

HISTOIRE PROSCRITE
II
L'HISTOIRE SECRÈTE DE L'ENTRE-DEUX GUERRE

"Le vrai crime est de mettre fin à une guerre pour rendre la suivante inévitable."

LE TRAITÉ DE VERSAILLES ÉTAIT « UN DIKTAT DE LA HAINE ET DU VOL »

OMNIA VERITAS LTD PRÉSENTE :

HISTOIRE PROSCRITE
III
LA DEUXIÈME GUERRE
MONDIALE ET
L'APRÈS-GUERRE

PAR

VICTORIA FORNER

HISTOIRE PROSCRITE
III
LA DEUXIÈME GUERRE MONDIALE ET L'APRÈS-GUERRE

Différentes forces travaillaient pour la guerre entre les pays européens...

DE NOMBREUX AGENTS ONT SERVI LES INTÉRÊTS D'UN PARTI BELLICISTE TRANSNATIONAL...

OMNIA VERITAS LTD PRÉSENTE :

La bombe nucléaire israélienne pousse la civilisation vers l'Armageddon mondial et que la perpétuation de ce programme d'armement incontrôlé a pris le monde en otage...

LE GOLEM
un monde pris en otage

Michael Collins Piper

La politique internationale des États-Unis a été détournée par des partisans d'Israël

OMNIA VERITAS LTD PRÉSENTE :

Les forces du Nouvel Ordre Mondial se sont regroupées autour de l'empire international de la dynastie Rothschild dont les tentacules s'étendent désormais jusqu'aux plus hauts niveaux du système américain

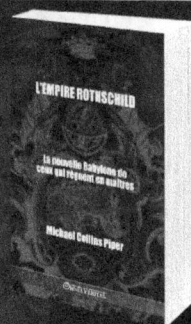

L'EMPIRE ROTHSCHILD

la nouvelle Babylone de ceux qui règnent en maîtres

Michael Collins Piper

La conquête du monde est le but ultime

OMNIA VERITAS LTD PRÉSENTE :

Plutôt que de permettre aux Juifs de poursuivre leur dangereuse démarche raciste et suprémaciste en se qualifiant de "peuple élu de Dieu", les Américains devraient la combattre...

L'ENNEMI INTÉRIEUR

Les boucs de Judas

Michael Collins Piper

Brisons les reins du lobby sioniste, changeons la politique américaine!